지방 아파트
황금
입지

지방 아파트 황금 입지

초판 발행 · 2023년 4월 28일

지은이 · 김지웅(5분임장)
발행인 · 이종원
발행처 · (주)도서출판 길벗
출판사 등록일 · 1990년 12월 24일
주소 · 서울시 마포구 월드컵로 10길 56(서교동)
대표 전화 · 02)332–0931 | **팩스** · 02)323–0586
홈페이지 · www.gilbut.co.kr | **이메일** · gilbut@gilbut.co.kr

기획 및 책임편집 · 이재인(jlee@gilbut.co.kr)
마케팅 · 정경원, 김진영, 최명주, 김도현, 이승기
제작 · 이준호, 이진혁, 김우식 | **영업관리** · 김명자, 심선숙, 정경화 | **독자지원** · 윤정아, 최희창

교정교열 · 김동화 | **디자인 및 전산편집** · 섬세한 곰
CTP 출력 및 인쇄 · 예림인쇄 | **제본** · 예림바인딩

ISBN 979-11-407-0369-2 13320
(길벗도서번호 070499)

정가 20,500원

독자의 1초까지 아껴주는 정성 길벗출판사

(주)도서출판 길벗 | IT교육서, IT단행본, 경제경영서, 어학&실용서, 인문교양서, 자녀교육서
www.gilbut.co.kr
길벗스쿨 | 국어학습, 수학학습, 어린이교양, 주니어 어학학습, 학습단행본
www.gilbutschool.co.kr

지방아파트 황금입지

김지웅(5분임장) 지음

길벗

평범한 당신이
평범하게 역전할 방법은 없다

자본주의는 강했고, 우리는 약했다

"왜 우리는 계속 이사 가?"

어릴 때 어머니께 자주 한 질문이다. 이 질문을 던진 정확한 시기는 기억나지 않지만 유년시절의 기억은 꽤 선명하다. 옷은 늘 이웃들에게 얻어 입었고, 오래된 빨간 벽돌집에선 매일매일 바퀴벌레가 등장했다. 자가용은 고사하고 버스비를 아끼기 위해 초등학교를 30분 넘게 걸어다니기도 했다. 무엇보다 최악이었던 건 집주인의 나가달라는 말에 쫓겨나듯 이사하는 일이 일상이었다는 사실이다.

우리 가족이 자본주의 사회에서 약자라고 느낀 건 고등학교 1학년 때였다. 아버지는 돈을 벌기 위해 중국에, 형은 국방의 의무를 다하기 위해 군대에 있을 때, 어머니께서 뇌경색으로 쓰러지셨다. 열일곱이라는 어린 나이에 홀로 어머니 병간호를 해야 했다. 그런데 하필 그때 집주인이 집을 비워달라고 '부탁'했다. 전세 기간이 1년여 남아 있었지만 나와 어머니는 새로운 집을 구해야만 했다. 가진 돈은 8,000만 원뿐! 그 돈으로 얻을 수 있는 전셋집은 너무나 뻔한 수준이었다. 지금도 선명하게 기억나는 한 부동산으로 들어갔다. 아저씨라고 하기엔 너무 나이 들어 보이고, 할아버지라고 하기엔 젊어 보이는 부동산 중개사 사장님이 어머니를 빤히 보며 이렇게 말했다.

"아주머니, 그 나이에 그 돈밖에 못 모으고 뭐했어요? 그 돈으론 전세 못 구해요."

주먹을 세게 쥘 정도로 부끄럽고 화가 났지만 아무 말도 하지 못했다. 어머니는 얼마나 더 당황스럽고 부끄러우셨을까. 다행히도 이후에 좋은 중개사 사장님을 소개받아 전셋집을 구할 수 있었고, 집주인도 좋은 사람이었다.

그렇게 무난히 전세를 연장하며 꽤 오랫동안 그 집에서 살았고, 힘들었던 열일곱 소년의 기억은 점점 무뎌져갔다. 고등학교 내내 나름 열심히 공부한 덕에 만족할 만한 대학교에 진학할 수 있었다. 졸업 후에는 해당 산업군에서 선두를 달리는 회사에 취업했고, 아버지의 사업도 중국에서 어느 정도 자리를 잡았다. 내 생애 최초로 생활이 안정됐다고 느끼던 때였다.

그러던 2018년 여름, 집주인이 아들 부부가 지방에서 올라오는데 집을 구하지 못했다며 우리에게 나가달라고 부탁했다. 그 당시엔 아버지가 생활비도 넉넉히 보내주시고, 나와 형도 사회생활을 하고 있었기에 예전보다는 훨씬 가벼운 마음으로 전셋집을 보러 다녔다. 당시 우리는 보증금 8,000만 원에 월세 20만 원을 내고 있었는데, 주변 집들도 비슷한 수준일 거라 생각했다. 하지만 10년이 지난 서울의 전셋값은 우리가 생각하는 수준이 아니었다. 당시 동네에서 대장 아파트라 불리던 곳의 시세를 알아본 뒤에는 더 놀랄 수밖에 없었다. 미분양에 그 돈으로 누가 거길 매수하냐고 욕을 했던 곳이었는데, 매매가가 분양가 대비 2배가 넘어가고 있었다.

어떻게든 돈을 끌어모으면 서울 빌라 전세 정도는 구할 수 있었다. 하지만 부모님은 더 이상 남의 집에서 살기 싫다며 꼭 서울이 아니어도 상관없으니 빌라를 하나 매수하자고 말씀하셨다. 가장 시간이 많았고 그나마 부동산에 관심이 있었던(지금 생각해보면 한심한 수준이지만) 나와 어머니가 매물을 알아본 후 적당한 수준의 수도권 신축 빌라를 분양받았다. 처음 생긴 '우리 집'의 등기를 확인한 뒤 정말 많은 것을 느꼈다. 부동산이라는 건 무엇인지, 내 집 마련은 어떻게 해야 되는지, 아파트로 돈을 벌려면 어떻게 해야 하는지 등 새로운 세계가 보이기 시작했다.

첫 투자와 경매

2018년 가을, 비록 빌라였지만 우리 가족의 첫 보금자리가 생겼다. 더는 남의 집에 얹혀 살지 않아도 된다는 사실이 너무나 기뻤다. 그러나 기쁨도 잠시, 해외에 계신 아버지를 대신해 대출, 관리비와 같은 집안 경제와 관련된 대소사를 관리해야 했고, 생소한 부동산 개념에 고생을 해야만 했다. 자연스럽게 부동산에 관심이 생길 수밖에 없었다.

부동산을 본격적으로 공부하다 보니 나름 최선의 선택이라고 생각하며 내린 결정이 얼마나 어리석었는지 알게 되었다. 무주택기간

지방 아파트 황금 입지

이 길었던 우리 가족은 청약 점수가 상당히 높았고, 당시 가점은 강남의 아파트도 분양받을 수 있을 만한 수준이었다. 부동산에 무지해 고가점 청약통장이라는 '치트키'를 포기하고 신축 빌라를 분양받는 최악의 선택을 한 것이다. 당시에 선택만 잘했다면, 즉 강남에 분양을 받았다면 최소 15억 원 이상의 수익을 보았을 것이다.

나는 바보 같은 선택으로 고가점 청약통장을 날려버렸지만 주저앉아 좌절하기보다는 움직이기로 결심했다. 내가 직접 부동산 투자를 하기로 결심한 것이다. 2019년부터 부동산이 한껏 달아오르기 시작했다. 하지만 사회생활을 시작한 지 1~2년 정도밖에 되지 않아 가진 돈이 얼마 없었고, 이미 오르기 시작한 아파트 가격은 내가 가진 돈으로는 도저히 투자할 수 없는 수준에 도달해 있었다. 심지어 가격은 계속해서 오르고, 또 올랐다.

그렇게 수도권에서 입지 좋은 곳들의 가격 상승을 눈앞에서 놓치고 결국 선택한 것이 바로 경매였다. 경매는 현 시세보다 싸게 살 수 있고, 대출이 일반 매매보다 많이 나온다는 장점이 있었다. 실제로 내가 경매를 처음 접한 2019년에는 현 시세의 90% 수준에서도 낙찰이 많이 되었고, 경락잔금대출이라 부르는 담보대출도 최대 80%까지 가능했다.

당장 집 주변에 있는 경매학원에 등록했다. 지금 생각해도 수업료가 꽤 비쌌지만 그 당시엔 투자라고 생각했다. 그렇게 하루 이틀 시간이 흘렀다. 그런데 학원 수강 기간이 끝나갈 때까지 낙찰을 받은 게 없었다. 나는 조급한 마음에 약간 무리한 금액으로 한 물건에 입찰을 넣었고, 결국 낙찰을 받았다. 경기도 외곽 지역에 있는 아파트였는데, 같은 학원에 다니는 수강생들은 물론 학원 강사들마저 잘못 받은 것 같다며 걱정(?)을 해주었다. 하지만 나는 걱정하지 않았다. 낙찰받은 아파트가 있는 지역은 향후 2~3년간 공급물량이 없고, 무엇보다 충분히 저렴하다고 생각했기 때문이다. 점유인을 내보내는 데 고생하긴 했지만, 매도할 무렵 세금과 비용을 제외하고 대략 4,000만 원의 수익을 볼 수 있었다. 당시 실투자금이 3,000만 원 정도였으니 1년 만에 130%의 수익률을 기록한 것이다.

3,000만 원이 3년 만에 30억 원으로

현재 내가 가지고 있는 부동산은 10채, 예금을 제외한 총자산은 30억 원 정도다. 수도권과 지방에 두루 깃발을 꽂아놓았으며, 아파트뿐만 아니라 상가도 가지고 있다. 물론 아직 매도 전인 아파트가 많고, 엄청난 자산을 보유하고 있는 투자 선배님들도 많이 계시다. 또한 나는 소위 말하는 하락징을 아직 경험하지 않았고, 투자 경험도 길지 않다. 하지만 3,000만 원으로 시작해 투자 3년 차에 30억 원의 자산을 이루었다. 그래서 현재 부동산 투자를 망설이는 분들, 소액으로 시작하지만 언젠가는 자산가가 되어 경제적 자유를 꿈꾸는 분들에게 나만이 전해줄 수 있는 메시지가 있을 것이라 확신한다.

앞서 부모님의 고가점 청약통장을 날려버리고 신축 빌라를 분양받은 이야기를 했는데, 그때 만약 청약을 해 강남 아파트를 분양받았다면 어땠을까? 현재 그 아파트는 30억 원의 시세를 형성하고 있다. 현재까지 내가 이룬 자산의 규모와 유사하다. 물론 강남 아파트라는 점에서 질적 차이가 있긴 하지만 어쨌든 돌고 돌아 같은 수준의 부동

지방 아파트 황금 입지

산 자산을 만들어냈다. 2~3년이면 충분했다. 바로 이 점이 여러분에게 강력하게 전달하고 싶은 메시지다.

본격적으로 시작하기 전에 미리 말한다. 지방 소액 아파트 투자는 리스크가 있다. 하지만 적은 투자금으로 높은 수익률을 거둘 수 있다. 나의 투자 기준과 경험으로 최대한 리스크를 줄이는 방법을 소개하겠지만, 10채에 투자한다면 2~3채 정도는 실패할 수도 있다. 그런데도 지방 소액 아파트 투자를 하겠다고 결심했다면 손실과 수익을 담담하게 받아들이겠다는 마음을 가져야 한다. 2~3채 손실이 나도 7~8채에서 큰 수익을 보겠다는 마음가짐 말이다.

그리고 지방 소액 아파트 투자를 하는 이유는 수도권 및 지방 핵심 지역(광역시 등)에 깃발을 꽂기 위해서다. 나 역시 인천과 경기도 알짜 입지에 깃발을 꽂아놓은 상태이지만 아직 서울엔 없다. 내 목표는 서울에서도 강남과 용산, 그중에서도 한강과 용산공원이 보이는 아파트를 매수하는 것이다.

언제까지나 지방 소액 아파트 투자만 할 수는 없다. 리스크가 크고 시간과 에너지가 많이 필요한 투자법이기 때문이다. 하지만 적은 금액으로 가성비 투자를 한다면 놓칠 수 없는 것이 지방 소액 아파트 투자다. 그러니 지방 소액 아파트 투자는 서울에 내 집 마련 또는 투자처를 마련하기 위한 하나의 방법이라고 생각하자. 기회는 도전하는 사람, 먼저 움직이는 사람에게 열려 있다.

김지웅(5분임장)

지방 투자를 위한 황금 입지 길잡이

CHAPTER
1

부동산 투자,
왜 그중에서도 지방인가

지방은
지금이 기회다

수요와 공급이 곧 사이클이다

서울을 비롯한 수도권의 대세 상승은 2013년을 시작으로 2021년 말까지 계속되었다. 그랬던 수도권 부동산이 대출 규제와 금리인상, 너무 올라버린 가격에 대한 부담감 등으로 상승을 멈추었다. 2022년 말부터 조금씩 조정되는 모습을 보였으며, 수도권을 기준으로 많게는 20~30% 하락한 단지들도 등장했다. 부동산 시장이 완연한 중장기 하락세에 접어들었다는 의견도 있고, 잠깐의 조정기라는 의견도 있다. 하지만 이것이 중장기적인 하락세이든 잠깐의 조정이든, 2023년은 수도권 투자에 좋지 않은 시기라는 것은 분명하다. 그렇다면 부동산 투자를 무조건 하지 말아야 하는 시기가 오고야 만 것일까? 장기적 우상향이라는 부동산도 쉬어야 하는 타이밍이 있는 것일까? 정답은 '아니다'다.

부동산에는 사이클Cycle이라는 것이 존재한다. 다른 자산들과 마

지방 아파트 황금 입지

찬가지로 부동산 역시 상승하는 시기도 있고, 반대로 하락하는 시기도 있다는 의미다. 그리고 이 상승과 하락은 아파트의 수요와 공급에 의해 결정된다. 수요가 공급보다 많다면 가격은 상승하고, 반대로 공급이 수요보다 많다면 가격은 하락한다. 그렇다면 수요와 공급은 무엇에 의해 결정될까? 돈을 벌고자 하는 건설사의 주택건설 사이클에 의해 결정된다. 즉, 건설사의 주택건설 사이클이 부동산 사이클을 결정한다고 봐도 무방하다. 건설사의 주택건설 사이클은 다음과 같다.

---

1. A지역의 청약 경쟁률이 높아진다.
2. A지역의 수요가 많다고 판단한 건설사들이 신규 아파트를 분양한다.
3. A지역 아파트 공급은 청약 경쟁률이 낮아질 때까지 계속된다.
4. 결국 아파트 과잉 공급으로 미분양이 발생한다.
5. 미분양이 해소되고 신규 아파트에 대한 수요가 돌 때까지 분양(주택 공급)을 중단한다.
6. 다시 신규 아파트에 대한 수요가 생기면서 A지역의 미분양이 해소되고 청약 경쟁률이 높아진다.
7. 2번부터 다시 반복

우리나라는 주택 공급의 대부분을 민간 건설사에 의존하고 있다. 그런 이유로 아파트의 수요와 공급이 균형과 불균형 상태를 오가면서 부동산 사이클이 생긴다. 여기서 주목해야 할 점은 지역마다 아파

트에 대한 수요와 공급이 다르기 때문에 저마다 다른 사이클이 생긴다는 것이다. 결론부터 말하면, 수도권은 사이클상 어깨 혹은 그 이상의 지점이지만 지방에는 이제 막 무릎이나 발목 수준인 지역이 있다.

수도권과 지방 광역시의 현재 사이클

일반적으로 수도권은 7~8년의 상승 사이클과 2~3년의 하락 사이클을, 지방은 5~6년의 상승 사이클과 2~3년의 하락 사이클을 가지고 있다. 수도권 7~8년, 지방 5~6년 상승하면 건설사들의 주택 과공급이 쏟아져 수요가 다 받아들이지 못하고 하락 사이클이 2~3년간 찾아오는 것이다. 여기서 수도권과 지방의 차이점은 무엇일까? 수도권은 투자자와 실거주자 모두 기대 심리가 크기 때문에 상승 사이클이 7~8년보다 조금 더 길게 갈 수 있다는 것이고, 지방은 수도권보다 수요와 공급에 따라 움직이는 가격이 훨씬 정직하다는 것이다.

다음 그래프를 통해 실제로 수도권은 현재 사이클상 어깨 혹은 그 이상의 지점이 맞는지 확인해보자. 서울과 경기도, 인천의 아파트 매매가지수 흐름은 거의 유사하다. 즉, 수도권은 서로 연동되어 있다고 해석할 수 있다. 수도권은 2013년부터 바닥을 다지고 상승을 시작했으며, 2021년 말부터 기울기가 완만하게 바뀌었다. 그리고 그 추세가 꺾였다. 즉, 2013년부터 2021년까지 8년간 상승했으며, 2022년부터 조정 및 하락세가 시작되어 2023년의 분위기는 사이클상 상당히 좋지 않을 수밖에 없다.

지방 아파트 황금 입지

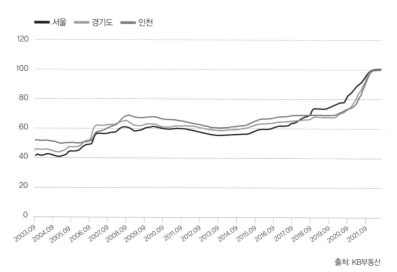

수도권의 아파트 매매가지수

■ 서울   ▬ 경기도   ▬ 인천

출처: KB부동산

　이번에는 인천을 제외한 5대 광역시의 아파트 매매가지수를 살펴보자. 먼저 광주는 눈에 띄는 하락 없이 계단식 상승을 계속하고 있으며, 5대 광역시 중 현재 분위기가 가장 좋다. 2020년부터 상승하여 사이클상 이제 1/3 지점 정도에 위치해 있다고 할 수 있다.

　대구는 2016년부터 상승을 시작해 2021년 말 하락세로 전환되었으며, 2022~2023년 전국에서 가장 분위기가 좋지 않은 지역이 되었다. 2015년부터 대구의 분위기가 반등하자 수도권에서 수익을 보던 건설사들이 너도나도 대구에 신규 아파트를 공급하기 시작했다. 그 결과가 2021년 말부터 보이기 시작했으며, 2025년까지 많은 입주 공급량을 앞두고 있다. 공급에 가장 솔직한 지역이라고 할 수 있다. 사이클상 이미 하락기이며, 향후 입주가 끝나는 2024~2025년이 새로운 상승 사이클의 시작점이 될 것으로 보인다.

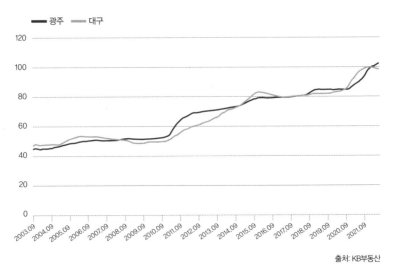

광주광역시와 대구광역시의 아파트 매매가지수

출처: KB부동산

　대전은 2018년부터 상승을 시작했는데, 2021년을 기점으로 하락세로 전환되었다. 현재 대전은 세종특별자치시와 함께 충청권에서 흐름이 좋지 않은 지역이다. 상승 사이클이 하락 사이클로 접어든 이유는 역시 공급 때문이다. 대전 자체에도 공급이 많고, 주변에 위치한 세종 역시 공급이 많기 때문이다. 사이클상으로는 2/3 지점이나, 일찍부터 공급이 많았기 때문에 평균보다 더 짧은 사이클을 보일 전망이다.

　울산은 앞의 광역시들과 약간 다른 모습을 보인다. 좀 더 등락이 있다. 그러나 2019년부터 바닥을 찍고 반등하여 현재의 모습을 보여주고 있다. 2022년 기준으로 상승세는 꺾였으나 아직 제대로 된 하락 사이클을 보여주고 있지는 않다. 사이클상 중간 정도에 위치해 있다고 할 수 있다.

부산 역시 2019년에 바닥을 찍고 2020~2021년 무서운 기울기로 상승세를 보였다. 부산은 2024년부터 공급이 부족해지기 때문에 앞으로 주목해야 할 지역 중 하나다. 사이클상 중간 정도에 위치해 있다고 할 수 있다.

대전광역시, 울산광역시, 부산광역시의 아파트 매매가지수

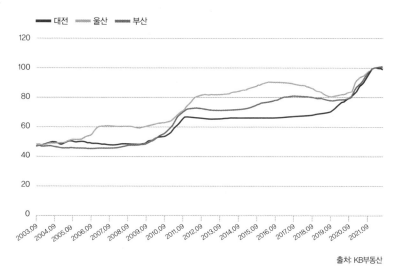

출처: KB부동산

지방 도시의 현재 사이클

지금부터는 광역시를 제외한 지방 도시 중 일부 지역의 아파트 매매가지수를 살펴보자. 유사한 모습을 보이는 지역도 있고, 완전히 다른 모습을 보이는 지역도 있다. 여기서 꼭 알아야 할 것은 지역마다 상승과 하락 사이클이 다르다는 것이다. 그러므로 절대적인 부동산 상승기도, 절대적인 부동산 하락기도 없다는 점을 기억하자. 수도권은 그동안 7~8년이 넘도록 상승해왔고, 앞으로도 좀 더 오를 수 있다. 그러나 이미 가격 부담감이 상당한 수준이라 지금부터 수도권에 투자한다 해도 만족할 만한 수익을 얻을 수 있을지는 의문이다. 그러나 지방에는 아직 상승 사이클의 중간이거나 이제 막 상승을 시작한 지역 혹은 곧 하락을 끝내고 상승을 시작할 지역이 있다. 그 사이클 속에서 숨은 기회를 찾자.

전주시, 창원시, 춘천시의 아파트 매매가지수

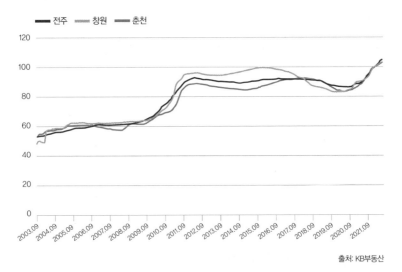

출처: KB부동산

2020년 코로나19 팬데믹으로 풀린 막대한 유동성과 임대차 2법(계약갱신요구권, 전월세상한제) 등의 부작용으로 2020~2021년에는 사이클이 무색하게 전국의 부동산이 크게 상승했다. 그래서 2018~2019년 하락으로 진입했어야 할 수도권 부동산도 2020년부

지방 아파트 황금 입지

터 한 차례 더 큰 상승을 했고, 그 유동성의 여파가 지방으로 흘러가 사이클을 무시하고 모두 올랐다.

하지만 가격이 올랐다고 상승이 멈추는 것은 아니다. 사이클이 상승에서 하락으로 바뀌려면 수요를 상회하는 충분한 공급이 받쳐주어야 한다. 따라서 지방 부동산의 상승 사이클도 5~6년보다 긴 7~8년을 갈 가능성을 배제할 수 없다. 그러므로 이번 부동산 상승기를 놓쳤다고 포기하지 말고 앞으로 시작될 상승 사이클에 올라타기 위해 열심히 공부해야 한다.

많은 사람이 걱정하는 것 중 하나는 바로 대한민국의 인구 감소다. 물론 수요라는 것은 기본적으로 인구에서 나오기에 인구 감소는 치명적일 수 있다. 그러나 우리나라는 이민과 난민을 긍정적으로 받아들여 인구 문제를 해소하고자 노력하고 있다. 또 통계청에 따르면 2045년까지 주택 매수의 주체인 세대수가 꾸준히 늘어날 전망이다. 하지만 결국 언젠가는 인구 감소로 빈집화, 양극화가 사회 문제로 대두될 것이다. 그래서 미래에도 인구가 늘어날 지역은 장기 투자로, 그외 지역은 단기 투자로 대응할 필요가 있다. 더 자세한 내용은 챕터 2에서 알아보도록 하자.

1,000만 원으로
집주인이 되는 갭투자

갭투자의 2가지 방식

우리가 지금부터 알아보고 투자하려는 영역은 많은 돈이 필요한 부동산 카테고리가 아니다. 단돈 1,000만 원, 아니 0원으로도 매수가 가능한 아파트들이다. 부동산은 절대적으로 레버리지를 사용해야 한다. 우리가 경제적 자유를 이루는 데 가장 유효한 시스템은 자본주의가 가진 화폐와 신용이라는 속성이다. 자본주의 시장에서는 신용을 함부로 건드릴 수 없으며, 신용이야말로 우리가 경제적 자유를 위해 적극적으로 활용해야 하는 시스템이다. 이 신용이 우리가 흔히 말하는 '레버리지'다. 우리는 대출과 같은 신용을 활용하는 것을 "레버리지를 사용한다"라고 말한다. 그리고 그 전세보증금 레버리지를 가장 효율적으로 사용할 수 있는 분야가 바로 지방 부동산, 그중에서도 소액 아파트 갭투자다.

심지어 갭투자는 특별한 방법이 필요하지도 않다. A라는 아파트

지방 아파트 황금 입지

의 매매가가 1억 5,000만 원이고, 전세가가 1억 4,000만 원이라면 매매가와 전세가의 차이만큼인 1,000만 원만 투입해 소유권을 가져오는 투자 방식이다.

갭투자를 실제로 하려고 할 때 맞닥뜨리는 대표적 케이스는 2가지다. 첫째는 이미 전세가 맞추어져 있는 매물을 매수한 뒤 기존 전세를 승계받는 경우이고, 둘째는 주인이 거주 중이거나 공실인 매물을 매수한 뒤 잔금일에 전세입자의 보증금으로 잔금을 맞추는 경우다. 간단한 예시를 통해 이해해보자.

① 세입자가 있는 매물을 매수한 뒤 전세를 승계받는 경우

A아파트의 매물을 1억 5,000만 원에 매수하려고 한다. 이 아파트에는 기존 임차인인 전세입자가 1억 2,000만 원의 전세보증금으로 세를 살고 있다. 당신은 1억 5,000만 원 중 전세입자의 보증금인 1억 2,000만 원을 제외한 3,000만 원만 매도인에게 주고 소유권을 가져온다. 이 경우 전세입자의 보증금을 비롯하여 임차인에 대한 모든 권리를 매도인으로부터 승계받는다. 만약 임차인의 전세 만기일이 2024년 1월 1일이라면 이 전세 만기일도 승계받는다. 또한 기타 특약 사항(애완동물 금지, 원상복구 조항과 같은) 역시 승계받는 것으로 이해하면 된다.

② 입주 가능한 매물을 매수한 뒤 전세입자의 보증금으로 잔금을 맞추는 경우

B아파트의 매물을 1억 7,000만 원에 매수하려고 한다. 이 아파트는 매도인인 주인이 거주하고 있으며, 매수한다면 바로 입주가 가

능하다. 부동산 중개사로부터 현재 이 매물의 전세가가 1억 6,000만 원이라는 대답을 들었고, 확인해보니 실제로도 가능할 것으로 보인다. 당신은 2023년 1월 1일에 1억 7,000만 원으로 매수 계약을 했고, 현재 매물에 거주 중인 매도인은 그로부터 3개월 뒤인 2023년 4월 1일에 이사를 간다. 이제 당신은 매도인이 이사를 가기 전까지 전세임차인을 구해야 한다. 당신은 결국 2023년 2월 1일 1억 6,000만 원에 전세임차인을 구했고, 잔금일인 4월 1일에 전세임차인의 보증금으로 잔금을 치렀다. 즉, 매매가인 1억 7,000만 원과 전세가인 1억 6,000만 원의 차익인 1,000만 원으로 해당 아파트를 매수한 것이다.

두 갭투자의 경우 각각 장단점이 있다. 예시 1의 가장 큰 장점은 전세입자를 맞추어야 하는 리스크가 없다는 것이다. 만약 예시 2처럼 새롭게 전세입자를 구해야 하는 상황인데 매수 잔금일까지 전세입자를 구하지 못한다면 잔금을 치르지 못해 계약이 엎어지게 된다. 이럴 경우 계약금은 돌려받을 수 없다. 통상적으로 계약금은 총 매수 금액의 10%다. 만약 1억 5,000만 원의 아파트를 매수했다면 계약금 1,500만 원을 잃게 되는 것이다. 그러나 전세입자를 승계받는 갭투자는 이런 위험이 없다. 즉, 안전한 갭투자가 되는 것이다.

반면 예시 1의 가장 큰 단점은 투자금이 많이 든다는 것이다. 예시 1과 예시 2의 아파트 가격은 각각 1억 5,000만 원, 1억 7,000만 원이었는데, 실제로 세입자가 거주 중인 매물은 바로 입주 가능한 매물에 비해 저렴하기 때문이다. 그래서 세입자가 껴 있는 매물을 관심있게 보는 사람은 대부분 투자자들이다. 예시 1에서 전세입자의 보증금은 1억 2,000만 원, 매매가는 1억 5,000만 원이므로 투자금은 3,000만 원이 필요하다. 예시 2의 B아파트를 매수한다면 1,000만 원만 있으면 되지만 예시 1의 경우 3배의 투자금이 필요한 것이다.

예시 2의 가장 큰 장점은 투자금이 적게 든다는 것이다. 지방 아파트 투자의 핵심은 소액 투자인데, 3,000만 원까지는 소액이라고 할 수 있다. 하지만 매수 시 취득세, 중개비, 수리비 등 거래와 관련된 비용이 추가적으로 발생하기 때문에 실제 3,000만 원으로 갭투자를 하기란 쉽지 않다. 또 매도할 때까지 최소 2년이라는 시간을 기다려야 하는데, 가진 돈 전부를 아파트 한 채에 모두 투자한다면 이후 새로운 기회를 놓칠 수 있다. 지방 아파트 투자는 흐름이 중요해 시간이라는 기회비용을 최대한 아껴야 하며, 투자 수익 자체가 수도권에 비해 크지 않으므로 적게는 2~3채 혹은 그 이상을 투자하여 다다익선으로 가야 한다. 그렇기 때문에 투자금을 최소한으로 줄일수록 유리하다.

반면 예시 2의 가장 큰 단점은 전세를 맞추기 어렵다는 것이다. 만약 가진 돈을 모두 털어 투자했는데 전세 수요를 제대로 파악하지 못해 전세입자를 맞추는 데 실패한다면? 경제적 자유를 위해 부동산 투자에 도전했다가 그동안 피땀 흘려 모은 돈만 날리고 부동산 투자를 그만두고 싶은 마음만 커질 것이다. 그래서 예시 2처럼 투자하는 경우 전세 수요를 집착적으로 조사해야 한다.

그럼 두 갭투자 중 어느 방식이 더 좋을까? 정답은 없다. 개인 성향에 따라 전세 승계 갭투자를 할 수도 있고, 새로 전세를 맞출 수도 있다. 지방 소액 투자자의 경우 대부분 후자, 즉 전세를 새로 맞추는 갭투자를 선호한다. 아무래도 투자금을 최소화하면 여러 채에 투자할 수 있기 때문이다. 하지만 같은 갭투자라 해도 자금 여유가 있는 사람은 상대적으로 위험 부담이 적은 전세를 승계받는 갭투자를 한다.

지방 소액 투자라고 해서 투자금을 무조건 최소화하려는 방식은 지양해야 한다. 역전세를 대비해 어느 정도 넉넉하게 전세금을 세팅할 필요가 있으며, 언제 나올지 모르는 급매를 위해 현금을 보유하고 있어야 하기 때문이다. 하지만 투자 초반에는 경험도, 투자금도 부족하므로 무갭투자를 지향하는 것이 좋다.

TIP 전세가 나가지 않을 때 맞추는 방법

갭투자를 할 때 가장 큰 리스크가 무엇이냐고 물어본다면 단연 전세 맞추기다. 전세를 맞추는 가장 좋은 방법은 전세 수요가 풍부한 곳을 매수하는 것이다. 무엇보다 예방이 가장 중요하다. 일자리, 상권, 학군, 주변 인프라 등 정주여건이 좋은 곳은 전세로 대변되는 실수요가 풍부하며, 이런 곳에 투자한다면 어렵지 않게 전세를 맞출 수 있다. 그런데 사전에 전세 수요가 풍부한 곳을 조사하고 투자했음에도 전세가 맞춰지지 않는다면 어떻게 해야 할까? 이때 취할 수 있는 대표적인 방법은 다음과 같다.

1. 여러 부동산 중개사에게 연락해 여러 곳에 전세를 놓는다.
2. 해당 매물이 위치한 지역 외 다른 지역에도 전세를 놓는다.
3. 부동산 중개사에게 추가 수수료 등 인센티브를 제공한다.

지방 아파트 황금 입지

4. 전세입자에게 인테리어, 수리, 이사비 지원, 입주 청소 지원 등의 혜택을 제공한다.

5. 그래도 안 될 때는 전세보증금을 낮춘다.

위 순서대로 진행해보자. 만약 다 해봤는데도 전세를 맞추는 데 실패했다면 잔금을 맞추기 위한 자금을 끌어와야 한다. 가족에게 도움을 요청해야 할 수도 있고, 비규제지역이라면 담보대출을 받아야 할 수도 있다. 또한 본인의 신용대출이나 마이너스통장을 이용할 수도 있다. 물론 투자를 결정하기 전에 전세가 맞춰지지 않을 경우를 대비해 잔금 조달 계획을 미리 세워놓아야 한다.

TIP 전세 세팅 vs. 월세 세팅

갭투자를 할 때 월세 세입자를 맞추는 방법도 있다. 예를 들어 1억 5,000만 원의 아파트를 현금만으로 매수해 월세를 맞추거나, 매매가의 일부를 대출받고 나머지는 월세보증금으로 세팅하는 것이다. 전세로 세팅하면 적은 금액으로 소유권을 가져올 수 있다는 장점이 있는 반면, 월세로 세팅하면 매달 월세라는 현금흐름을 만들어낼 수 있다는 장점이 있다.

하지만 월세로 세팅했을 때 몇 가지 치명적인 단점이 있다. 첫 번째는 초기 투자금이 많이 필요하다는 것이고, 두 번째는 대출을 받아야 하며 이것이 DSR(총부채원리금상환비율)에 걸린다는 것이다.

이렇게만 보면 전세 세팅보다 월세 세팅의 단점이 더 큰 것 같지만 부동산 시장의 흐름에 따라 더욱 적합한 방법을 유연하게 선택할 수 있어야 한다. 부동산 하락기였던 2008~2013년에는 경매로 저렴하게 낙찰받아 월세로 세팅하는 방법이 유행이었다. 당시에는 다주택자도 대출이 가능했고, 경매로 물건을 낙찰받으면 더 많은 대출이 가능했기에 성행한 방법이었다. 그러므로 시장 상황을 잘 파악하여 적합한 방법을 선택해야 한다.

지방 소액 갭투자의 3가지 사례

나는 저명한 투자자들에 비해 엄청난 부를 이룬 건 아니지만 비교적 늦게 시작했음에도 나만의 원칙과 성실함으로 꽤 많은 자산을 만들어냈다. 그래서 이번에는 지방 아파트에 투자한 3가지 사례를 소개하고 어떤 이슈들이 있었는지, 현재는 어느 정도의 수익이 예상되는지 공유해보려 한다. 현재까지 각 투자 물건이 엄청난 수익을 올린 상태는 아니다. 하지만 적은 투자금으로 시작해 이미 일반 직장인의 연봉에 해당하는 수익 이상을 올린 상태이기 때문에 현실적인 투자 예시가 될 것이라 생각한다.

지방 아파트 황금 입지

① 충청남도 천안시 서북구 A아파트

천안시 A아파트 투자 세부 사항

출처: 호갱노노

* 플러스갭: 매매가보다 전세가가 커서 오히려 돈
을 더 받고 매수하는 개념의 갭투자

구분	비용
매수시점	2021년 4월
매수가	1억 4,000만 원
전세가	1억 5,000만 원(당시 주변 평균 전세가 1.4~1.5억 원)
현재 시세	1억 8,000만 원~ 1억 9,000만 원
기타 투자비용	• 수리비용: −800만 원 • 최종: +200만 원 (플러스갭* 투자)
예상 매도시점	2023년 6월 이후 (양도세 일반세율)
예상 수익금액	세후 3,000~4,000만 원

충청남도 천안시 서북구에 위치한 24평 계단식 아파트다. 연식은 30년 정도로 매우 오래됐지만 지하철역에서 가까우며, 주변 아파트 단지들과 함께 많은 실수요가 있는 곳이다. 이 아파트를 1억 4,000만 원에 매수했다.

한 번도 수리된 적이 없는 기본 상태였기에 세입자를 잘 맞추려면 올All수리가 필수였고, 새시를 제외하고 800만 원을 들여 수리했다. 처음에는 전세입자에게 먼저 전세금을 받아 잔금을 치른 후 올수리 할 예정이었으나 내가 요구한 1억 5,000만 원의 전세가는 주변 시세보다 약간 높은 편이었고, 1억 5,000만 원에 달하는 보증금을 현금으로 가지고 있는 사람만이 가능한 조건이었기에 전세를 맞추는 것이 쉽지 않았다.

그렇게 잔금일이 한 달 안으로 다가왔고, 부동산 중개사에게 방법이 없겠느냐고 조언을 구했다. 감사하게도 중개사가 차용증을 쓰고 잔금을 먼저 치르도록 해주어 무사히 등기를 치고 집을 수리한 후 잔금일에 빌린 돈을 갚을 수 있었다. 현재도 해당 중개사와 좋은 관계를 유지하고 있다. 이와 같이 부동산 투자를 하다 보면 생각지도 못한 사건들이 일어나기도 하는데, 중개사와 좋은 관계를 유지한다면 새로운 활로를 찾을 수 있다.

당시 천안의 A아파트는 공시지가 1억 원 이하 매물이었기에 취득세 중과 제외 주택이었고, 1억 5,000만 원에 전세를 맞추었기 때문에 내가 들인 돈은 없었다. 오히려 1,000만 원에서 수리비용 800만 원을 제외한 200만 원의 수익을 얻었다(물론 취등록세와 중개수수료 등이 들긴 하지만 편의상 투자금만 언급하도록 하겠다).

현재 A아파트는 1억 8,000만 원에서 1억 9,000만 원의 시세를 형성하고 있으며, 매도 시점에도 크게 떨어지지 않거나 혹은 약간의 상승을 기대하고 있다. 전세가 역시 그때보다 2,000만 원 정도 오른 1억 7,000만 원의 시세를 형성 중이다. 매매가와 전세가의 상관관계는 이후에 더욱 자세히 다루도록 하겠다. 만약 1억 9,000만 원 전후로 매도한다면 양도세를 제외하고 3,000~4,000만 원 정도의 수익이 예상된다. 문과 대기업의 초봉 연봉과 맞먹는 수준의 수익을 얻게 되는 것이다.

② 강원도 춘천시 후평동 B아파트

춘천시 B아파트 투자 세부 사항

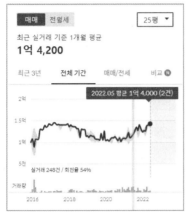

출처: 호갱노노

구분	비용
매수시점	2021년 6월
매수가	1억 1,000만 원
전세가	1억 원(당시 주변 평균 전세가 0.9~1억 원)
현재 시세	1억 4,000만 원~1억 5,000만 원
기타 투자비용	1,000만 원(점유개정)
예상 매도시점	2023년 7월 이후(양도세 일반세율)
예상 수익금액	세후 4,000~5,000만 원

강원도 춘천시 후평동에 위치한 25평 복도식 아파트다. 2000년 대 초반에 지어졌지만 춘천이라는 작은 도시에 있다는 점, 복도식이 라는 점이 단점이었다. 나는 B아파트를 1억 1,000만 원에 매수했고, 전세를 1억 원에 맞추었다. B아파트는 수리가 전혀 되지 않은 기본 상태였는데, 그 상태 그대로 전세를 놓았다. 매도인인 주인이 매도 계약 후 임차인으로 거주하는 방법인 점유개정을 이용했기 때문이다.

군이 점유개정을 사용하면서까지 춘천의 구축 아파트에 1,000만 원을 들여 투자한 이유는 전세 세팅의 리스크 때문이었다. 당시 데이 터를 보면 춘천의 상급지 아파트들은 이미 상승했지만 준신축 및 구축은 바닥에서 막 올라오려고 하는 타이밍이었다. 다음 그래프를 통해 알 수 있듯 향후 입주 공급량이 부족한 상황이었는데, B아파트를 임장해본 결과 실수요가 충분한 곳임에도 전세물량이 약간 적체되어 잠시 전세 흐름이 막힌 상황이었다. 그럼에도 나는 춘천의 구축이 상승할 것을 확신했고, 마침 점유개정을 원하는 매물을 발견하여 계약을 체결했다.

춘천시의 수요·입주량

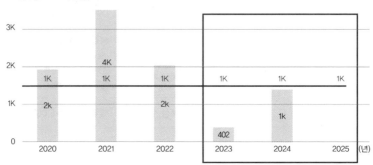

출처: 부동산지인

지금도 그렇지만 춘천의 B아파트는 공시지가 1억 원 이하로 취득세 중과 제외 주택에 해당되어 취득세 부담 없이 매수할 수 있었고, 점유개정이었기에 전세가 잘 나가지 않는 시기임에도 전세 리스크가 없었다. 하지만 당시 무갭투자도 가능한 매물이 있었기 때문에 1,000만 원의 투자금이 드는 B아파트가 아주 최선의 투자는 아니었다. 그러나 내 성향상 무리한 무갭투자를 지향하다 계약금을 잃는 것이 더 큰 리스크라고 판단하고 해당 투자를 진행했다.

지방 아파트 황금 입지

현재 B아파트는 1억 4,000만 원에서 1억 6,000만 원 정도의 시세를 형성하고 있으며, 예상 매도 시점에는 현재보다 1,000~3,000만 원 정도의 추가 상승을 기대하고 있다. 만약 1억 6,000만 원 전후로 매도한다면 양도세를 제외하고 대략 4,000~5,000만 원의 수익을 얻을 수 있을 것으로 예상된다.

TIP 점유개정

투자를 하다 보면 매도인인 집주인이 집을 팔고 해당 아파트에 전세로 들어가는 일명 '점유개정'을 원하는 일이 종종 있다. 다른 말로는 '주전세'라고도 한다. 간혹 점유개정을 편법으로 생각하는 사람도 있지만 전혀 아니다.

점유개정은 장단점이 명확하다. 장점은 적은 투자금으로 전세를 맞추는 리스크 없이 물건을 매수할 수 있다는 것이다. 단점은 보증금이 일반적으로 다른 매물에 비해 높으므로 2~4년 뒤 보증금 반환 부담이 크다는 것이다. 그리고 추후 매수 시점보다 집값이 오르면 과거 매도인이었던 임차인과 갈등이 발생할 수도 있다.

점유개정은 잘 활용하면 매도인과 매수인 모두 윈윈Win-win이므로 현장에서 자주 이루어지고 있다.

③ 경상북도 구미시 옥계동 C아파트

경상북도 구미시 옥계동에 위치한 준신축의 33평 계단식 아파트다. 철도역이 가까운 건 아니지만 옥계동 자체가 공단 주변에 위치한 신규 택지지구이기에 인프라가 훌륭하고 학군도 준수하다. 나는 C아파트를 2억 3,300만 원에 매수했고, 2억 3,000만 원에 전세를 놓았다. 오래된 아파트가 아니었기 때문에 수리 없이 무난히 전세를 맞출 수 있었다. 매수 당시 전세 매물이 거의 없었던 것도 행운이었다.

구미시 C아파트 투자 세부 사항

출처: 호갱노노

구분	비용
매수시점	2021년 9월
매수가	2억 3,300만 원
전세가	2억 3,000만 원(당시 주변 평균 전세가 2.2~2.3 원)
현재 시세	2억 6,000만 원~ 2억 8,000만 원
기타 투자비용	300만 원
예상 매도시점	2023년 11월 이후 (양도세 일반세율)
예상 수익금액	세후 4,000~5,000만 원

당시 구미의 부동산 시장은 2019년 말부터 2020년 중순까지 이미 많은 투자자가 1차적으로 들어온 상태였고, 내가 매수한 시점에는 이미 전고점 직전에 도달해 있었다. 게다가 내가 C아파트를 매수한

지방 아파트 황금 입지

시점의 C아파트 평균 가격은 2억 6,000만 원에서 2억 7,000만 원 정도였다. 그런데도 나는 왜 구미를 선택했을까?

나는 구미의 공급물량을 가장 먼저 체크했다. 2015년부터 시작해 2019년까지 많았던 공급물량이 2019년 말부터 해소되기 시작하면서 2020~2023년까지 입주 공급량 부족이 예고되었다. 그래서 2019~2020년 큰 폭의 1차 상승이 가능했던 것이다. 하지만 2021~2023년까지도 공급은 부족하며, 2024년의 공급을 제외하면 여전히 신축 공급은 부족한 상황이다. 신축 아파트의 공급 부족은 결국 준신축 아파트까지 영향을 미치기 때문에 한 번의 기회가 더 남아 있다고 판단했고, 그래서 투자를 결정했다.

구미시의 수요 · 입주량

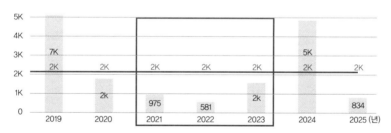

출처: 부동산지인

매수 시점을 기준으로 2년 뒤, 즉 2024년 직전에 매도하는 것이 1차 목표이며, 만약 이때 매도에 실패한다면 1~2년을 더 지켜볼 예정이다. 이후에 좀 더 자세히 다루겠지만 2~3년보다 더 후의 공급은 '주택 인허가 물량'을 체크해보면 된다. 아직까지는 구미의 과공급이 2025년 이후로 체크되지 않는 상황이기에 괜찮을 것으로 보인다 (2023년 3월 기준). 물론 부동산 매도라는 것이 언제나 계획대로 되는 것은 아니다. 여러 계획을 세워 대응할 준비만 되어 있다면 리스크를 짊어져야 투자에서 수익을 얻을 수 있다는 것을 명심하자.

그렇다면 어떻게 매수 당시, 시세보다 더 저렴한 급매를 잡을 수 있었을까? 구미를 임장하던 중에 들른 한 부동산 중개소에서 급한 사정을 가진 매도인의 물건에 대해 들을 수 있었다. 구미의 공단에서 일하다가 다른 지역으로 발령이 나 급하게 처분해야 하는 물건이었다. 그런데 시간이 없어 며칠 내로 매수 여부를 결정해야 했다. 어차피 나는 조사와 임장을 끝낸 상태였기 때문에 그 자리에서 매수를 결정했고, 갭 300만 원으로 인구 41만 명의 제조도시에 준신축 33평 아파트를 가질 수 있었다. 구미는 비규제지역이기 때문에 매수할 당시 취득세 중과에서 제외된 주택이었다. 규제지역에 1채 그리고 다음 매수하는 아파트가 비규제지역에 위치했다면 취득세 중과에서 제외되기 때문이다.

C아파트의 현재 시세는 2억 6,000만 원에서 2억 8,000만 원 정도이며, 예상 매도 시점에는 2억 원 후반에서 3억 원 정도의 시세를 형성할 것으로 예상된다. 만약 2억 8,000만 원에서 2억 9,000만 원 정도에 매도한다면 양도세를 제외하고 대략 4,000~5,000만 원의 수익을 얻을 수 있다. 물론 매도 시점의 예상 시세는 말 그대로 예상이기 때문에 더 낮을 수도 있다. 하지만 사이클상 오를 기회가 얼마든지 있다면 그때까지 버티기만 하면 될 일이다.

사례로 든 3개의 투자는 비교적 최근에 이루어진 것으로, 아직 수익 구간이 아니다. 실제로 예상 매도 시점에 가격이 더 떨어질 수도 있고, 팔지 못할 수도 있다. 또한 춘천을 제외하면 아주 빠르게 선진 입한 투자라고 할 수도 없다. 하지만 분명한 건 돈을 벌고 있다는 것이다. 이것이 가장 중요하다. 진입과 매도 타이밍을 잡는 것은 원리만 깨우친다면 생각보다 어렵지 않다. 임차인 관리 역시 사람과 사람 간의 관계이기 때문에 상식적으로만 행동하면 된다. 그러니 지방 소액 아파트 투자에 너무 겁먹지 말고 그 속에서 기회를 보길 바란다.

만약 3개 사례의 투자 시점이었던 2021년 3분기에 같은 금액으로 수도권을 봤다면 어땠을까? 3채를 투자하는 데 들어간 총 투자금은 1,000만 원 정도인데, 그 돈으로 과연 수도권에 구축 하나라도 매수할 수 있었을까? 수도권의 1,000만 원짜리 매물이라면 분명 내가 투자한 지방 아파트 단지들에 비해 입지가 크게 부족했을 것이고, 그럼 나중에 매도할 때 리스크가 훨씬 클 것이다. 또한 수도권에서 입지가 괜찮은 곳은 모두 공시지가 1억 원 이상이므로 취득세 중과로 세금만 몇 배를 내야 한다. 즉, 부동산 투자를 할 때는 수도권이 무조건 만능이라는 편견을 벗어던질 필요가 있다.

지방 다주택 투자를 위한 핵심 세금 정리

유튜브 '5분 임장' 채널을 운영하면서, 지금까지 투자를 진행하면서 가장 많이 받은 질문은 바로 세금이다. 실제로 세금과 관련된 대처를 잘하지 못하거나 애초에 잘못된 세금 지식으로 투자를 진행한다면 수익보다 손해가 더 클 수도 있다. 그러나 이 지점에서 세금과 관련하여 정말 중요한 메시지를 먼저 전달한다면, 세금을 너무 부담스러워할 필요도, 어렵게 생각할 필요도 없다는 것이다. 세금이라는 것은 투자 과정 중에 자연스럽게 공부가 되기 때문이다.

부동산 세금에 대해 모두 알 필요는 없다. 실제로 투자할 때 필요한 지식만 가지고 있으면 된다. 이번 장의 목표는 최적의 절세 루트를 제시하는 것이다. 매수 시점의 취득세, 보유 중일 때의 보유세, 매도 시의 양도세로 나누어 어떤 체계인지, 지방 아파트 투자 시 실제로 맞닥뜨리게 될 세금은 무엇인지, 그에 따른 절세 방법은 무엇인지 알아보도록 하자.

취득세

취득세는 일정 자산을 취득할 때 부과되는 세금이다. 취득세는 무엇을 어디에 매수하든 첫 1주택이라면 크게 신경 쓰지 않아도 된다. 실제로 대부분 1~3%의 취득세를 내며, 그중에서도 대다수는 1%의 세금을 낸다(매매가 6억 원 이하). 다음 표는 주택 취득가액에 따른 취득세율이다. 직접 계산해보고 싶다면 네이버에 '부동산 취득세'를 검색하여 매물 종류와 면적, 거래금액을 대입해 계산해볼 수 있으니 이용해보기 바란다.

주택유상취득 시 1주택 취득가액과 면적 기준 취득세율

취득가액	면적	취득세	농특세	지방교육세	적용세율
6억 원 이하	85m² 이하	1%	–	0.1%	1.1%
	85m² 초과	1%	0.2%	0.1%	1.3%
6억 원 초과 ~ 9억 원 이하	85m² 이하	1.01~3%	–	0.1~0.3%	1.11~3.3%
	85m² 초과	1.01~3%	0.2%	0.1~0.3%	1.31~3.5%
9억 원 초과	85m² 이하	3%	–	0.3%	3.3%
	85m² 초과	3%	0.2%	0.3%	3.5%

출처: 국세청 및 국토교통부

하지만 2주택자부터는 주의가 필요하며, 이제 절세의 영역이 된다. 지난 2020년 7·10대책으로 다주택자와 법인의 취득세가 강화되었다. 청년과 서민층의 주거 복지를 위한다는 명목이었다. 다음 표를 보면 2020년 7월 10일 이후 대폭 강화된 취득세율을 확인할 수 있다. 기존에는 1채를 가진 상태에서 추가로 3주택까지는 똑같이 주택가액에 따라 1~3%의 취득세를 납부했지만, 바뀐 세율에서는 2주택이 규제지역에 있을 경우 취득세가 8%로 상승폭이 대폭 강화되었다. 7·10대책에서는 취득세뿐 아니라 보유세와 양도세도 크게 강화되어 다주택자들과 법인의 걱정이 깊어졌다. 특히 법인의 경우 기존 보유주택의 수나 규제지역 해당 여부와 상관없이 일괄적으로 12%의 막대한 세금이 부과되었기에 그 충격은 더욱 컸다. 물론 취득세는 점차 완화되는 방향으로 진행되고 있지만 현재(2023년 3월 기준)까지는 여당과 야당의 의견 불합치로 인해 뚜렷한 결과는 없다.

7·10대책으로 개정된 주택 취득세율

기존			개정안(2020.07.10 시행)			
	1주택	주택가액에 따라 1~3%		1주택	주택가액에 따라 1~3%	
	2주택				규제지역	비규제지역
개인	3주택		개인	2주택	8%	1~3%
		4%		3주택	12%	8%
	4주택 이상			4주택 이상	12%	12%
법인		주택가액에 따라 1~3%	법인		12%	

출처: 국세청 및 국토교통부

하지만 부동산 투자와 관련된 모든 루트가 막힌 것은 아니었다.

지방 아파트 황금 입지

특히 취득세와 관련해서는 대표적으로 2가지 루트가 다주택자들과 법인에게 선호되었다. 첫 번째는 공시지가 1억 원 이하 주택이고, 두 번째는 주택의 취득 순서다. 먼저 공시지가 1억 원 이하 주택 투자에 대해 알아보자.

① 공시지가 1억 원 이하 저가 주택을 노린다

공시지가 1억 원 이하 주택은 매년 발표하는 주택 공시지가가 1억 원이 되지 않는 저가 주택을 말한다. 이러한 저가 주택은 몇 채를 취득하든 취득세는 1.1%다. 공시지가 1억 원 이하 주택은 서민들의 주거복지와 크게 연관이 있으므로 함부로 건드리기가 어렵다. 따라서 해당 구간에 대한 규제는 정부에 큰 역풍을 일으킬 수 있어 규제의 사각지대가 된 것이다.

그 결과는 어땠을까? 투자자들이 규제를 피해 1억 원 이하 저가 주택으로 몰리면서 오히려 1억 원 이하 저가 주택 가격의 폭등을 불러일으켰다. 이 투자 방법은 현재도 유효하지만 공시지가 1억 원 이하 저가 주택일수록 실수요가 잘 받쳐주는지 파악한 뒤 접근해야 한다. 공시지가 1억 원 이하 주택 투자와 관련해서 사람들이 가장 궁금해하는 것은 다음과 같다.

Q1. 현재 3주택자(다주택자)인데 공시지가 1억 원 이하 아파트를 추가로 매수하면 취득세는 여전히 1.1%인가?

A1. 그렇다. 3주택뿐 아니라 100주택을 가지고 있어도 신규 취득하는 주택의 공시지가가 1억 원 이하라면 취득세는 1.1%다.

Q2. 천안이나 전주 등 지방 도시가 아니라 평택, 안성 같은 수도권도 공시지가 1억 원 이하면 취득세 중과에서 제외되는가?

A2. 그렇다. 지역에 상관없이 공시지가 1억 원 이하라면 모두 취득세 중과 제외 대상이다.

Q3. 서울의 재개발지 공시지가 1억 원 이하 주택도 취득세가 1.1%인가?

A3. 아니다. 지분 쪼개기 및 투기 방지를 위해 정비구역으로 지정된 재개발, 재건축 단지는 공시지가 1억 원 이하 주택이라도 취득세를 중과한다. 그러므로 취득하려는 재개발, 재건축 아파트가 정비구역으로 지정되었는지 매수 전에 반드시 확인해야 한다.

Q4. 공시지가 1억 원 이하 주택을 1채 가지고 있는데, 추가로 공시지가 1억 원 초과 주택을 매수하면 어떻게 되는가?

A4. 이미 보유 중인 공시지가 1억 원 이하 주택 수는 새롭게 취득하는 주택의 취득세와는 관련이 없다. 예를 들어 공시지가 1억 원 이하 주택 5채를 보유하고 있는데 새롭게 공시지가 1억 원 이상 주택을 매수한다면, 기존에 가지고 있던 공시지가 1억 원 이하 주택은 취득 계산 시 제외된다.

Q5. 매수할 때는 공시지가가 1억 원 이하였는데 지금은 공시지가가 1억 원을 넘었다. 이 경우에는 새롭게 취득하는 주택에 대해 취득세 중과가 되는가?

A5. 그렇다. 새로운 주택을 취득하는 시점에서 보유 중인 주택의 공시지가가 1억 원 초과라면 2주택에 해당하는 취득세를 납부해야 한다.

지방 아파트 황금 입지

대부분의 지방 소액 투자자가 걱정하는 것은 '공시지가가 1억 원을 초과하면 나중에 매도하기 어렵지 않겠느냐'다. 공시지가가 1억 원을 넘었더라도 매도가 잘되는 물건이 있는가 하면, 반대로 공시지가가 1억 원을 초과하는 순간 귀신같이 매수세가 급격히 떨어지는 물건이 있다. 이 차이는 어디에서 오는 것일까? 바로 물건의 상품 가치 그 자체다. 이 상품 가치를 결정하는 것이 곧 실수요이며, 이것이 바로 실수요를 집착적으로 파악해야 하는 이유다. 그렇기에 임장을 할 때 체크해야 할 포인트는 바로 '실수요가 받쳐주는데도 공시지가가 아직 1억 원 이하인 아파트'를 찾는 것이다.

② 주택 취득 순서에 주의한다

1주택 취득세는 주택가액에 따라 1~3%로 누구나 동일하다(법인 제외). 그러나 2주택부터는 규제지역과 비규제지역에 따라 취득세가 달라진다. 이것이 의미하는 바는 주택 취득 순서에 따라 더 많은 세금을 낼 수도, 훨씬 적은 세금을 낼 수도 있다는 것이다.

그럼 어떤 순서로 주택을 취득하는 것이 가장 효율적일까? 무주택자라면 1주택은 규제지역에서 가장 좋은 물건을 매수해야 한다. 그리고 다음 2주택은 비규제지역에서 매수하여 똑같이 1.1%의 취득세를 적용받고, 3주택부터는 공시지가 1억 원 이하 주택을 매수해야 한다. 복잡하다고 느껴질 수도 있지만 실제로 실행해보면 생각보다 어렵지 않고, 법무사에게 물어보면 쉽게 대답해주기도 한다.

만약 세금을 고려하지 않고 되는 대로 주택을 취득한다면 어떻게 될까? 가장 많이 실수하는 부분이 먼저 비규제지역에서 주택을 매수하는 것이다. 최초의 1주택 투자는 본인이 가장 잘 아는, 그러면서도 저렴한 지역에 하고 싶어 비규제지역에 투자하고, 그다음에 규제지역의 주택을 매수하는 사람이 있다. 순서상 규제지역 1채, 비규제지역 1채를 매수했을 때와 소유한 주택의 수는 같지만 취득세는 큰 차이가 있다. 다음 표를 보자. 어느 지역의 주택을 먼저 취득했느냐에 따라 취득세가 4,000만 원가량 차이가 난다. 따라서 반드시 이 부분을 고려하여 투자해야 한다.

취득 순서로 보는 취득세 비교

사례 1			사례 2		
순서	매매가	취득세	순서	매매가	취득세
규제지역 1채 매수	5억 원	550만 원	비규제지역 1채 매수	3억 원	330만 원
비규제지역 1채 매수	3억 원	330만 원	규제지역 1채 매수	5억 원	4,400만 원
취득세 총 납부비용		880만 원	취득세 총 납부비용		4,730만 원

보유세

주택의 보유세는 재산세와 종합부동산세로 구분할 수 있다. 하지만 재산세는 크게 신경 쓰지 않아도 된다. 다음 표를 보면 과세표준 6,000만 원 이하는 표준세율이 0.1%이며, 가장 높은 과세표준인 5억 4,000만 원이 넘는다 해도 표준세율은 0.4%에 불과하다. 즉, 재산세는 어느 가액의 주택을 보유한다 해도 부담되는 수준이 아니다.

주택 재산세 세율

과세표준	표준세율
6,000만 원 이하(공시지가 1억 원)	0.1%
6,000만 원 초과~1억 5,000만 원 이하 (공시지가 1억 원~2억 5,000만 원)	6만 원+6,000만 원 초과분의 0.15%
1억 5,000만 원 초과~3억 원 이하 (공시지가 2억 5,000만 원~5억 원)	19만 5,000원+1억 5,000만 원 초과분의 0.25%
3억 원 초과~5억 4,000만 원 이하 (공시지가 5억 원~9억 원)	57만 원+3억 원 초과분의 0.4%
5억 4,000만 원 초과(공시지가 9억 원)	

출처: 국세청 및 국토교통부

사실 다주택자들에게 문제가 되는 것은 종합부동산세, 즉 종부세다. 종부세는 1주택자들에게는 큰 무리가 없지만 다주택자가 목표라면 종부세에 대한 똑똑한 접근이 필요하다.

① 법인이라면 재산세 기산일을 피한다

윤석열 정부가 종부세 완화를 추진하고 있지만 법 개정은 쉽지 않으므로 현재를 기준으로 계산해보자. 1주택자들은 기존 11억 원에서 12억 원으로 종부세 공제액이 상향되어 부담이 적어졌다. 그러나 다주택자의 경우 공제액이 9억 원이며, 법인의 경우에는 공제액이 없다. 다주택자는 보유한 주택의 공시지가가 9억 원이 넘을 경우, 9억 원 초과분에 대해 각 과세표준 구간 세율에 해당하는 종부세가 부과된다. 반면 법인은 종부세 공제액이 없기 때문에 단 1채만 보유하더라도 종부세가 부과된다. 그래서 법인 투자자들은 재산세 기산일인 6

종합부동산세 세율

기존				개정안(2023.01.01 시행)		
과세표준	2주택 이하	3주택 이상		과세표준	2주택 이하	3주택 이상
3억 원 이하	0.6%	1.2%		3억 원 이하	0.5%	
3억 원 초과~ 6억 원 이하	0.8%	1.6%		3억 원 초과~ 6억 원 이하	0.7%	
6억 원 초과~ 12억 원 이하	1.2%	2.2%		6억 원 초과~ 12억 원 이하	1.0%	
12억 원 초과~ 50억 원 이하	1.6%	3.6%	▶	12억 원 초과~ 25억 원 이하	1.3%	2.0%
				25억 원 초과~ 50억 원 이하	1.5%	3.0%
50억 원 초과~ 94억 원 이하	2.2%	5.0%		50억 원 초과~ 94억 원 이하	2.0%	4.0%
94억 원 초과	3.0%	6.0%		94억 원 초과	2.7%	5.0%
법인	3.0%	6.0%		법인	2.7%	5.0%

출처: 국세청 및 국토교통부

월 1일 이후에 주택을 매수하여 이듬해 5월 31일 전에 매도하는 단타 투자를 선호한다. 이 경우 재산세 기산일을 피해 종부세가 부과되지 않기 때문이다.

② 인별과세의 특성을 이용한다

다주택자의 종부세 공제액은 9억 원이므로 가장 절세하는 방법은 한 사람당 최대 9억 원(시세로는 10~12억 원 수준)까지만 아파트를 사 모으는 것이다. 종부세는 합산과세가 아닌 인별과세이기 때문에 같

지방 아파트 황금 입지

은 가구원이라 하더라도 개인이 가지고 있는 주택의 총합에 대해서만 종부세를 부과한다. 그래서 본인이 먼저 9억 원을 채우고, 그 후에 배우자 명의로 9억 원을 채우는 방법을 가장 많이 사용한다. 하지만 우리는 수익 창출이 목적이기 때문에 구매한 주택의 공시지가가 오를 것을 염두에 두고 투자해야 한다. 만약 시간이 지나도 투자한 물건들이 9억 원을 넘지 않는다면 이는 투자에 실패한 것이라 볼 수 있다.

③ 주택임대사업자 부활을 노린다

그동안 종부세를 회피하는 가장 좋은 방법은 주택임대사업자 등록이었다. 그러나 2020년 7·10대책으로 아파트 임대사업자의 신규 등록이 불가능해졌다. 심지어 아파트가 아닌 주택을 등록하더라도 무조건 10년 동안은 팔지 못하도록 제한했다. 주택임대사업자가 되면 60m² 이하 소형주택에 대해서는 취득세와 재산세를 감면해주었고, 종부세는 합산 자체를 배제해주었다. 즉, 임대주택으로 등록하면 몇 채를 등록하든 종부세는 일절 해당하지 않는 것이다. 또한 양도세에서 중과세율을 배제해주고, 거주 주택을 비과세해주는 등의 파격적인 혜택이 존재했다. 다만 의무임대기간이 존재하고, 임대료를 5% 이내로만 증액해야 하며, 계약갱신요구권과는 다르게 새로운 임차인에게도 최대 5%까지만 인상할 수 있다. 그리고 임차인의 재개약 요구를 거절할 수 없다.

그렇다면 지금은 등록할 수도 없는 아파트의 임대사업자에 대해 왜 설명하는 것일까? 윤석열 정부의 공약 중 하나가 아파트 임대사업자의 부활이기 때문이다. 이 책을 쓰는 지금은 중형 아파트(85m²)에 한해 임대사업자제도를 부활시켜 시행 중이다. 만약 아파트 임대사업자제도가 이전과 같은 혜택을 주는 수준으로 부활한다면 취득세, 보유세, 양도세 등 주택과 관련된 세금이 전부 완화되는 것이므로 공시지가 1억 원 이하나 저가 주택보다는 정말 우량한 주택을 찾아 장기 보유하는 전략을 취해야 한다.

양도세

양도세는 주택을 매도할 때 생긴 차익에 대해 내는 소득세다. 다음 표는 부동산 양도소득세 단기세율을 정리한 것이다. 숫자만 보면 상당히 부담스럽다.

부동산 양도소득세 단기세율

구분	주택/입주권	분양권
1년 미만	70%	70%
2년 미만	60%	60%
2년 이상	기본세율*	

* 기본세율은 52쪽 표 〈부동산 양도소득세 일반세율〉 참고

출차: 국세청 및 국토교통부

2021년 6월 이전에는 1년 미만 단기세율이 40%였기에 1년 안에 매도하는 단타마저도 지금만큼의 세금 부담은 없었다. 하지만 2021년 6월부터 개정된 양도세 단기세율이 시행되었고, 향후에도

쉽게 바뀌지 않을 것이다(2023년 3월 기준 보유 기간이 1년 미만일 때 45%, 1년 이상일 때 기본세율을 적용하는 단기양도세 인하안을 추진 중이지만 아직 확정되지 않았다). 특히 양도세 단기세율의 경우 투자자들의 투자 심리를 자극할 수 있기 때문에 가장 마지막 부분에 개정될 사항이다. 참고로 부동산 규제는 양도세 중과 완화 〉 보유세 완화 〉 취득세 완화 순으로 풀린다. 윤석열 정부가 집권한 후 양도세 중과 완화가 시행되고 있다. 또한 보유세 완화도 동시에 진행되고 있으나 아직 확정되지는 않았다.

이제 남은 것은 취득세다. 취득세는 양도세 기본세율과 함께 투자 심리 자극에 가장 강력한 촉진제가 될 수 있기 때문에 총선(22대 총선은 2024년) 이후인 2024~2025년에 풀릴 가능성이 크다. 물론 부동산 시장이 안정된 상태여야 한다는 전제가 필요하다. 만약 2024~2025년에 부동산 시장이 다시 들끓어 투자 심리가 완연한 상태가 되면 취득세와 양도세 단기세율 완화는 물론, 이전에 풀었던 양도세 중과와 보유세가 다시 강화될 수 있다.

따라서 우리는 미래를 예측하기보다 현재 상황을 기준으로 대응해야 한다. 다만, 최소한의 안목은 가질 필요가 있다. 예를 들어 양도세 완화와 상관없이 가치를 유지하는 아파트를 고를 수 있는 안목이 있어야 한다.

① 일반세율이 적용되는 최소 2년간 물건을 보유한다

결국 가장 중요한 것은 양도세 일반세율이다. 이는 크게 바뀔 일이 없으며, 어떤 아파트에 투자하든 일반세율 내에서만 움직이면 부동산 규제에 휘둘릴 일이 딱히 없다. 양도세 일반세율이 적용되는 보유 기간은 2년이다. 그래서 개인 명의로 투자했다면 최소 2년은 보유해야 한다. 그런데 요즘에는 계약갱신요구권 때문에 최대 4년까지 보유할 수도 있다. 따라서 향후 2년 동안이 아닌 최소 3~4년 동안 입주 물량이 없는 지역을 선정하는 것이 가장 좋다. 물론 이 역시 가변적이기 때문에 공식처럼 적용할 수는 없다.

부동산 양도소득세 일반세율

과세표준	일반세율	누진공제액
1,200만 원 이하	6%	–
4,600만 원 이하	15%	1,080,000원
8,800만 원 이하	24%	5,220,000원
1억 5,000만 원 이하	35%	14,900,000원
3억 원 이하	38%	19,400,000원
5억 원 이하	40%	25,400,000원
5억 원 초과	42%	35,400,000원
10억 원 초과	45%	65,400,000원

출처: 국세청 및 국토교통부

② 공시지가 3억 원 이하 주택을 노린다

양도세 일반과세와 관련하여 지방 투자자들에게 가장 중요한 사항은 '지방 도시 공시지가 3억 원 이하 주택'이었다. 서울과 수도권, 광역시, 세종시(읍면리는 제외) 외 지역에 소재하는 공시지가 3억 원 이하 주택은 양도세 중과배제였기 때문이다. 그래서 지방 투자자들은 대개 이 원칙을 지켜 읍면리 지역이나 지방 소도시의 공시지가 3억 원 이하 주택을 노렸다. 그러나 윤석열 정부가 들어서면서 가장 먼저 다주택자의 양도세 한시적 중과배제를 시행했고, 2023년 5월 9일까지 이 한시적 중과배제가 적용된다. 게다가 지난번 경제정책 방향을 통해 양도세 중과배제를 2024년 5월 9일까지 연장하면서 사실상 양도세 중과는 사라지는 쪽으로 방향을 잡고 있다.

따라서 현재는 지방 공시지가 3억 원 이하 주택에 대한 장점이 많이 사라졌다. 이렇게 부동산 시장이 과열될 땐 규제가 강화되고, 침체될 땐 규제가 풀리면서 아파트 상품의 가치가 달라지기도 한다. 그렇기 때문에 더욱더 입지에 집중하고, 실제 임장을 통해 저렴한 매물을 선점하는 노력이 필요하다. 어차피 소액이라면 지방에서 굴려서 수도권이나 지방 핵심지로 올라가야 한다.

③ 법인을 운영하여 법인세를 낸다

이번에는 법인투자자들의 양도세에 대해 알아보자. 사실 법인은 양도세가 아닌 법인세가 부과된다. 다음 표는 주택 매도 시 법인에 적용되는 법인세율을 정리한 것이다. 만약 법인으로 부동산 투자를 한다면 대부분은 과세표준 2억 원 이하에 해당될 것이기 때문에 세율은 10%에 불과하다. 만약 정말 수익을 잘 내어 과세표준이 2억 원을 넘는다 해도 2억 원 초과분에 대한 20%이기 때문에 법인세는 개인의 양도세에 비해 세금 혜택이 크다고 할 수 있다. 물론 법인의 경우 주택을 매도할 때 특별법인세 20%가 더 붙으므로 실질 세금은 30~40%라고 생각해야 한다.

법인세율

과세표준	세율
2억 원 이하	10%
2억 원 초과~200억 원 이하	20%
200억 원 초과~3,000억 원 이하	22%
3,000억 원 초과	25%

출처: 국세청 및 국토교통부

이런 세금 혜택이 있는데도 법인 투자를 쉽게 하지 못하는 이유가 있다. 첫 번째는 취득세와 종부세 때문이고, 두 번째는 수고스럽기 때문이다. 앞서 취득세와 보유세에 대해 다루면서 법인의 취득세는 12%, 종부세는 공제액 없이 바로 2.7%가 부과된다는 것을 살펴보았다. 취득세와 종부세가 부담스러워 법인 투자를 쉽게 감행하지 못하는 것이다. 또한 법인은 하나의 독립된 사업체를 운영하는 것이다. 법인 설립과 유지에 어마어마한 시간과 비용 등이 들어간다. 이런 점이 성향상 맞지 않는 투자자들은 개인 투자만 하기도 한다. 법인 없이 개인으로만 투자해도 충분히 경제적 자유를 이룰 수 있다. 법인은 선택지 중 하나로 고려하자.

④ 기본공제를 이용한다

양도세는 1년에 1인당 250만 원이 기본공제된다. 만약 2023년에 한 건을 매도하면서 250만 원의 기본공제를 받았다면 1년 뒤인 2024년에도 250만 원의 기본공제를 받을 수 있다. 여기서 1년은 당해 1월 1일부터 12월 31일까지를 말한다. 그래서 다음과 같은 기본 공제 활용도 가능하다. 만약 2채를 팔 예정이라면 2023년 12월 31일에 잔금, 2024년 1월 1일에 잔금을 설정해놓는 것이 좋다. 이렇게 하면 2023년 12월 31일에 양도세 신고를 하면서 250만 원의 기본 공제를 받고, 그 다음 날인 2024년 1월 1일에 양도세 신고를 하면서 또 250만 원의 기본공제를 받을 수 있다.

하지만 1년을 기준으로 양도세를 신고하는 더 중요한 이유가 있다. 양도세는 개별과세가 아니라 합산과세이기 때문이다. 예를 하나 들어보자. 이해를 돕기 위해 취득세 및 기타 경비는 제하고 계산하도록 하겠다.

취득세 비교

사례 1				사례 2			
구분	매도일	양도차익	취득세	구분	매도일	양도차익	취득세
A물건	2023년	4,000만 원	492만 원	A물건	2023년	4,000만 원	492만 원
B물건	2024년	8,000만 원	1,398만 원	B물건	2023년	8,000만 원	1,398만 원
총 양도세			1,890만 원	**총 양도세**			2,710만 원

사례 1과 사례 2가 가진 물건의 양도차익은 각각 같았는데 왜 납부한 양도세는 다른 걸까? 바로 합산과세 때문이다. 양도세는 같은 해에 매도한 물건에 한해 양도차익을 모두 합한 과세표준에서 세율이 부과된다. 즉, 사례 1은 2023년과 2024년에 각각 1채씩 매도했

기 때문에 양도세가 개별과세된 것이며, 사례 2는 2023년 한 해에 두 채를 매도했기 때문에 A물건의 양도차익과 B물건의 양도차익을 합친 1억 2,000만 원에 대한 양도세가 부과된 것이다. 만약 사례 2에서 양도차익이 아니라 양도손익(매도 시 손해를 본 경우)이 발생했다면 이 역시 합산과세이기 때문에 총 양도차익이 낮아져 더 적은 양도세를 낼 수도 있다. 이렇게 어떤 물건을 언제 매도하느냐에 따라 양도세가 달라지므로 똑똑한 매도 전략이 필요하다.

절세를 위한 매수 전략

마지막으로 절세 차원에서 주택을 취득하는 순서를 추천하고자 한다. 꼭 다음과 같이 해야 하는 것은 아니지만 많은 투자자가 이런 순서로 주택을 취득한다는 점을 알아두자.

절세를 위한 주택 취득 순서

1. 규제지역 1채 + 비규제지역 1채 + 지방 공시지가 1억 원 이하 주택 다수

2. 비규제지역 1채 + 비규제지역 1채 + 지방 공시지가 1억 원 이하 주택 다수

3. 법인 명의로 지방 공시지가 1억 원 이하 주택 다수 단타 + 기회가 오면 개인 무주택 명의로 청약 도전

지방 아파트 황금 입지

1번이 투자자들 사이에서 널리 사용되던 방법이었다. 실수요가 가장 탄탄한 규제지역에서 갭투자로 1채 사놓고, 취득세 중과가 없는 비규제지역에 1채를 추가로 마련한 후 공시지가 1억 원 이하 아파트를 매수하는 방법이었다. 하지만 최근 서울의 주요 지역을 제외한 나머지 지역이 규제지역에서 대거 해제되면서 이 방법은 유명무실해졌다.

2번은 소액 투자자들이 선호하는 방법이다. 비규제지역의 공시지가 1억 원 초과 물건은 지금도 갭이 붙어 있으면서 실수요가 탄탄한 아파트 단지가 많다. 이런 곳을 2채까지 빠르게 매수한 후(비규제지역 2채는 취득세가 똑같이 1.1%) 공시지가 1억 원 이하 주택들로 포트폴리오를 구성한다. 투자금이 많이 들지 않는다는 장점이 있지만, 1번보다는 조금 위험성이 있다.

3번은 무주택자이면서 청약가점을 포기하기 아쉬운 사람들에게 추천하는 방법이다. 만약 생애최초나 신혼특공 조건에 해당한다면, 또는 40대이면서 부양가족이 1~2명 이상이라면 기축 아파트를 매수하여 청약통장을 포기하는 것이 아쉬울 수 있다. 이런 경우에는 법인을 설립하여 공시지가 1억 원 이하 주택을 단타로 굴리는 방법이 가장 좋다. 법인만을 사용하여 투자하는 것이기 때문에 본인의 무주택 명의는 그대로 유지되어 추후 청약에 도전할 수 있다. 물론 단점도 존재한다. 법인을 운영하는 데 시간과 비용이 많이 들며, 만약 단타로 매도하지 못할 경우(재산세 기산일 전에 매도를 실패할 경우) 종부세가 많이 나올 수도 있다. 이 점을 염두에 두고 전략을 짠다면 매우 효율적으로 투자할 수 있다.

CHAPTER
2

어디의 무엇에
투자할 것인가

어디의 ①
도시의 규모

도시의 규모를 결정짓는 인구와 세대수

어떤 도시에 투자할 것인가를 결정하기 위해 가장 먼저 고려해야 하는 것은 도시의 규모다. 규모가 클수록 부동산 펀더멘탈Fundamental 이 튼튼하기 때문이다. 펀더멘탈이 튼튼하다는 것은 예기치 않은 변수에도 흔들리지 않고 버틸 수 있는 힘이 있으며, 수요가 많아 부동산의 하방 지지력이 강한 것을 의미한다. 만약 필요한 투자금이 같다면 누구라도 더 큰 규모의 도시에 투자할 것이다.

다음은 충청남도 천안시의 불당아이파크와 당진시의 당진코오롱하늘채의 정보다. 천안의 인구는 66만 명, 당진의 인구는 17만 명이 채 되지 않는다. 물론 두 아파트의 차이를 단순 비교하기는 어렵지만, 연식과 평수가 유사한 두 아파트의 기초 체력을 가르는 첫 번째 요소는 바로 해당 아파트가 속한 지역이다. 이렇게 부동산의 가치는 1차적으로 도시의 규모에 의해 정해진다는 사실을 기억하자.

지방 아파트 황금 입지

충청남도 천안시의 불당아이파크와 당진시의 당진코오롱하늘채 정보

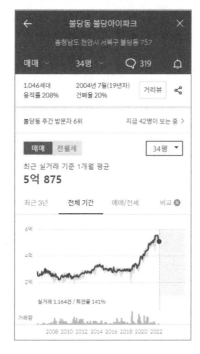
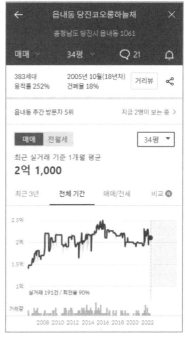

① 인구

도시를 선정하는 첫 번째 요소는 바로 인구다. 부동산의 가치(가격)는 거래에 의해 결정된다. 따라서 인구가 많다는 것은 부동산을 거래하며 그 가치를 매겨줄 사람이 많다는 의미다. 그렇다면 몇 명의 인구를 가진 도시를 선택해야 할까? 정답은 없다. 나는 가장 먼저 인구수에 따라 광역시, 대규모 도시(70만 명 이상), 중규모 도시(40~70만 명), 소규모 도시(15~40만 명), 초소규모 도시(15만 명 이하)로 나눈다. 그리고 2가지 조건, 즉 이동 경비(시간과 에너지 포함)가 너무 비싸지 않을 것, 그러면서도 인구는 최소 20만 명 이상일 것을 기준으로 또한 번 필터링을 한다.

이동 경비가 너무 비싼 곳은 제주도다. 제주도는 저가 항공을 이용한다 해도 시간과 에너지 소모가 워낙 크기 때문에 현실적으로 임장과 투자가 쉽지 않다. 인구 20만 명 이하 도시는 소위 관광버스 투자(강사나 전문가라는 사람들이 주식 리딩방처럼 부동산방을 운영하면서 수십 혹은 수백 명의 사람을 관광버스에 태우고 지방을 다니며 무지성 매수를 하는 행위)로 인해 시세가 조작될 가능성이 크다. 따라서 유동성에 휩쓸리지 않으면서도 최소한의 수요를 가지고 있다고 판단되는 인구 수를 20만 명으로 정했다.

이와 같은 기준으로 선정된 27개 도시의 흐름만 체크해도 지방 투자가 충분히 가능하다고 본다. 물론 27개 도시를 모두 파악하고 팔로잉하는 것은 쉽지 않지만 그렇기에 돈이 된다는 사실을 잊지 말자.

인구 규모를 충족한 27개 도시(2023년 2월 기준)

광역시	대규모 도시(70만 명~)	중규모 도시 (40~70만 명)	소규모 도시 (15~40만 명)
부산 332만 명 대구 236만 명 대전 145만 명 광주 143만 명 울산 111만 명	창원 102만 명 천안+아산* 100만 명 청주 85만 명	전주 65만 명 김해 53만 명 포항 50만 명 구미 41만 명	세종 39만 명 원주 36만 명 양산 35만 명 진주 34만 명 춘천 29만 명 순천 28만 명 익산 27만 명 여수 27만 명 경산 27만 명 군산 26만 명 경주 25만 명 거제 24만 명 목포 22만 명 강릉 21만 명 충주 21만 명
	*천안과 아산은 같은 생활권 으로 묶어서 봄		

지방 아파트 황금 입지

② 세대수 추이

도시를 선정하는 두 번째 요소는 세대수 추이다. 아파트로 대변되는 주택의 수요는 인구보다 세대수와 더욱 직접적으로 연결되기 때문이다. 단적인 예로 4인 가족도 아파트 한 채에 거주하고, 1인 가구도 아파트 한 채에 거주한다. 즉, 1세대당 1채의 집이 필요하다. 따라서 도시를 선정할 때는 인구뿐 아니라 세대수 추이도 함께 살펴보아야 한다.

세대수는 당연히 증가하는 것이 좋다. 주택 수요가 늘어나고 있다는 의미이기 때문이다. 만약 인구가 줄어들고 있는 지역이라 하더라도 세대수가 증가하고 있다면 일단은 괜찮다. 지방 소액 투자는 단기~중기 투자 수익을 노리고 하는 것이므로 최소 2년에서 최대 4년 사이에 오를지 내릴지를 판단하면 된다. 이러한 이유로 도시를 선정할 때 세대수가 줄어들지 않고 유지되는 곳을 골라야 한다. 2~4년 후에도 세대수가 지속적으로 줄어드는 지역이라면 주택 수요가 빠져나가는 곳이므로 주의해야 한다.

인구와 세대수 추이로 보는 지역 사례

인구와 세대수 추이에 따른 투자 지역 선정 우선순위는 다음과 같다. 투자를 할 때는 우선순위 4번에 해당하는 지역까지만 고려할 것을 추천한다.

1. 인구와 세대수 모두 증가하는 곳

2. 인구는 변동 없지만 세대수가 증가하는 곳

3. 인구는 증가하고 세대수는 그대로인 곳

4. 인구는 감소하지만 세대수는 증가하는 곳 --------- **투자 적정선**

5. 인구는 변동 없지만 세대수는 유지 혹은 감소하는 곳

6. 인구와 세대수 모두 유지 혹은 감소하는 곳

① 충청북도 청주시: 인구와 세대수 모두 증가하는 곳

당연히 우선순위 1번에 해당하는 도시가 펀더멘털이 가장 좋다. 충청북도 청주시의 경우 인구는 물론 세대수도 지속적으로 늘어나고 있다. 인구와 세대수가 모두 증가한다는 것은 일자리가 늘어나고 있

청주시의 인구 변화

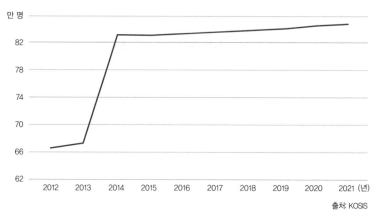

출처: KOSIS

지방 아파트 황금 입지

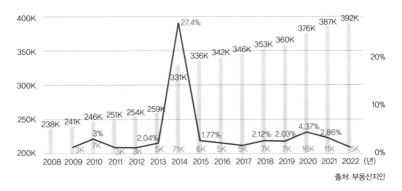

청주시의 세대수 변화 추이

출처: 부동산지인

다는 뜻으로, 이 도시를 중심으로 생산과 소비가 이루어진다는 의미이며, 이는 도시 주변 인구까지 흡수할 수 있는 역량이 충분하다는 뜻이다. 그러나 인구와 세대수 모두 증가하는 지역은 가격이 이미 많이 올랐을 가능성이 높다. 만약 많이 오르지 않았다면 현재 공급물량이 많아 어려움을 겪고 있을 것이다. 실제로 청주는 1차적 상승을 보인 뒤 약간의 조정 및 횡보를 하고 있다. 앞으로 더 상승할지는 좀 더 지켜봐야겠지만 이렇게 펀더멘털이 좋은 도시들은 투자자들은 물론 실수요자들도 선호하기 때문에 지방 도시 중에서도 가장 먼저 오르곤 한다.

② 경상북도 구미시: 인구는 감소하지만 세대수는 증가하는 곳

우선순위 4번에 해당하는 지역은 어디일까? 경상북도 구미시의 인구와 세대수 추이를 살펴보자. 인구는 2017년을 기점으로 꾸준히 하락하고 있지만 세대수는 늘어나고 있다. 그렇다면 지난 2~3년간

구미시의 인구 변화

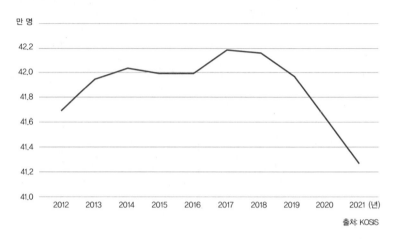

출처: KOSIS

구미시의 세대수 변화 추이

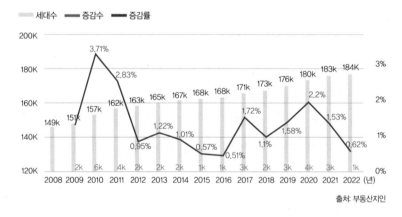

출처: 부동산지인

구미의 아파트 가격은 하락했을까? 그렇지 않다. 오히려 크게 상승했다.
물론 장기적으로 본다면 분명 인구가 줄어드는 건 좋은 신호가 아니다.
따라서 이런 도시에 투자할 때는 중단기로 탈출 전략을 잘 짜야 한다.

지방 아파트 황금 입지

③ 경상북도 문경시: 인구와 세대수 모두 감소하는 곳

마지막으로 우선순위 5번과 6번에 해당하는 경우다. 경상북도 문경시는 인구와 세대수 모두 줄고 있다. 인구와 세대수, 둘 중 하나는 증가해야 단기 투자 유동성이 들어왔을 때 수익을 기대할 수 있다. 그

문경시의 인구 변화

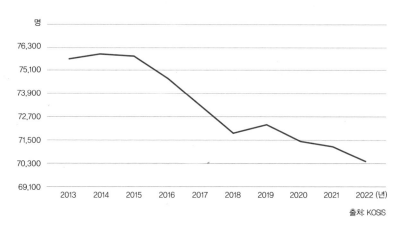

출처: KOSIS

문경시의 세대수 변화 추이

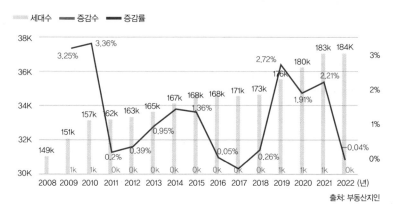

출처: 부동산지인

러나 인구와 세대수 모두 줄어드는 상황이라면 단기 투자 유동성이 들어오더라도 그 유동성이 굉장히 적거나, 매도 타이밍을 잡기 힘들 수 있다.

TIP 소득 수준이 높을수록 소비력도 높다

도시의 규모를 생각할 때 물리적인 요소들(도시의 크기, 인구 등)만 고려하기 마련이지만, 사실 소득도 어느 정도 영향을 미친다. 예를 들어 성남 판교는 2기 신도시로, 계획 인구는 9만 명 수준이지만 실제로는 10만 명 정도가 거주한다. 이런 판교가 만들어내는 연간 총매출은 110조 원에 달하며 인천과 부산의 총매출을 이미 뛰어넘었다. 즉, 도시의 크기, 인구의 규모와 상관없이 어떤 기업이 입주했는지 그리고 그 기업 종사자들의 소득 수준이 어떤지에 따라 거주민들의 소비력이 결정된다. 소득 수준은 도시 규모를 파악하는 데 결정적인 지표가 되지는 않으므로 간단하게 체크해보는 수준에서 넘어가자. 부동산 플랫폼 '호갱노노hogangnono.com'의 왼쪽 하단에 있는 '직장인 연봉'을 클릭하면 도시별로, 도시에서도 구와 동 단위로 직장인 소득 수준을 파악할 수 있으니 참고하기 바란다.

어디의 ②
수요와 공급

만약 누군가가 나에게 투자 지역을 선정할 때 가장 중요하게 생각하는 것이 무엇이냐고 묻는다면 수요와 공급이라고 대답할 것이다. 수요와 공급은 해당 지역의 부동산 가격을 전망하는 데 매우 중요한 역할을 한다. 모든 재화는 수요와 공급에 의해 가격이 결정되며, 아파트로 대변되는 주택 역시 재화의 한 종류이기 때문이다. 그래서 이번 장에서는 수요와 공급을 파악하는 방법을 알아볼 것이다. 수요는 미분양, 거래량, 매수 심리로 알 수 있고, 공급은 해당 지역의 공급량, 주변 지역의 공급량, 매물 증감으로 알 수 있다.

수요 파악 1. 미분양

부동산 수요를 파악할 때 가장 좋은 지표 중 하나는 바로 '미분양'을 확인하는 것이다. 미분양이란 건설사가 분양 승인을 받아 일반인을 대상으로 분양을 진행했으나 분양되지 않은 주택을 말한다. 즉, 새 아파트임에도 사람들이 사지 않았다는 의미다. 미분양이 되는 대표적인 원인으로는 해당 아파트의 분양가가 비싼 경우 그리고 분양 당시 매수 수요가 부족한 경우를 꼽을 수 있다.

첫 번째 원인인 해당 아파트의 분양가가 비싸다는 것에는 여러 의미가 내포되어 있을 수 있다. 예를 들어 A아파트의 분양가가 6억 원인데, 주변 B아파트 분양가가 4억 원이라면? A아파트의 분양가가 너무 비싸다고 판단되어 미분양이 날 수 있다. 여기에는 A아파트의 입지, 브랜드, 구조, 금융 지원(대출 등) 등 종합적인 이유가 있을 수 있지만, 이 모든 이유는 결국 '가격'에 수렴한다. 가격이 비싸다고 느끼는 것은 이 모든 이유를 종합하여 내려진 판단이기 때문이다.

두 번째 원인인 분양 당시 지역의 매수 수요 역시 매우 중요하다. 2008~2014년 수도권 시장을 떠올려보면 쉽게 알 수 있다. 당시 사람들은 집을 매수하는 데 상당히 부정적이었다. 전세를 선호하는 분위기가 조성되어 지금은 엄청난 인기를 누리는 아파트조차 미분양이 날 정도였다. 지금은 상상하기 힘든 일이지만 이렇게 부동산 매수 수요는 미분양에 큰 영향을 미친다.

따라서 어느 지역의 수요를 판단하고자 할 때는 가장 먼저 미분양 추이를 살펴봐야 한다. 만약 해당 지역에 미분양이 있다면 고분양가 때문인지, 매수 수요 부족 때문인지 확인해보아야 한다. 투자에 더 불리한 지표는 매수 수요 부족이다. 시장이 무난하거나 좋을 때도 분양가가 너무 비싸면 미분양 날 수 있다. 그러나 시장 분위기가 좋지 않을 때는 분양가가 저렴해도 매수하길 꺼린다. 보통 아파트 수요는 미분양 〉 신축 〉 준신축 〉 구축 순으로 움직이기 때문에 가장 최전선에서 사람들의 수요를 받아내는 미분양 아파트의 매수 심리가 움직이지 않는다면 투자하기 매우 좋지 않은 상황이라고 해석할 수 있다.

미분양 수치는 여러 곳에서 확인할 수 있는데, 나는 주로 '부동산지인aptgin.com'과 '네이버naver.com'를 이용한다. 네이버는 '미분양'이라고만 검색해도 각 지역의 현재 미분양 수치를 그래프로 보여준다. 그리고 부동산지인은 준공 전과 후의 미분양 수치뿐 아니라 어느 지역의 어떤 아파트가 미분양이 났는지도 보여주기 때문에 좀 더 자세한 데이터를 얻을 수 있다.

미분양의 현재 수치도 중요하지만 더 중요한 건 미분양 추이다. 현재 미분양은 별로 없지만 앞으로 공급이 많아 분위기가 꺾이면서 미분양이 쌓일 지역보다는, 현재 미분양은 많지만 앞으로 공급이 없어 미분양이 해소될 것 같은 지역이 훨씬 투자하기에 좋다. 강원도 원주시의 미분양 추이를 보면 2019년 3,000건이 넘는 미분양이 쌓여 있다가 점차 줄어드는 것을 확인할 수 있다. 이 그래프만 보면 2019년부터 2020년 초가 원주 부동산 투자의 적기였음을 알 수 있다.

강원도 원주시의 미분양 추이

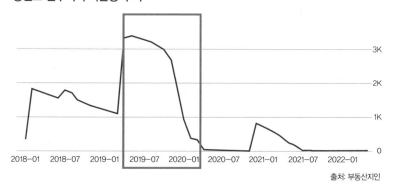

출처: 부동산지인

수요 파악 2. 거래량

주식 투자를 해본 사람이라면 거래량이 가지는 의미를 잘 알고 있을 것이다. 기본적으로 거래량이 많으면 가격이 상승할 가능성이 높고, 거래량이 적으면 가격이 횡보하거나 조정될 가능성이 높다. 주식에서는 거래량이 많으면 가격이 상승할 수도, 하락할 수도 있지만 부동산에서는 거래량이 많으면 보통 가격이 상승한다.

거래량 역시 부동산지인에서 손쉽게 확인할 수 있다. 부동산지인에서 '지인빅데이터 〉 거래량 〉 지역'을 선택하면 알고 싶은 지역의 거래량을 확인할 수 있다. 매매와 전세를 동시에 확인하는 것이 좋으며 면적은 20~30평, 30~40평에만 체크해놓고 봐도 좋다. 보통 투

강원도 원주시의 주택 거래량

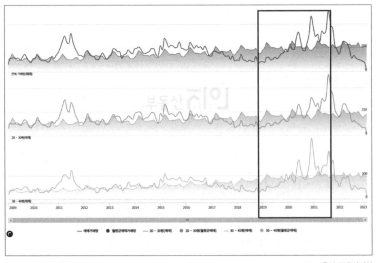

출처: 부동산지인

지방 아파트 황금 입지

자로 많이 진입하는 평형이 흔히 '국평(국민 평수)'이라 불리는 25평(59m²)과 33평(84m²)이기 때문이다. 또한 전세를 같이 보는 이유는 전세 매물이 부족해 실수요자들이 전세를 포기하고 매매를 선택하는 경우가 종종 있기 때문이다.

강원도 원주시는 투자자들이 가장 많이 진입한 2019~2021년에 제일 높은 거래량을 보였다. 2019~2021년은 원주뿐 아니라 강원도 전체에 많은 투자 수요가 유입되었는데, 그중에서도 혁신도시와 기업도시 등 신규 택지가 많고 유망한 재정비 사업지들이 있는 원주가 가장 큰 주목을 받았다. 투자자들도 이러한 사실을 알고 있었기 때문에 이미 한 차례 상승한 수도권보다는 수도권에서 가까운 강원도, 그중에서도 원주를 주목한 것이다. 결국 2019년 3,000건이 넘던 원주의 미분양이 빠르게 해소되면서 2021~2022년에는 구축마저 높은 상승률을 보였다.

앞서 설명한 거래량은 '전체 거래량'이다. 전체 거래량만 봐서는 갭투자자들이 매수한 것인지, 실수요자들이 매수한 것인지 알 수 없다. 이때 부동산 플랫폼 '아실asil.kr'을 이용하여 갭투자 증가지역과 외지인 투자 증가지역을 확인한다면 좀 더 디테일한 데이터를 얻을 수 있다.

다음은 아실에서 찾아본 2023년 1~3월, 3개월간의 갭투자 증가지역과 외지인 투자 증가지역이다. 월과 연 단위로 선택해 나열해볼 수 있기 때문에 꽤 유용하게 쓰인다. 갭투자와 외지인 투자는 어느 정도 유사한 성격을 보이는데, 순위는 다르지만 공통된 지역들이 포함되어 있다. 즉, 투자자들이 2023년 3월을 기준으로 3개월간 이 지역들에 관심을 갖고 실제로 거래를 했다는 의미다. 하지만 이 데이터는 후행적이기 때문에 이것만 믿고 투자했다가는 낭패를 볼 수도 있다. 가장 정확하고 빠른 데이터는 현장임을 잊지 말자.

2023년 1~3월 갭투자 증가지역과 외지인 투자 증가지역

갭투자 증가지역 ✕	외지인투자 증가지역 ✕
전국 서울 경기 부산 대구 인천	**전국** 서울 경기 부산 대구 인천
최근 3개월 (23▼) 갭 투자 매매거래 증가지역	최근 3개월 ▼ 외지인 매매거래 증가지역
시구군 랭킹 읍면동 랭킹 아파트 랭킹	**외지인 전체거래** 서울거주자 거래
1위 경기 화성시 55건 갭 투자 현황 월별 거래현황 전체 1,347건, 4.0%	1위 충남 천안시 서북구 283건 월별 거래현황 전체 1,300건, 21.7%
2위 세종 세종시 50건 갭 투자 현황 월별 거래현황 전체 813건, 6.1%	2위 세종 세종시 282건 월별 거래현황 전체 748건, 37.7%
3위 인천 연수구 36건 갭 투자 현황 월별 거래현황 전체 860건, 4.1%	3위 충남 천안시 동남구 231건 월별 거래현황 전체 599건, 38.5%
4위 경기 평택시 36건 갭 투자 현황 월별 거래현황 전체 833건, 4.3%	4위 인천 서구 224건 월별 거래현황 전체 705건, 31.7%
5위 경기 성남시 분당구 26건 갭 투자 현황 월별 거래현황 전체 313건, 8.3%	5위 충남 아산시 205건 월별 거래현황 전체 634건, 32.3%
6위 충남 천안시 서북구 25건 갭 투자 현황 월별 거래현황 전체 981건, 2.5%	6위 경기 수원시 팔달구 199건 월별 거래현황 전체 302건, 65.8%
7위 경기 남양주시 25건 갭 투자 현황 월별 거래현황 전체 502건, 4.9%	7위 경기 평택시 195건 월별 거래현황 전체 916건, 21.2%
8위 서울 송파구 24건 갭 투자 현황 월별 거래현황 전체 304건, 7.8%	8위 인천 연수구 193건 월별 거래현황 전체 559건, 34.5%

출처: 아실

지방 아파트 황금 입지

TIP 외지인 투자

해당 지역에 등기상 주소를 가지고 거주하고 있지 않은 사람이 부동산을 매수하는 것을 '외지인 투자'라고 한다. 예를 들어 인천에 등기상 주소를 가지고 거주하는 철수가 구미의 아파트를 매수한다면 외지인 투자로 간주하는 것이다. 그래서 외지인 투자를 실거주하지 않고 매수 후 전세를 놓는 갭투자로 생각하는 사람이 많다. 하지만 외지인 투자가 꼭 '투자'인 것만은 아니다. 예를 들어 서울에 전세로 거주하는 영희가 전세가가 많이 올라 경기도에 내 집 마련을 했다면 이 역시 통계상으로는 외지인 투자가 된다. 서울에 등기상 주소를 두고 있는 사람이 경기도의 부동산을 매수했기 때문이다.

수요 파악 3. 매수 심리

수요를 파악하는 마지막 지표는 매수 심리다. 결국 부동산은 사람과 사람이 만들어내는 결과물이기에 심리가 중요하다. 아무리 공급이 많다 하더라도 가격이 더 올라갈 것 같다는 심리가 팽배하면 매수세가 이어지고, 아무리 공급이 없다 하더라도 가격이 계속 떨어질 것 같다는 심리가 팽배하면 매도세가 이어지는 법이다. 매수 심리를 파악하는 가장 좋은 방법은 현장 임장을 통해 직접 부동산 중개사들, 투자자들, 실수요자들의 의사를 파악하는 것이다. 하지만 시간적 여유가 없다면 매수 심리 역시 프롭테크의 도움을 받을 수 있다.

① 아실의 주택가격심리지수

아실에서 하단의 '부동산 스터디' 중 '매수심리' 탭을 클릭하면 KB부동산kbland.kr의 데이터를 기반으로 한 주택가격심리지수를 지역별로 살펴볼 수 있다. 100을 기준으로 100보다 높으면 매수 심리가 높다는 것을, 100보다 낮으면 매수 심리가 낮다는 것을 의미한다.

② 부동산지인의 시장 강도와 지인지수

부동산지인에서도 매수 심리를 어느 정도 파악할 수 있는 지표가 있다. 바로 시장 강도와 지인지수다. 부동산지인 사이트에서 '지역분석' 탭을 누르고 확인하고 싶은 지역을 선택한 뒤 '멀티차트 현황 〉주요지표 〉 시장강도/시세와 지인지수/시세' 활성화를 통해 확인할 수 있다. 시장 강도와 지인지수 모두 수치보다는 추이를 살펴야 한다.

③ KB부동산의 KB시계열

KB부동산에서 제공하는 KB시계열 자료는 KB에 협력업체로 등록된 전국의 부동산중개소에서 매주 기입하는 수치를 기반으로 작성된 것이다. 이 수치의 기준은 '호가'이기 때문에 수요를 간접적으로 반영한다고 할 수 있다. 예를 들어 호가가 1억 원인 아파트에 수요가 몰리자 매도인이 1억 2,000만 원으로 호가를 올렸다면 KB 협력 부동산 중개소에서는 오른 호가를 반영하여 KB시계열에 새로 기입한다. 하지만 KB시계열에 나온 수치는 지수이기 때문에 추이를 우선적

지방 아파트 황금 입지

으로 볼 필요가 있다.

　KB시계열은 'KB부동산 〉메뉴 〉KB 통계 〉주간통계'에서 다운로드받을 수 있다. 파일을 열면 가장 첫 화면에서 금주의 데이터를 한눈에 볼 수 있다. 매매가 기준 금주 상승률 상위와 금주 하락률 상위, 전세가 기준 금주 상승률 상위와 금주 하락률 상위는 현재 전국에서 어느 지역이 가장 뜨겁고 어느 지역이 가장 차가운지 단적으로 보여준다.

KB시계열의 첫 화면

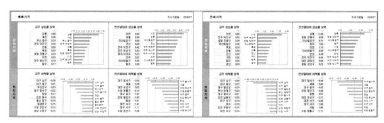

출처: KB부동산

　하단 탭을 보면 '매수매도'와 '전세수급' 탭이 있다. 매수매도 탭에서는 매수자와 매도자의 동향을 살펴볼 수 있는데, 이를 매수우위지수로 나타낸다. 그리고 조금 더 눈여겨볼 데이터는 전세수급 탭에 있는 전세 수급 동향이다. 여기서는 전세수급지수를 사용하여 전국 및 지역별 전세 움직임을 표현하고 있다. KB시계열에서 사용하는 전세수급지수는 0부터 200까지의 범위로 나타나는데, 100을 기준으로 100을 초과할수록 공급이 부족함을, 100보다 낮을수록 공급이 충분함을 의미한다. 전세는 지방 아파트 투자 시 상당히 중요한 기준이 되므로 수요를 파악할 때 같이 체크해두는 것이 좋다.

공급 파악 1. 해당 지역의 공급량

지금부터는 공급을 파악할 수 있는 3가지 지표를 차례대로 알아보자. 먼저 해당 지역의 공급량이다. 미분양으로 수요를 예측했듯 신축 입주량을 보여주는 공급량을 가장 먼저 확인해야 한다. 사실 부동산 투자에서 수요를 정확하게 파악하는 것은 매우 어려운 일이다. 미분양, 거래량, 매수 심리로 수요를 파악할 수 있다고 말했지만, 이것만으로 수요를 100% 확신할 수는 없다. 그래서 수요는 50% 정도의 확신을 쌓는다는 개념으로 참고하는 것이 바람직하다. 그러나 공급은 다르다. 공급은 수치를 통해 정확히 확인할 수 있기 때문에 수요보다는 투자에 좀 더 확실한 근거가 된다.

나는 주로 두 곳에서 공급량을 확인한다. 하나는 호갱노노이고, 다른 하나는 부동산지인이다. 호갱노노의 왼쪽 하단 메뉴에서 '공급'을 클릭하면 아파트 입주 예정 물량을 확인할 수 있는데, 시기별로 최대 3년 전부터 3년 후까지의 데이터를 볼 수 있다. 호갱노노는 단기 투자에 가장 적절한 시기인 3년 후까지의 공급량을 보여주기 때문에 지역 간 비교를 할 때 참고하는 것이 좋다.

부동산지인의 경우 상단 메뉴에서 '수요/입주 〉 지역 선택 〉 검색'을 클릭하면 확인할 수 있다. 그래프로 보여주기 때문에 과거 대비 어느 정도의 공급량을 앞두고 있는지 한눈에 알 수 있다. 부동산지인에도 주변 지역의 공급량을 같이 체크하는 기능이 있다. 상단 메뉴에서 '빅데이터지도 〉 입주'를 클릭한 뒤 '기간'을 체크하면 주변 지역과 해당 지역의 공급량을 동시에 확인할 수 있다.

그럼 공급량은 부동산 가격에 어떻게 영향을 미칠까? 다음은 대구광역시의 매매지수와 수요·입주량 그래프다. 대구는 공급량에 가장 솔직한 움직임을 보여주는 지역으로, 2010~2015년 큰 상승을 보여주었다. 해당 기간의 공급량 역시 2010년부터 크게 줄어들어

대구광역시의 매매지수

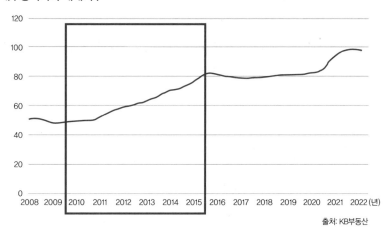

출처: KB부동산

대구광역시의 수요·입주량

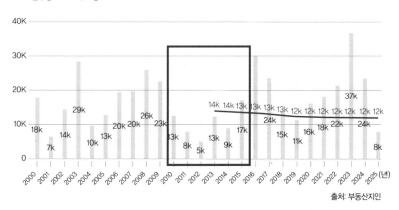

출처: 부동산지인

2015년이 되어서야 비로소 공급이 이루어지기 시작했다. 그리고 본격적인 과공급으로 들어선 2016년부터 부동산 시장이 꺾이기 시작했다.

이번에는 2016~2018년을 보자. 2016년을 고점으로 2018년까지 매매지수가 지지부진한 모습을 보였다. 2016년 대구에는 굉장히 많은 입주 공급이 있었고, 2018년까지 그 공급 추세가 이어진 것을 볼 수 있다. 이렇게 해당 지역에 공급량이 많아지면 아파트 가격이 상승하지 못하는 모습을 보인다.

공급 파악 2. 주변 지역의 공급량

해당 지역의 공급량뿐 아니라 그 지역과 영향을 많이 주고받는 주변 지역의 공급량도 같이 살펴봐야 한다. 그렇다면 해당 지역에 가장 많은 영향을 미치는 주변 지역이 어디인지는 어떻게 알 수 있을까? 인구 전출입이 활발한 주변 지역을 찾으면 된다. 부동산지인에서 '빅데이터지도 〉 전출입'을 클릭한 뒤 원하는 지역을 선택하면 확인할 수 있다. 또한 오른쪽에 있는 사이드 메뉴에서 전입 TOP 5와 전출 TOP 5를 선택하면 단일 그래프로 순위를 확인할 수 있다. 경상북도 경산시의 인구 전출입 데이터를 기반으로 따져보면 경산은 대구 수성구, 동구, 달서구, 북구의 공급량 그리고 경상북도 영천시의 공급량과 밀접한 영향을 주고받는다. 따라서 경산 투자를 염두에 두고 있다면 경산 자체의 공급량은 물론, 대구와 영천의 공급량까지 예민하게 체크해야 한다.

경상북도 경산시의 인구 전출입 TOP 5

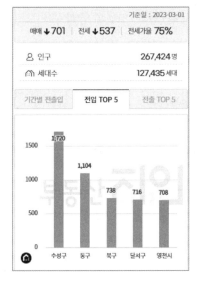 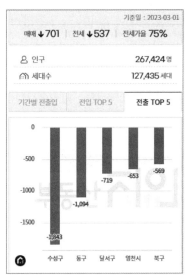

출처: 부동산지인

경상북도 경산시의 수요·입주량

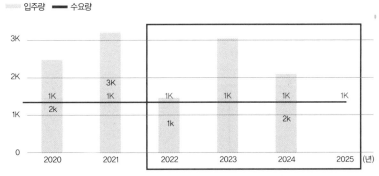

출처: 부동산지인

경산은 2022년부터 2024년까지 상당한 공급량을 앞두고 있고, 2025년은 아직 확정되지 않아 알 수 없다. 대구의 2022~2025년 공급량을 보자. 공급량이 상당히 많고 2025년에도 아직 확정되지 않은 물량이 예정되어 있어 전망이 어둡다. 반면, 영천의 공급량을 보면 2022년부터 공급이 전무한 상황이다. 그렇다면 경산은 주변 도시인 대구는 공급이 많지만(+) 영천은 공급이 없기 때문에(-) 공급에 의한 악재가 없다고 봐야 할까? 아니다. 일단 경산 자체 공급량이 많은 것

대구광역시의 수요·입주량

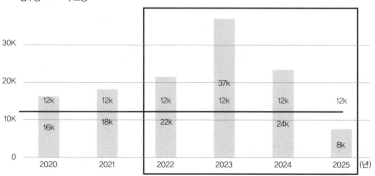

경상북도 영천시의 수요·입주량

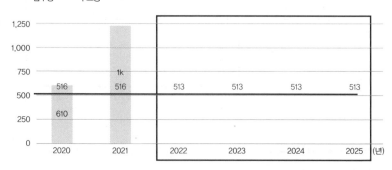

출처: 부동산지인

이 첫 번째 문제이며, 대구와 영천이 경산에 미치는 파급력이 다르다는 것이 두 번째 문제다. 특히 대구는 인구 236만 명의 광역시이므로 2022~2025년의 공급 물량이 경산에 큰 영향을 미칠 것이라고 봐야 한다. 이렇게 1차적으로 해당 지역과 영향을 많이 주고받는 주변 지역을 체크하고, 그곳들의 파급력까지 분석하는 과정이 필요하다.

공급 파악 3. 매물의 증감

공급을 파악하는 마지막 지표는 바로 매물의 증감이다. 앞의 두 지표가 신축 아파트의 공급을 확인하는 방법이었다면 매물 증감은 기축(기존 아파트) 아파트의 공급을 확인할 수 있는 방법이다. 매물의 증감은 아실의 왼쪽 하단에 있는 '매물증감'에서 확인할 수 있다.

보통 부동산 공급이라고 하면 신축과 기축을 구별하지 않지만 부동산 투자에서는 신축과 기축을 분명히 나누어 살펴봐야 한다. 신축 공급은 알아보는 방법도 쉽고, 신축 공급에 영향을 미치는 요소도 매우 단순하다. 그러나 기축의 공급량을 파악하는 것은 꽤 복잡하다. 기축의 공급, 즉 매물의 증감은 세금, 매도인의 사정, 갈아타기 수요, 하락기를 대비한 현금 보유 등 다양한 원인이 영향을 미치기 때문이다.

그렇다면 우리는 왜 매물 증감 추이에 신경을 기울여야 할까? 매물 증감이 기축의 수요와 공급을 의미하기 때문이다. 또한 수요 파악에 사용했던 지표들과 매물 증감이 크게 연관되기 때문이다. 매물이 증가한다는 것은 어떤 이유로든 아파트 보유자들이 아파트를 매도하기 위해 시장에 내놓았다는 의미다. 게다가 지역의 아파트 매물이 전반적으로 많이 증가했다는 것은 해당 지역의 부동산 심리가 나빠지고 있다는 뜻이며, 거래량도 낮아질 가능성이 크다. 이는 신축 아파트마저 미분양이 날 가능성이 높아진다는 것을 의미한다.

즉, 매물 증감 추이는 해당 지역의 수요와 공급을 어느 정도 선행하여 파악할 수 있는 지표라고 할 수 있다. 따라서 어느 지역의 매물이 급격하게 증가하고 있다면 일단은 해당 지역을 투자 우선순위에서 제외하는 것이 좋다. 반대로 말하면 어느 지역의 매물이 급격하게 감소하고 있다면 빠르게 진입하는 것이 좋다는 의미다.

TIP 매물 증감의 다양한 이유

매물의 증감에 영향을 미치는 원인으로는 어떤 것이 있을까? 첫 번째는 세금 회피다. 재산세는 6월 1일을 기점으로 부과되는 세금이다. 그래서 당해 5월 31일까지 소유권을 넘기려는 사람이 많다. 그런데 5월 31일까지 소유권을 넘기려면 최소 3월, 늦어도 4월에는 부동산에 매물을 내놓아야 한다. 그래서 3~5월에는 통상적으로 세금 회피를 위한 매물이 늘어난다. 두 번째는 이사철이다. 보통 이사철인 봄과 가을에 매물 감소가 두드러지게 나타난다. 특히 두 번째 이유로 매물 감소를 예상한다면 단순히 매매 매물만 볼 것이 아니라, 전세 매물도 같이 봐야 한다. 만약 매매 매물이 증가하지 않았지만 전세 매물이 줄어들었다면, 전세가가 매매가를 밀어 올리는 단기적인 상승이 일어날 수 있다.

지방 아파트 황금 입지

어디의 ③
절대가격과 저평가

부동산 투자를 할 때 절대가격이 저렴한지, 해당 지역이 저평가되어 있는지를 파악하는 것은 매우 중요하다. 아무리 도시의 규모가 커도, 수요 대비 공급이 부족해도 절대가격이 비싸거나 지역이 고평가되었다면 절대로 투자해서는 안 된다. 그렇다면 절대가격과 저평가 여부는 어떻게 알 수 있을까? 여러 방법이 있지만 내가 사용하는 방법은 2가지다. 바로 지역 간 비교와 전세가율이다.

지방 소액 아파트 투자도 싸게 사서 비싸게 파는 것이 목적인 부동산 투자다. 성공적인 투자를 하려면 절대가격이 저렴하면서 저평가되어 있는 지역을 골라낼 줄 알아야 한다. 절대가격은 저렴하지만 고평가된 지역이라면? 또는 절대가격은 저렴하지 않은데 저평가된 지역이라면? 둘 다 투자하기 애매한 지역이라고 할 수 있다. 물론 앞의 두 지역 모두 수익을 볼 수는 있다. 하지만 전자의 경우에는 수익을 보기까지 시간이 오래 걸릴 것이고, 후자의 경우에는 소액이 아닌 거액이 필요할 것이다. 즉, 2~4년 뒤에 시세 차익을 보고자 하는 지방 소액 아파트 투자에는 적합하지 않다.

지역 간 비교 방법

지역 간 비교는 다른 지표들(도시 규모, 수요와 공급 등)에 비해 한눈에 파악하기가 쉽지 않다. A라는 지역을 판단하기 위해선 이 지역을 어느 지역과 비교하는지가 정말 중요하기 때문이다. 예를 들어 전라남도 목포시를 다른 지역과 비교한다고 할 때, 같은 전라남도의 여순광(여수, 순천, 광양)과 비교하는 방법도 있고, 목포 바로 옆에 있는 무안군과 비교하는 방법도 있다. 또한 전라남도가 아닌 전라북도에 있는 지역과 비교하는 방법도 있다. 과연 어떤 방법이 옳을까? 상황마다 다르겠지만 분명한 건 여러 각도로 다양한 지역과 비교할수록 투자 성공률이 올라간다는 것이다.

지역 간 비교를 위한 가장 좋은 방법은 그 지역에서 가장 비싼 대장 아파트를 찾아보는 것이다. 대장 아파트가 해당 지역을 대표하기 때문이다. 따라서 A지역과 B지역을 비교할 때 어느 지역의 대장 아파트가 더 비싼가에 따라 지역 간 우열을 간단하게 가려볼 수 있다. 대장 아파트는 각 프롭테크 사이트에서 쉽게 찾을 수 있다.

① 아실의 최고가 아파트

아실에서는 도시, 구, 동까지 자세하게 설정할 수 있고, 매매와 전세 그리고 평형과 기간까지 설정할 수 있다.

② 부동산지인의 아파트분석

부동산지인에서 '아파트 분석'을 클릭한 뒤 도시와 구를 선택하면 지역별 대장 아파트를 볼 수 있는데, 단점은 시 단위로 볼 수 없다는 것이다. 최소한 구까지는 선택해야 볼 수 있다.

③ 부동산테크의 지역별 TOP 10

부동산테크rtech.or.kr는 한국부동산원에서 관리하는 사이트다. 메인 화면에서 '지역별 아파트분석'을 클릭한 뒤 지역과 시를 선택하면 조건에 해당하는 대장 아파트를 볼 수 있다. 한 가지 아쉬운 점은 별도의 기준값이 없으며, 오직 '평단가'로만 표기된다는 점이다.

전세가율로 판단하는 방법

투자할 지역의 대장 아파트를 파악했다면 그다음에는 전세가율을 확인해야 한다. 전세가율이란 매매가 대비 전세가의 비율이다. 예를 들어 A아파트의 매매가가 1억 원, 전세가가 5,000만 원이라면 A아파트의 전세가율은 50%이다. 또 B아파트의 매매가가 1억 원, 전세가가 8,000만 원이라면 B아파트의 전세가율은 80%다.

그런데 전세가율과 절대가격, 저평가 여부는 어떤 관계가 있을까? 전세가율은 투자의 가성비와 직결된다. 사례의 A아파트를 매수하려면 5,000만 원의 투자금이 필요하지만, B아파트를 매수하려면 2,000만 원만 있으면 된다. 즉, 얼마의 투자금으로 소유권을 가져올 수 있는가가 바로 전세가율로 결정되는 것이다.

전세가율은 크게 2가지 방향에서 따져봐야 한다. 그것은 바로 지역의 전체 전세가율과 개별 단지의 전세가율이다. 2가지 모두 중요하지만 지금은 지역 선정 지표를 알아보는 것이기 때문에 지역 전세가율에 대해 먼저 살펴보자. 지역의 전세가율을 알면 얼마나 적은 돈으로 해당 지역에서 투자가 가능한지, 다시 말해 해당 지역이 현재 어느 정도로 저렴한지 짐작할 수 있다.

그렇다면 이제 '지역마다 투자하기에 좋은 전세가율은 얼마일까?' 하는 의문이 들 것이다. 내가 "A지역은 ○○%입니다. B지역은 ○○%입니다"라고 말해주길 원하겠지만 안타깝게도 그런 공식은 없다. 하지만 "전세가율은 높으면 높을수록 좋습니다"라는 추상적인 말로 넘어가기에는 분명 참고할 만한 기준들이 있다. 지금부터 그 기준들을 하나씩 살펴보자.

> **TIP 개인적으로 선호하는 전세가율**
>
> 공식처럼 정해진 전세가율은 없지만 어느 정도의 가이드는 필요하다. 내가 투자 초반에 기준으로 삼았던 전세가율 기준을 공유하도록 하겠다. 도시의 규모가 커질수록 전세가율 기준은 낮게 책정되어야 한다. 이는 도시의 규모가 클수록 구축이 아니라면 투자금도 커져 소액 투자라는 목표에서 벗어나기 때문이다. 아직 전세가율에 대한 기준을 잡지 못했다면 다음 전세가율 기준을 참고하여 본인만의 기준을 세워보자.

지방 아파트 황금 입지

· 수도권 외곽 및 인천 외곽: 85%

· 5대 광역시(인천 제외) 구축: 90%

· 대규모 도시(70만 명 이상) 구축: 90~95%

· 중규모 도시(40~70만 명) 준신축/구축: 95% 이상

· 소규모 도시(15~40만 명) 준신축/구축: 97% 이상

전세가율이 60%인 것보다 90%인 것이 갭투자를 하기에 가성비가 좋다. 그렇다면 전세가율이 높을수록 좋은 것일까? 물론 일반적으로는 높을수록 좋다고 할 수 있지만, 해당 지역이 공급을 앞두고 있다면 이야기가 달라진다. 1~2년 뒤에 많은 공급이 예정되어 있다면 역전세 위험성도 있고, 매도도 힘들어지기 때문이다. 그러므로 향후 공급량도 함께 고려해 판단해야 한다.

① 전국의 전세가율 비교하기

현재 전국의 전세 흐름이 어떠한지 살펴보고 싶다면 부동산지인을 활용하자. 사이트에 접속해 '빅데이터지도 〉 전세율'을 클릭하면 전국의 전세가율은 물론, 지방 도시들의 전세가율도 확인할 수 있다. 한 지역을 클릭하면 어느 평형의 전세가율이 가장 높은지도 확인할 수 있는데, 대부분의 투자자가 가장 선호하는 평형은 20~30평대, 30~40평대다. 전라북도 전주시의 경우 2023년 2월 기준 20~30평대는 86%, 30~40평대는 72%로, 투자하기에 무난한 전세가율을 보이고 있다. 여기서 하나 더 확인해야 하는 것은 전주 주변 도시들의

전세가율이다. 전주는 같은 전라북도에 속해 있는 완주군, 익산시, 군산시, 김제시와 영향을 가장 많이 주고받는다. 완주는 77.26%, 익산은 83.58%, 군산은 81.42%, 김제는 68.60%의 전세가율을 보이고 있다. 주변 도시들의 전세가율과 비교해봐도 전주의 전세가율은 도시의 규모 대비 꽤 훌륭한 수준이라고 할 수 있다.

2023년 2월 전라북도 전주시의 평형별 전세가율

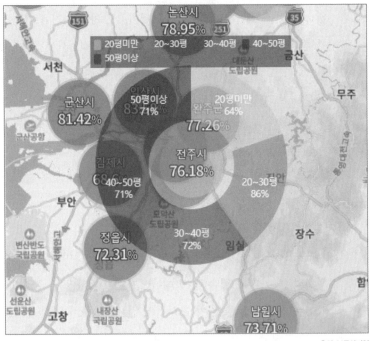

출처: 부동산지인

KB월간 시계열 자료를 이용하여 전국의 전세가율 흐름을 체크할 수도 있다. KB부동산에 접속해 '메뉴 〉 KB 통계 〉 월간통계'를 클릭하자. 그리고 하단의 월간 시계열을 다운로드한 후 엑셀 하단 시트 중

지방 아파트 황금 입지

'28. 아파트매매전세비'를 클릭하면 아파트 매매가 대비 전세가율을 확인할 수 있다. 과거 데이터를 월별로 기록했기 때문에 디테일하게 체크가 가능하다는 장점이 있지만, 수도권과 광역시를 제외한 8도의 지방 도시들은 따로 확인할 수 없다는 단점이 있다.

② 해당 지역의 과거 전세가율 확인하기

인간은 역사를 반복한다. 부동산도 마찬가지다. 그래서 해당 지역의 과거 데이터가 중요하다. 충청북도 청주시에 위치한 두 아파트의 사례를 소개하도록 하겠다. 먼저 청주의 대장 아파트인 복대동 두산

충청북도 청주시 복대동 두산위브지웰시티2차와 현대2차의 정보

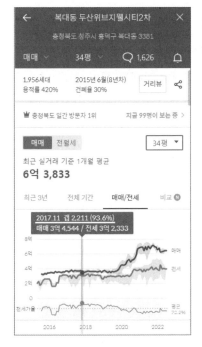

출처: 호갱노노

위브지웰시티2차의 매전갭(매매가와 전세가의 차) 그래프를 보자. 해당 그래프에서 매전갭이 가장 적었던 시기는 2017년 11월이다. 당시의 전세가율은 93.6%로, 2,200만 원 정도만 있으면 청주 대장 아파트를 살 수 있었다. 그렇다면 가장 높았던 전세가율이 93.6%라는 것은 무엇을 의미할까? 향후 두산위브지웰시티2차의 전세가율이 다시 93.6%가 되는 시기가 청주의 대장 아파트를 가장 싸게 살 수 있는 절호의 기회라는 것이다. 물론 청주의 입지가 하루가 다르게 좋아지고 있고, 앞으로 2,000~3,000만 원으로 해당 아파트를 살 수 있는 기회가 다시 오지 않을 수도 있다. 그러나 부동산 시장은 함부로 예단할 수 없기에 데이터로 가능성을 살펴보면서 시장의 상황과 흐름에 맞게 투자하면 불가능한 이야기가 아니다.

이번에는 청주의 대장 아파트는 아니지만 구축 중에서도 꽤 인기 있는 아파트 단지를 살펴보자(기준이 되는 구축 아파트를 고르는 방법은 이후에 자세히 설명할 것이다). 청주 흥덕구 복대동 현대2차의 매전갭 그래프를 보자. 해당 그래프에서 매전갭이 가장 적었던 시기는 2019년 9월이며, 대략 1,000만 원의 갭으로 투자할 수 있었다. 당시의 전세가율은 93.2%에 달한다. 이는 앞으로도 93.2%가 전세가율이 가장 높은 지점이 될 확률이 크다는 것이다. 따라서 향후 청주 흥덕구 복대동 구축에 투자할 때 전세가율이 90%를 넘기 시작한다면 눈여겨볼 필요가 있다.

이렇게 과거의 데이터를 확인한 후에 당시 전세가율과 유사한 수치를 기록할 때 투자하는 것은 상당히 좋은 방법이다.

그런데 왜 청주의 대장 아파트가 아닌 1999년식 구축 아파트의 과거 전세가율 데이터까지 체크해야 할까? 앞으로 우리가 투자하게

지방 아파트 황금 입지

될 아파트는 대장 아파트보다 현대2차 같은 구축 중에서도 실수요가 잘 받쳐주는 아파트가 될 것이기 때문이다. 물론 대장 아파트의 흐름을 공부하고 장기적으로 투자 준비를 해야 한다. 그러나 대장 아파트가 너무 신축이거나 분양권인 경우 일반적인 갭투자 관점에서 이해하기엔 어려운 것들이 많다. 신축일수록, 해당 지역의 시그니처 아파트일수록 지역 유지들의 프리미엄과 기대수익이 얽혀 있기 때문이다. 따라서 구축 아파트를 집중해 살펴보는 것이 좀 더 현실적인 투자법이라 할 수 있다. 실제로도 청주 흥덕구 복대동 구축 아파트 중에서 가장 먼저 움직이는 것이 현대2차다. 이렇게 해당 지역에서 어떤 구축 아파트들이 치고 나가며 흐름을 끌고가는지 파악하는 것이 지방 소액 투자의 포인트다.

③ 종합하여 판단하기

지금부터는 천안의 사례를 통해 절대가격과 저평가 기준에 부합하는지를 살펴보고 종합하여 투자 판단을 내려보자. 먼저 주변 지역 대비 천안의 절대가격을 알아보자. 천안과 비슷한 규모의 도시를 따져본다면 수도권에서는 평택시, 같은 지방에서는 충청북도 청주시와 비교할 수 있다. 현재 천안의 대장 아파트인 천안불당지웰더샵은 8억 7,500만 원, 평택의 대장 아파트인 고덕제일풍경채는 7억 9,000만 원, 청주의 대장 아파트인 두산위브지웰시티2차는 6억 6,500만 원이다. 물론 각각의 대장 아파트가 위치한 입지 특성을 고려해야 하지만, 서로 인접해 있으면서 일자리까지 품고 있는 세 도시의 절대가격을 비교해보면 천안은 세 도시 중 가장 비싼 편이기 때문에 저렴하다고 할 수는 없다. 하지만 대장 아파트는 우리의 투자 물건이 아니므로 절대가격만 보고 투자를 포기할 필요는 없다.

그렇다면 천안 대장 아파트의 전세가율 흐름은 어떨까? 천안 불당지웰더샵의 매전갭 그래프를 보면 매전갭이 가장 적었던 시기는 2019년 8월이며, 당시의 전세가율은 68.3%였다. 대략 1억 8,500만 원이 있으면 투자가 가능했다. 대장 아파트는 이렇게 전세가율만 놓고 보면 갭이 상당히 벌어지는 경우가 많으므로 소액으로 투자하기에는 현실적인 어려움이 따른다.

충청남도 천안시 불당동 천안불당지웰더샵과 쌍용동 월봉청솔1단지의 정보

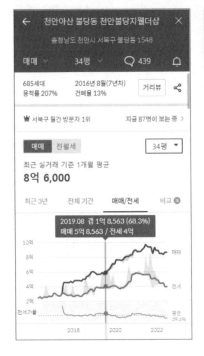

출처: 호갱노노

지방 아파트 황금 입지

이번에는 천안의 구축 아파트를 보자. 천안 서북구 쌍용동에 위치한 월봉청솔1단지다. 쌍용동은 1호선 쌍용역과 천안 최고의 입지인 불당동과 가까워 투자자들과 실수요자들이 선호하는 동네다. 이 정도의 동네라면 구축의 대표성을 어느 정도 띤다고 할 수 있다. 월봉청솔1단지의 매전갭 그래프를 보면 비교적 최근인 2020년 9월에 가장 적은 매전갭, 즉 가장 높은 전세가율(97.4%)을 보였다. 당시 대략 200~300만 원의 투자금만 있으면 한 채를 소유할 수 있었다. 따라서 천안에서 월봉청솔1단지 혹은 유사한 입지와 상품성을 가진 아파트라면 전세가율이 97% 언저리일 때 투자하는 것이 최고의 가성비 투자법이다.

이제는 천안, 평택, 청주 중 어느 지역이 구축 갭투자를 하기에 가장 가성비가 좋은지 비교해볼 차례다.

매전갭 그래프만 본다면 현재는 청주의 현대2차(91.3%)가 가장 가성비가 좋고, 그다음은 천안의 월봉청솔1단지(89.6%), 평택의 비전현대(76.9%) 순이다. 여기서 주의할 점은 청주의 현대2차가 전세가율이 가장 높지만 과거 대비 이미 많이 상승해서 추가적인 상승이 있을지 지켜봐야 한다는 것이다. 또한 평택의 비전현대는 과거 가장 높았을 당시의 전세가율이 93.5%에 달하기 때문에 현재의 전세가율이 정말 낮은 수준이라는 것을 알 수 있다. 이는 평택의 미래를 긍정적으로 평가한다 해도, 비전현대의 재건축이나 리모델링 사업성이 좋다 해도 섣불리 투자해서는 안 된다는 것을 의미한다.

반면, 천안의 월봉청솔1단지는 최근 매매가가 한풀 꺾였지만 오히려 전세가는 더욱 올라 갭투자를 하기에 용이한 환경이 되었다. 현장에서 급매를 잡는다면 기회일 수도 있다. 하지만 대장 아파트를 비교하며 살펴보았듯 현재 천안은 전반적으로 싼 구간이 아니다. 오히려 평택, 청주에 비해 비싼 편이며, 구축 아파트의 전세가율만 선방하고 있다. 천안의 상황을 정리하면 대장 아파트 간 대결에서는 절대가격도 비싸고 오히려 고평가된 상태이지만, 구축을 놓고 비교한다면 급매를 잡을 시 가성비 있는 지역이 될 수 있다. 물론 절대가격과 저평가만을 보고 내린 결론이므로 도시의 규모, 수요와 공급 등을 골고루 따져 종합적인 지역 판단을 내려야 한다.

충청남도 천안시 쌍용동 월봉청솔1단지와 경기도 평택시 비전동 비전현대, 충청북도 청주시 복대동 현대2차의 정보

출처: 호갱노노

지방 아파트 황금 입지

무엇에 ①
지역 내 입지 서열

지역만 찍는다고 부동산 시세 차익을 볼 수 있는 것이 아니다. 결국 아파트를 사야 돈을 벌 수 있다. 문제는 아파트만 잘 고른다고 되는 것이 아니라는 점이다. 부동산은 아파트가 오르는 것이 아니라 지역이 오르는 것이기 때문에 결국 지역을 잘 고르는 게 선행되어야 아파트로 시세 차익을 볼 수 있다.

보통 아파트를 구매하기 전에 각종 조건을 이리저리 따져본다. 복도식보다는 계단식이 좋고, 중앙난방은 피해야 하고, 꼭대기층과 1층은 안 되고…. 물론 이 기준들을 충족하는 아파트가 그렇지 않은 아파트보다 실수요자들에게 좀 더 선호될 수는 있지만 그만큼 많은 투자금이 필요하다. 우리의 목표는 소액 투자이므로 적은 돈으로 가성비 좋은 아파트를 선점해야 한다. 이번 장에서는 그런 아파트를 고르는 몇 가지 기준을 설명하도록 하겠다.

상급지와 하급지의 구분

보통 지역마다 주거지의 구성이 다르다. 어느 곳은 아파트가 많고, 어느 곳은 빌라가 많으며, 또 어느 곳은 주택 자체가 굉장히 부족하고 일자리만 많다. 우리는 주로 아파트가 많이 모여 있는 도시(지역) 내 단지를 찾아 그 단지가 어떤 투자 가치를 가지고 있는지 분석할 필요가 있다.

우선 가장 먼저 어떤 단지가 시세를 선도하는 대장인지 그리고 그 대장을 따라가는 다음 단지는 어디인지, 마지막으로 실질적으로 우리의 타깃이 될 '구축 실수요밭'은 어디인지 파악해야 한다. 이에 대한 데이터는 부동산지인과 호갱노노에서 확인할 수 있다.

① 부동산지인의 4분면 지도

먼저 부동산지인의 상단 메뉴에서 '지역분석 〉 지역선택'을 클릭한 뒤 지역을 선택하고 화면을 아래로 내리면 해당 지역의 4분면 지도를 볼 수 있다. '시장강도'와 '가격' 중에서 '가격' 탭을 클릭하면 현재 시세순으로 각 동의 서열을 확인할 수 있다. x축은 매매가, y축은 전세가로, 1사분면(오른쪽 상단)에 위치할수록 매매가와 전세가 모두 높은 대장지역이라고 추론할 수 있다. 반대로 3사분면(왼쪽 하단)에 위치할수록 매매가와 전세가가 모두 낮은 하급지라고 추론할 수 있다.

이를 기준으로 현재 강원도 춘천시의 서열을 확인해보면 온의동이 대장지역이며, 칠전동이 가장 하급지임을 추론할 수 있다. 또한 4분면 지도를 통해 몇 가지 정보를 더 해석할 수 있다. 매매가가 높지만 전세가가 정비례하지 않은 지역은 기대 심리에 의한 매매가 상승이 먼저 일어났지만 전세가 뒷받침해주지 못하는 지역일 수도 있다는 점, 반대로 매매가는 낮은데 전세가는 오히려 높다면 해당 지역은 전세가 매매를 밀어 올릴 수도 있다는 점 등이다. 지방 소액 투자를 할 때는 1사분면에 위치한 아파트를 찾는 것이 하나의 팁이 될 수 있다. 이와 같이 부동산지인의 4분면 지도는 꽤 많은 정보를 제공해주므로 참고하면 많은 도움이 된다.

강원도 춘천시의 4분면 지도

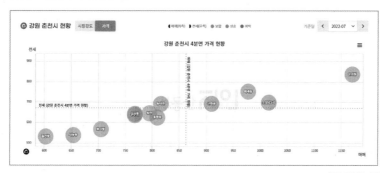

출처: 부동산지인

② 호갱노노의 분위지도

단지의 서열을 알 수 있는 또 다른 방법은 호갱노노에서 분위지도를 확인하는 것이다. 분위지도는 색깔을 통해 입지를 평가하고 보여준다. 파란색 〉 빨간색 〉 노란색 〉 회색 순으로 시세를 형성하고 있다. 춘천시를 확인해보면 온의동 〉 퇴계동 〉 근화동 〉 석사동/후평동/우두동 〉 효자동 〉 사농동/칠전동 순으로 동의 서열이 정리된다.

강원도 춘천시의 분위지도

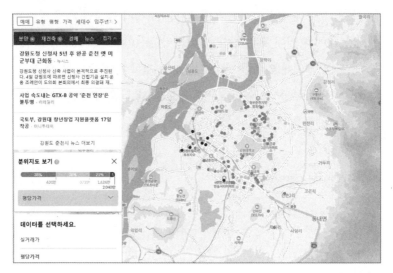

출처: 호갱노노

4분면 지도와 분위지도를 통해 동별 서열을 알아본 것은 그 안의 아파트 단지를 선정하기 위해서다. 춘천시의 사례로 보면 온의동 〉 퇴계동 〉 근화동 〉 석사동/후평동/우두동 〉 효자동 〉 사농동/칠전동 순으로 현장 임장을 통해 동별 분위기를 파악할 필요가 있다. 동의 입지를 먼저 분석하는 것이 가성비 좋은 아파트를 고르는 시작이다.

지방 아파트 황금 입지

TIP 입지 좋은 구축 vs. 입지 떨어지는 신축

부동산 투자를 하면서 가장 많이 하는 고민 중 하나가 바로 이것이다. 입지는 좋지만 구축인 아파트에 투자할 것인가, 아니면 입지는 조금 떨어지지만 신축인 아파트에 투자할 것인가. 이는 투자자의 성향과 지역 상황에 따라 다르다. 만약 본인이 '부동산은 입지다'라는 확신을 가지고 안정적인 투자를 지향한다면 입지가 좋은 구축 아파트를 선택하면 된다. 반면, 아파트는 신축이 정답이고 한 번 상승할 때 차익을 크게 보는 투자를 지향한다면 입지가 약하더라도 신축 아파트를 선택하면 된다.

또 투자 후 매도 예상 시점에 지역 내 공급물량이 많다면 입지가 떨어지는 신축 아파트는 전세가가 크게 떨어질 수 있다. 따라서 매도 예상 시기에 많은 공급이 예정되어 있다면 입지가 좋은 구축 아파트가 안정적인 투자처가 될 수 있다.

무엇에 ②
상권과 학군

부동산 투자에 대해 잘 모르는 사람들도 상권과 학군이 왜 중요한
지는 어렴풋이 알고 있다. 하지만 지방 소액 투자의 경우 상권과 학군
이 직접적으로 투자 성과로 이어지지는 않는다. 우리는 상가 투자자
가 아니며, 입시전문가도 아니기 때문이다. 따라서 지방 소액 투자를
하는 데 도움이 되는 정도만 알아두어도 충분하다.

선호 상권을 노려라

호갱노노의 상권 탭을 이용하면 상권을 쉽게 파악할 수 있다. 호
갱노노는 상권의 밀집도에 따라 색상별(보라색 〉 파란색 〉 빨간색 〉 주
황색 〉 노란색 〉 초록색)로 표시해주기 때문이다. 하지만 단순히 상가가
많다고 해서 좋은 상권을 가진 것은 아니다. 나는 상권을 유흥 상권
과 선호 상권으로 구분한다. 유흥 상권이란 PC방, 각종 게임방, 당구

지방 아파트 황금 입지

장, 노래방, 술집, 마사지업소, 퇴폐업소와 같은 유흥 상가 등이 밀집한 곳을 말한다. 반면 선호 상권이란 카페, 미용실, 네일숍, 프랜차이즈 음식점, 옷/잡화 가게, 병원, 은행, 유기농 식품점, 마트, 약국, 반찬가게, GYM 등이 밀집한 곳을 말한다.

선호 상권의 예

출처: 네이버 로드뷰

그렇다면 투자에 도움이 되는 상권은 무엇일까? 당연히 선호 상권이다. 그리고 선호 상권을 본다는 것은 남녀노소가 좋아하는, 특히 아이를 둔 엄마들이 좋아하는 상가를 많이 낀 아파트 위주로 투자한다는 것이다. 그런데 호갱노노를 통해서는 상가의 밀집도와 개수만 파악할 수 있을 뿐 어떤 상가들이 상권을 이루고 있는지는 알 수 없다. 물론 네이버나 카카오에서 제공하는 로드뷰를 사용해 대략적인 느낌을 파악할 수 있으나 마지막에는 반드시 임장으로 확인해야 한다. 임대료와 수익률, 공실률과 렌트프리Rent-free 등 상가 투자의 세부 사항을 보는 것이 아니고 아침, 낮, 저녁, 밤 등 시간대별로 해당 상권이 어떤 느낌을 내는지, 실제로 해당 상권을 이용하는 연령층이나 대상은 어떻게 되는지 등을 살펴봐야 한다. 만약 주 이용자가 아이를 둔 엄마라면 해당 상권 주변 아파트 단지들은 투자 가치가 높다고 할 수 있다.

절대 무너지지 않는 학군

수도권이 아닌 지방에서는 상권보다 더 중요한 게 있다. 바로 학군이다. 많은 사람이 '학군' 하면 대표적으로 떠올리는 곳은 서울의 대치동, 목동, 중계동이다. 경기도에서는 평촌, 분당, 일산, 인천에서는 송도가 손꼽힌다. 지방 5대 광역시에도 주요 학군으로 언급되는 곳이 있다. 대구 수성구의 범어동과 만촌동, 광주 남구의 봉선동, 대전 서구의 둔산동, 부산의 해운대와 동래구, 울산의 옥동 등이 대표적이다. 그런데 이렇게 유명한 학군지 인근 단지들은 너무 비싸 소액 투자를 하기에는 가성비가 떨어진다. 그래서 우리는 학군 역시 소액 투자라는 콘셉트에 맞게 단지 선정에 활용해야 한다.

그전에 먼저 학군에 대해 생각해보자. 아이 교육에 관심 있는 사람들이나 학군을 조금 아는 사람들이라면 "학군은 곧 좋은 중학교다"라고 이야기할 것이다. 중학교가 대입의 시작점이기 때문이다. 보통 명문 중학교에 들어가 외국어고등학교나 과학고등학교 혹은 특성화 고등학교를 졸업한 뒤 SKY라 불리는 우리나라 최고 명문대나 해외 대학교에 입학하는 것이 엘리트 코스다. 그러나 우리가 소액 투자를 목표로 한다면 학군의 개념을 조금 다르게 봐야 한다. 지방 소액 투자를 위해 내가 정의하는 학군 기준은 크게 4가지다.

1. 단지 주변에 초등학교나 중학교가 있는가?

 (초품아* 혹은 중품아**면 최고!)

2. 단지 주변에 학원이 얼마나 많은가?

3. 프랜차이즈 학원이 얼마나 있는가?

4. 중학교 학업성취도는 어떤가?

* 초등학교를 품은 아파트
** 중학교를 품은 아파트

① 단지 주변에 초등학교나 중학교가 있는가?

먼저 1번을 보자. 주변에 학교가 있다는 것은 누가 생각해도 이점이다. 특히 신혼부부나 아이가 있는 가정이라면 거주지를 선택할 때 단연 중요한 기준이 되며, 실수요층이 탄탄하므로 투자자들에게도 인기가 있다. 통학은 아이의 안전 문제와도 귀결되므로 단지 주변이 아닌 단지 안에 초등학교나 중학교를 품고 있는 것이 가장 좋다.

다음은 전라북도 전주시 덕진구 인후동의 지도다. 아파트 단지는 파란색으로, 학교는 검정색으로 표시했다. 표시된 아파트 단지들 모두 학교와 접근성이 뛰어난 것을 알 수 있다. 이 중에서 어떤 단지에 투자해야 하는지 알고 싶을 것이다. 그리고 임장을 하다 보면 현장에서 부동산중개사들에게 좋은 단지를 추천받기도 할 것이다. 하지만 투자를 하다 보면 집값이 오를 땐 파란색으로 표시된 아파트 중 일부만 오르는 게 아니라 해당 구역의 모든 단지가 다 오른다는 것을 알게 된다. 그러니 아파트와 학교 간 접근성을 개괄적으로 파악했다면 빠르게 다음 지표로 넘어가기 바란다.

전라북도 전주시 덕진구 인후동의 아파트 단지와 인근 학교

출처: 네이버지도

TIP 학구도안내서비스로 배정 학교 알아보기

아파트 주변에 학교가 있다고 해서 무조건 해당 학교로 배정되는 것은 아니다. 따라서 배정 학교를 미리 확인해보는 작업이 필요하다. '학구도안내서비스schoolzone.emac.kr'에 접속한 뒤 '학구도 검색 〉 학교 찾기 〉 시도/시군구/학교급'을 설정한다. 그리고 검색된 학교 중에서 확인하고 싶은 곳의 '지도보기'를 클릭한다. 전라북도 전주시 덕진구 인후동의 인후초등학교에 배정되는 단지를

지방 아파트 황금 입지

확인해보니 부영1차, 더샵인후센트럴, 아중대우1차, 아중현대, 아중롯데, 아중1차제일이었다. 전주2차부영은 인후초등학교와 매우 가까움에도 불구하고 아래쪽에 위치한 인봉초등학교에 배정된다.

전라북도 전주시 덕진구 인후동의 인후초등학교에 배정되는 단지들

출처: 학구도안내서비스

② 단지 주변에 학원이 얼마나 많은가?

이에 대한 정보는 호갱노노의 '학원가' 탭에서 확인할 수 있다. 색상별(보라색 〉 파란색 〉 빨간색 〉 주황색 〉 노란색 〉 초록색)로 표시해주기 때문에 쉽게 파악할 수 있다. 전주시 덕진구 인후동의 학원가를 검색한 결과, 현재 인후동1가에는 71개의 학원이 있으며, 오른쪽 우아동 2가에는 15개의 학원이 있다. 미리 이야기하자면, 이는 적은 수가 아니다. 인후동의 매매가와 전세가를 생각한다면 상당히 훌륭한 수의 학원가를 보유하고 있다고 할 수 있다.

그렇다면 투자하기 좋은 학원의 수는 몇 개일까? 아쉽게도 절대 기준이란 없다. 학원 수가 학군을 결정하는 절대 요소가 아니기 때문이다. 그래도 최소한의 기준을 제시한다면, 호갱노노에서 학원가 위치를 확인한 후 네이버나 카카오의 로드뷰를 통해 알아보자. 로드뷰를 통해 학원들을 찾을 수 있다면 최소 20개 이상의 학원이 위치한 지역은 실제 임장 리스트에 올리자. 이때 주의할 점은 학원가가 주택가(빌라촌, 다가구지역)가 아니라 아파트 단지들 인근에 있어야 한다는 점이다.

전라북도 전주시 덕진구 인후동의 학원가

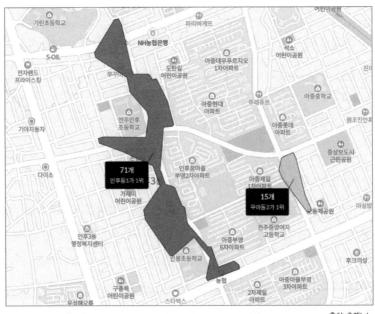

출처: 호갱노노

지방 아파트 황금 입지

③ 프랜차이즈 학원이 얼마나 있는가?

상권의 상가만큼은 아니지만 학군의 학원가 역시 특수성을 띠는 곳이 있다. 바로 대성학원, 종합입시학원, 해커스어학원, 정상어학원, 아발론, SLP 등 프랜차이즈 학원이 그 주인공이다. 투자를 고려하는 단지 주변에 이와 같은 학원들이 있다면 최고의 조건이라고 할 수 있다. 그 이유는 이런 학원들은 부모들의 학구열과 소득 수준이 꽤 받쳐주어야 유지할 수 있기 때문이다.

호갱노노에서 전주시 인후동과 서울 대치동의 학원가를 '비용' 기준으로 검색한 결과, 인후동의 시간당 평균 학원비는 1만 원인 반면, 대치동의 시간당 평균 학원비는 1만 5,000원 이상이었다. 이는 통계 기준이니 실제로는 더 많은 학원비가 대치동에서 소비되고 있을 것이다. 물론 인후동과 대치동을 비교하는 것은 적합하지 않다. 주변 단지 부모들의 학구열과 소모하는 학원비에 따라 학군의 질이 크게 차이 난다는 것을 알려주고자 함이니 참고하기 바란다.

전라북도 전주시 덕진구 인후동의 학원가와 서울 강남구 대치동의 학원가 비용

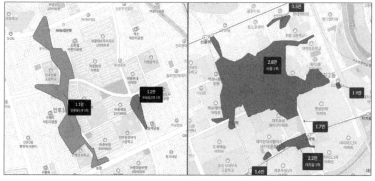

출처: 호갱노노

④ 중학교 학업성취도는 어떤가?

중학교 학업성취도는 2017년까지만 발표되었지만 학교의 학군 수준을 가늠할 때 참고하면 좋다. 일반적으로 입시는 중학교를 기점으로 시작하기 때문에 학군을 살핀다면 어떤 중학교에 배정받는가가 제일 중요하다. 이는 아실의 '해당 단지 〉 학군 정보'에서 학교별 학업성취도와 특목고 진학을 통해 확인할 수 있다. 그리고 아실의 '학군' 탭을 클릭하여 지역을 설정하면 종합학업자료를 볼 수 있는데, 이는 학업성취도와 특목고 진학의 종합 수치다. 보통 아이가 초등학교 고학년이 되면 부모들은 아이를 좋은 중학교에 보내기 위해 이사를 고려한다. 즉, 투자를 고려하는 아파트 단지가 학업성취도와 특목고 진학률이 상위권인 중학교로 배정되는 곳이라면 전세 수요는 물론 매수 수요까지 크게 확보한 단지라고 볼 수 있다.

충청북도 청주시 흥덕구 가경동 복대현대2차의 학군 정보와 흥덕구의 중학교 종합학업자료

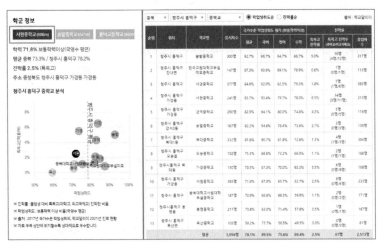

출처: 아실

지방 아파트 황금 입지

TIP 앞으로도 학군이 중요할까?

2023년 기준 대한민국의 합계출산율은 세계 최저이고, 초고령화 사회 진입 속도는 과거 일본보다 빠르다. 경제 인구도 빠른 속도로 줄어들 것이다. 그럼 결혼을 하지 않으니까, 아이를 낳지 않으니까 학군은 점점 가치를 잃게 될까? 학군의 가치가 10년, 20년 뒤에도 유지될지 아닌지에 대한 논란은 상당히 뜨겁다.

나는 특정 지역에서는 학군의 가치가 더욱 공고해질 것이라고 본다. 출산율이 저조하다고 해도 누군가는 아이를 낳는다. 그렇다면 맞벌이 부부는 어디에 아이를 맡겨야 할까? 아이는 부모가 퇴근할 때까지 학원가라는 하나의 '마을' 안에서 돌고 돌며 시간을 보내게 될 것이다. 따라서 학원가는 상권과 연계될 가능성이 크다. 피아노 학원이 끝나고 태권도장에 가기 전까지 시간을 보낼 카페, 수학 학원이 끝난 후 부모가 올 때까지 자습할 독서실 등이 큰 인기를 끌 것이다. 그리고 이런 학원가가 모일수록 주변 상권과 연계되어 그 영향력은 점차 커질 것이다.

그러나 결국 제대로 된 인구 정책과 사람들의 인식 변화가 이루어지지 않는다면 아이를 낳는 기조는 점점 줄어들 것이다. 이를 반대로 생각하면 그럴수록 학원가의 가치는 점점 더 올라갈 것이다. 학원들은 살기 위해 군집화할 것이며, 그로 인해 학원가는 더욱 공고해질 것이다. 우리는 이러한 학원가 주변의 아파트 단지에 투자해야 한다. 실거주 수요가 떠날 수 없는 이유가 되기 때문이다.

09

무엇에 ③
정주여건

아파트 단지를 선정하는 데 사용하는 세 번째 지표는 바로 인프라다. 인프라는 인프라스트럭처Infrastructure에서 따온 말로, 사회(공공) 기반 시설이라는 의미지만 실제로는 편의시설과 같은 개념으로 사용되는 경우가 많다. 여기서 말하는 인프라는 편의시설에서 한 발 더 나아간 '정주여건定住與件'에 초점을 맞추어 설명하려 한다.

정주여건이란 한마디로 다른 곳으로 이사 가지 않고 그곳에 계속 살고 싶게끔 만드는 요인이다. 가장 이해하기 쉬운 예로는 강남이 있다. 현재 강남이 대한민국 최고의 입지이며, 앞으로도 최고일 것이다. 대한민국 최고의 정주여건을 가지고 있기 때문이다. 문제는 누구나 정주여건이 좋다고 생각하는 곳은 이미 너무 비싸다는 것이다. 그럼 우리가 소액으로 챙길 수 있는, 또 챙겨야만 하는 정주여건은 과연 무엇일까? 이번 장에서는 정주여건의 종류를 간단하게 짚어보고, 해당 여건에 어떤 것들이 속하는지 알아보자.

지방 아파트 황금 입지

사람들을 붙잡는 일자리

정주여건을 이야기할 때 가장 중요한 것은 바로 일자리다. 일자리는 그 아파트에서 계속 살아야 하는 가장 강력한 이유가 될 수 있다. 최초에 도시(지역)를 선정할 때는 물론이고, 아파트 단지를 선정할 때도 주변에 일자리가 있는지, 일자리로 이동하는 길이 얼마나 편리한지 등을 꼭 살펴보아야 한다.

대구광역시 달서구 성서지구 인근의 공단은 대구의 최대 일자리 지역 중 한 곳으로, 성서산업단지, 유통단지, 자동차부품단지 등이 자리 잡고 있다. 그리고 성서산업단지 위쪽에 있는 주거 단지들은 신당동, 이곡동, 용산동 일대로 흔히 '성서지구'라고 부른다. 일반적으로 '공단'이라고 하면 '공장 주변이라 공기가 좋지 않다', '아이를 키우기에 적합한 환경이 아니다', '공장 노동자를 위한 유흥 상권 때문에 주거의 질이 떨어진다' 등 부정적으로 생각하는 사람이 많다. 물론 일정 부분 사실이기는 하나 공단 주변을 주목해야 하는 이유는 끊임없는 전세(실수요) 수요 때문이다. 소액 투자는 필연적으로 전세 수요를 필요로 한다. 이런 관점에서 공단과 같은 일자리 인근은 안전한 소액 투자의 조건 중 하나가 된다.

성서산업단지와 가까운 주거 단지가 성서지구만 있는 것은 아니다. 그런데도 위 단지를 예시로 든 것은 성서산업단지는 대구에서 가장 큰 산업단지이며, 가장 적은 돈으로 가성비 있게 투자할 수 있는 지역 중 한 곳이기 때문이다. 물론 서울의 3대 업무지구인 GBD(강남), CBD(종로), YBD(여의도)와 같은 대규모 부가가치 창출 일자리가 인근에 있으면 베스트다. 하지만 이런 업무지구는 수도권을 제외하면 찾기 어려우며, 만약 찾는다 하더라도 소액으로는 접근이 불가능하다. 우리의 콘셉트는 '전세 수요가 꾸준하면서도 적은 금액으로 세팅할 수 있는 아파트'이므로 일정 규모 이상의 공단이나 산업단지 인근의 아파트를 공략하는 것이 현명하다.

대구광역시 달서구 성서지구와 성서산업공단의 입지

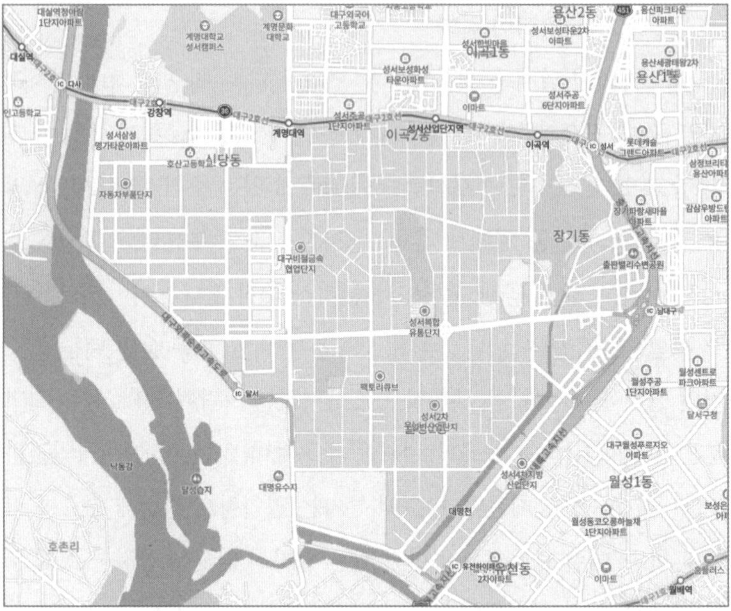

출처: 네이버지도

성서지구에 위치한 성서우방타운의 24평형 매매가 그래프를 보자. 중간중간 약간의 부침도 있고 횡보한 기간도 있지만, 분명한 것은 꾸준히 올랐다는 것이다. 성서우방타운의 그래프가 이런 모습을 보이는 이유 중 하나는 대구 최대의 일자리가 주변에 있기 때문이다. 주변에 일자리가 있다면 전세로 대변되는 실수요가 꾸준히 받쳐주기

지방 아파트 황금 입지

때문에 투자에 있어 하방을 지지하는 힘이 강력하다.

대구광역시 달서구 이곡동 성서우방타운의 매매가

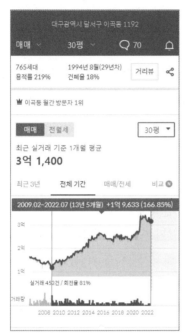

출처: 호갱노노

주거지와 일자리를 잇는 교통

일자리 다음으로 중요한 정주여건은 교통이다. 교통에는 온갖 종류의 이동수단이 포함된다. 대표적으로 철도, 버스, 도로교통편이 있다. 소액으로 접근할 수 있는 지방에서는 자차로 출퇴근하는 경우가 많지만, 철도교통인 광역전철, 도시전철 등 일자리로 연결되는 철도 노선이 있는 지역이라면 그 주변 아파트에 주목해야 한다.

경상남도 김해시의 내동과 외동은 비록 구축이 많긴 하지만 정주여건이 잘 조성된 주거단지벨트다. 그중 외동에 있는 덕산베스트타운 오른쪽에는 수로왕릉역을 지나는 부산김해경전철이 있다. 비록 경전철(경전철은 2량으로 적은 수를 실어 나르며 배차 간격도 긴 편이다)이지만, 김해의 가야대역에서 출발하여 부산의 사상역까지 이어지는 알짜 철도 노선이다. 사람들은 부산김해경전철이 생기기 전까지 배차 간격이 긴 버스에 의존해야만 했다. 현재 부산김해경전철은 일일 약 5,000명의 사람이 이용할 정도로 높은 이용량을 보여주고 있다. 특히 부산김해경전철은 김해국제공항, 서부산유통지구, 사상공업단지와 같은 일자리로 이어지며, 향후 공공주도 3080+(대도시권 주택공급을 획기적으로 확대하는 방안으로 정부의 주도하에 진행되는 국토부 사업)로 부산의 대저지구가 개발된다면 대저지구에 유치되는 연구개발특구라는 일자리까지도 연결될 수 있다.

경상남도 김해시 외동 덕산베스트타운의 입지와 부산김해경전철 노선도

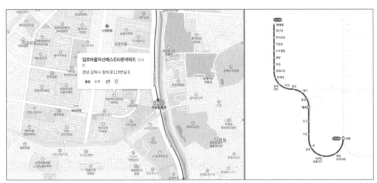

출처: 네이버지도, 네이버

지방 아파트 황금 입지

또한 남명역에서 대저역을 잇는 강서선 트램이 확정된다면 향후 부산의 최대 개발구역 중 한 곳이라는 에코델타시티로의 연결 역시 기대된다. 즉, 김해 외동 덕산베스트타운은 평균 매매가 1억 6,000만 원의 저렴한 구축이지만, 알짜 경전철 노선을 끼고 있어 향후 조정 및 하락이 있더라도 흐름이 다시 찾아왔을 때 금방 전고점을 회복할 수 있을 뿐만 아니라 초과 수익까지 기대할 수 있는 좋은 투자처다.

지방에는 지하철은 물론 경전철과 같은 철도교통이 없는 지역이 많다. 특히나 소액으로 접근할 수 있는 지역과 단지들은 더욱 그렇다. 그러므로 다음으로 고려해야 하는 것은 바로 버스교통편과 도로교통편이다. 투자를 고려하는 단지 주변에 버스 노선이 제대로 갖추어져 있는지, 차로 진입이 용이한지, IC 주변인지 등을 확인해보는 과정이 필요하다. 김해 부곡동에 위치한 석봉마을부영7단지는 주변에 철도

경상남도 김해시 부곡동 석봉마을부영7단지의 입지

출처: 네이버지도

교통편은 없지만, 바로 밑에 장유IC가 있어 김해 내 산업단지들은 물론, 부산의 강서구와 사상구에 위치한 산업단지 그리고 창원의 일자리 지역까지 자가용으로 쉽게 이동할 수 있다. 실제로 석봉마을부영7단지가 위치한 부곡동, 무계동, 삼문동 등은 창원으로 출퇴근하는 사람들이 선호하는 주거단지벨트다.

인프라로서의 상권과 학군

앞서 아파트 단지를 선정하는 독립적인 지표로 상권을 살펴보았다. 그러므로 인프라의 한 요소로 상권과 학원가를 설명하는 것은 최소화하도록 하겠다. 먼저 상권은 여러 가지 종류의 상가로 이루어져 있는데, 그중에서도 생활형 상가, 문화시설형 상가, 생존형 상가로 크게 나누어볼 수 있다.

① 생활형 상가

생활형 상가는 아파트 단지 주변에 위치해 실거주자들이 빈번하게 이용하는 상가를 의미하며, 각종 외식류 식당, 시그니처 프랜차이즈 상가, 종합 상가가 이에 해당한다.

각종 외식류라 함은 단순하게 끼니(분식집, 백반집)를 해결하는 것을 넘어 한우, 스시, 한정식, 양식 등 식문화의 퀄리티까지 높여주는 곳을 말한다. 시그니처 프랜차이즈 상가는 '○○권'이라고 불릴 만큼 상징성을 지닌 상가를 의미한다. 대표적으로는 스타벅스, 투썸플레이스, 올리브영, 파리바게트, 맥도날드 등이 해당한다. 시그니처 프랜차

지방 아파트 황금 입지

이즈 상가는 아무 곳에나 입점하지 않는다. 프랜차이즈 본사의 입점 심사가 상당히 까다롭고, 상권 분석팀이 따로 있을 만큼 수요가 확실한 곳에만 입점하는 것으로 유명하다. 따라서 단지 주변에 시그니처 프랜차이즈 상가가 1개라도 있다면 실거주 수요 자체는 의심할 여지가 없다고 봐야 한다. 실거주 수요가 탄탄하다는 것은 전세 수요가 충분하다는 의미이며, 이는 더 나아가 매도 시에도 수월하게 팔 수 있다는 의미다.

마지막으로 종합 상가는 한 상가 안에서 대부분의 재화를 구매할 수 있는 곳을 말한다. 대형마트(이마트, 롯데마트 등), 창고형마트(트레이더스, 코스트코 등), 아울렛, 쇼핑몰, 백화점 등이 해당한다. 이런 종합 상가 역시 아무 곳에나 들어오지 않으며, 일정 인구 이하 작은 도시에는 입점조차 하지 않는다. 하지만 일단 종합 상가가 들어선다면 그 안에 외식류 식당과 시그니처 프랜차이즈 상가도 함께 입점하기 때문에 생활형 상가 중에서 가장 최상위라고 할 수 있다.

② 문화시설형 상가

문화시설형 상가에는 모든 종류의 운동과 취미류 상가가 해당한다. 운동에는 유도, 복싱, GYM, 필라테스, 클라이밍, 스쿼시 등이 있는데, 이 중에서도 주변에서 흔히 볼 수 없는 운동인 펜싱, 발레, 골프에 주목해야 한다. 펜싱, 발레, 골프는 프리미엄 운동에 해당하기 때문에 웬만한 소득 수준으로는 수요가 형성되지 않는다. 천안시 서북구의 신불당에는 충청남도 유일의 펜싱클럽이 있는데, 이곳은 충청남도에서 가장 최상위 입지에 해당한다.

취미류 상가의 대표적인 예로 영화관, 공연장, 경기장 등이 있다.

프랜차이즈 영화관인 CGV, 롯데시네마, 메가박스가 위치한 곳은 유동인구가 많다. 반면, 공연장과 경기장은 넓은 부지를 필요로 하며 소음 등의 이유로 도심과 조금 거리가 있다. 그러나 공연장과 경기장 주변에 공원을 조성하는 경우가 많아 정주여건 측면에서 긍정적인 요인이다.

③ 생존형 상가

생활의 질을 올려줄 수 있는 외식이나 프랜차이즈 상가도 좋고, 백화점도 좋고, 운동이나 취미를 위한 상가도 좋다. 그러나 무엇보다 중요한 것은 최소한의 실거주 가치가 보존되는 생존형 상가의 존재다. 이런 생존형 상가에는 병의원, 한의원, 약국 그리고 태권도장과 같은 도장 및 학원이 해당한다. 일단 병의원, 한의원, 약국은 별다른 설명이 필요 없을 것이라 생각한다. 아파트 단지 주변에 대학병원이 있다면 매우 좋겠지만, 그게 아니라면 최소한의 병의원은 있어야 한다. 약국은 병의원과 한의원보다 더 중요하다.

태권도장과 같은 도장 및 학원은 앞서 '학군'을 설명하며 이해를 도왔다. 맞벌이 부부에게는 퇴근할 때까지 아이를 대신 돌봐줄 수 있는 시설이 반드시 필요하다. 만약 가장 기본적인 인프라라 할 수 있는 생존형 상가가 주변에 전혀 없다면, 투자를 다시 한 번 고려해봐야 한다.

④ 교육시설인 학군

여기서의 학군은 매우 포괄적인 개념으로 학교, 학원, 유치원, 도서관, 독서실 등이 포함된다. 즉, 교육과 관련된 모든 시설이 인프라로서의 학군에 해당한다. '좋은 대학교를 보내는 의미로의 학군'과는 분명히 다르다. 그러나 영어 유치원은 개념이 조금 다르다. 영어 유치원의 효과와 경제성에 대해 많은 논란이 있지만 분명한 것은 아이를 영어 유치원에 보낸다는 것 자체가 소득과 자산이 어느 정도 여유가 있다는 뜻이다. 그러므로 단지 주변에 영어 유치원이 있다면 긍정적 요인으로 봐도 좋다. 높은 소득과 여유는 좀 더 수월한 집값 상승을 일으킬 수 있기 때문이다.

다음은 충청남도 천안시와 아산시의 영어 유치원을 표시한 지도다. 신불당, 구불당, 백석동, 아산 탕정면(삼성디스플레이 아산캠퍼스) 등에 주로 위치해 있는 것을 볼 수 있다. 모두 천안과 아산 내에서 소득 수준이 높은 지역이며, 현재 대장 아파트의 가격도 지방이라고 무시할 수 없을 만큼 만만찮은 수준을 형성하고 있다.

충청남도 천안시와 아산시의 영어 유치원

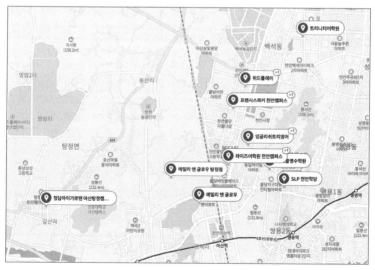

출처: 네이버지도

생활 편의와 일자리까지 챙기는 관공서

여기서의 관공서는 넓게는 정부청사, 도청, 시청, 구청, 군청, 법원, 행정센터, 은행, 경찰서, 소방서, 우체국, 세무서, 보건소 등과 같이 정부나 지자체에서 직접 운영하는 행정기관은 물론, 공단과 공기업 등 직간접적으로 일자리를 만들어내는 준관공서까지 포함한다.

일단 우리가 일반적으로 생각하는 관공서, 즉 시청, 구청, 법원, 행정센터 등의 행정기관 주변은 정부와 지자체가 강제적으로 입지를 만들어낼 수 있다. 원래 부동산 입지는 시장 논리에 따라 이루어진다. 경기도나 인천은 말할 것도 없고, 서울이라면 정부와 서울시가 지역 내 일자리를 유치하는 데 크게 어려움이 없다.

그러나 지방은 이야기가 다르다. 기업 부지 제공, 법인세 혜택 등 일자리를 유치하기 위해 갖은 노력을 펼쳐도 쉽지 않다. 그런 지방에서 좋은 입지를 만들어낼 수 있는 방법 중 하나는 관공서를 이전하거나 유치하는 것이다. 즉, 관공서 자체는 물론 관공서로 인해 파생되는 인프라들로 정주여건을 채우는 것이다.

전라남도 목포시와 무안군(남악신도시)에는 전라남도청, 전라남도경찰청, 광주지방법원 목포지원, 광주지방검찰청 목포지청 등의 관공서가 있다. 남악신도시는 목포의 동쪽 끝과 무안의 서남쪽 끝이 맞닿아 형성된 택지지구로, 인근에서 가장 강력한 주거 수요를 가진 곳이다. 목포의 옥암동과 무안의 삼향읍이 같이 남악신도시로 개발되면서 자연스럽게 사람들의 수요가 몰렸다. 물론 이곳의 대장지역은 남악신도시 동남쪽에 있는 오룡지구지만, 현재의 인프라는 대부분 남악신도시에 있다. 이곳 역시 관공서 자체와 관공서로 인해 파생되는 인프라가 남악신도시의 주거 수요 형성에 큰 역할을 했다고 볼 수 있다.

강원도 원주시 무실동의 서북쪽에는 원주시청이 있고, 그 아래쪽
에는 무실동 행정복지센터가, 동남쪽에는 춘천지방법원 원주지원과
춘천지방검찰청 원주지청이 있다. 무실동은 원주의 구도심 중에서
실거주 수요가 가장 탄탄한 곳이다. 상권과 학원가도 훌륭하지만 핵
심 관공서들도 들어서 있다.

무실동의 무실요진보네르카운티라는 단지는 중간중간 약간의 조
정은 있지만 꾸준히 가격이 상승하고 있다. 지방 아파트 단지를 찾다
보면 매우 큰 조정폭을 보이는 단지들을 심심치 않게 보게 된다. 그러
나 무실요진보네르카운티처럼 여러 인프라 요인을 갖춘 단지라면 큰
걱정 없이 중장기적으로 가져갈 수 있는 알짜라고 할 수 있다.

추가로 같은 원주의 반곡동은 원주혁신도시다. 원주혁신도시에는
다양한 공공기관이 이전했는데 국민건강보험, 건강보험심사평가원,
대한적십자사, 보훈공단, 도로교통공단, 국립과학수사연구원, 한국지

강원도 원주시 무실동의 입지와 무실요진보네르카운티의 시세

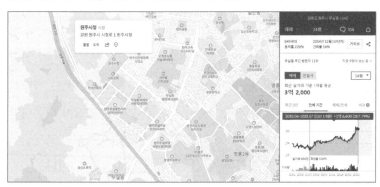

출처: 네이버지도, 호갱노노

방행정연구원, 한국관광공사, 국립공원공단, 대한석탄공사, 한국광해광업공단 등이 자리 잡고 있다. 원주혁신도시는 아직 생활 인프라 측면에서 아쉽다는 평가를 받고 있다. 하지만 수도권과의 접근성이 좋고, 공공기관들이 창출하는 일자리와 인프라는 원주 자체를 한 단계 높은 수준으로 올려줄 요소가 될 예정이다.

신이 만든 자연환경

앞서 설명한 인프라들의 공통점은 정부, 지자체, 민간, 즉 사람의 힘으로 만들어낼 수 있다는 것이다. 그러나 자연환경만큼은 사람의 힘으로 어찌할 수 없다. 다시 말하면 자연환경은 앞으로도 바뀌지 않는 유일무이한 인프라다. 이러한 자연환경이 부동산에 어떤 영향을 미치는지 알아보자.

자연환경의 대표적인 예로는 바다, 강, 산, 공원이 있다. 이 중 공원은 그나마 사람이 만들어낼 수 있지만 이미 자리 잡은 주거시설을 밀어내고 공원을 만들 수는 없다. 즉, 공원 역시 어느 정도는 불가항력적 인프라인 것이다. 또한 산은 너무 과해서는 안 된다. 아파트 단지와 적절한 수준으로 붙어 있으면서 전망으로 볼 수 있는 정도가 가장 적절하다. 바다와 강은 아파트 단지가 주변에 있다는 것만으로도 상당한 인프라 효과가 있다. 특히 중고층이면서 바다와 강 조망이 나온다면 그 프리미엄은 상상할 수 없을 정도다. '한강뷰'를 떠올리면 조망권이 프리미엄으로써 어떤 가치를 지니는지 쉽게 알 수 있을 것이다.

물론 이러한 조망, 뷰에 대한 프리미엄이 단순히 한강이라는 자연환경에만 그치는 것은 아니다. 강원도 속초시에서 2020년에 분양한 속초디오션자이는 2023년 8월에 입주하는 단지다. 가장 인기 있는 타입인 84A 타입의 경쟁률은 37.46:1로, 강원도에서도 작은 도시인 속초에서는 상당히 높은 청약 경쟁률에 해당한다. 심지어 속초디오션자이가 분양된 동명동은 속초 내에서도 그렇게 선호되는 입지가 아니다. 그렇다면 37.46:1이라는 경쟁률은 어떻게 나온 것일까? 바로 오션뷰(바다뷰) 덕분이다. 비슷한 시기에 유사한 입지의 2차 아이파크가 분양했는데 미달이었다. 속초디오션자이는 2차 아이파크보다 분양가는 높은 반면 실거주 가치는 낮았지만 56평(131.98m²)이 17억 원이 넘는 가격에 거래되며 자연환경 인프라가 어느 정도의 파괴력을 가지는지 여실히 보여주었다.

지금까지 정주여건을 결정하는 5가지 인프라를 살펴보았다. 인프라의 가치는 부동산 가격 상승에 선행적으로 나타날 수도, 후행적으로 나타날 수도 있다. 이미 좋은 인프라를 선행적으로 가지고 있다면 부동산 가격이 오르는 것은 당연하다. 또한 대세 상승기를 맞아 부동산 가격이 상승하고 난 뒤의 소득 수준과 자산 수준에 맞춰 인프라가 새롭게 형성될 수도 있다. 그러므로 투자할 아파트 단지를 확인할 때는 정주여건을 결정하는 인프라들이 어느 수준인지, 앞으로 어떤 변동 가능성이 있는지 알아볼 필요가 있다.

노파심에 하는 이야기이지만 앞서 사례로 든 지역들과 아파트 단지들은 모두 각 인프라를 적절히 설명하기 위한 단순 예시일 뿐이다. 현재 이 책을 쓰는 시점인 2022년 하반기 기준으로 모두 꽤 상승한 지역과 단지이며, 향후 추가 상승 여부는 아무도 알 수 없다. 그러니 무지성 투자를 하는 우를 범하지 않길 바란다.

TIP 인프라와 우선순위

앞서 언급한 5개의 인프라를 모두 품고 있는 지역일수록 부동
산적 가치가 높을 수밖에 없다. 가치가 높다는 말은 그만큼 비싸다
는 의미다. 소액 투자를 목표로 하는 우리가 챙겨야 하는 최우선
인프라는 단연 일자리와 상권·학군이다. 다른 요소들 역시 중요
하지만 일자리와 상권·학군이 없다면 실거주 가치가 낮을 수밖에
없다. 수도권이라면 교통을 필수로 봐야 하지만 지방은 대중교통
보다는 자가용으로 출퇴근하는 경우가 많기 때문에 그 중요도가
조금 떨어진다.

무엇에 ④
전세가율과 전세 수요

아파트(상품) 단지를 선정하는 마지막 지표는 전세가율과 전세 수요다. 이에 대해서는 앞서 지역 내 입지 서열을 살필 때 간단히 알아보았다. 하지만 지역을 선정하기 위한 전세가율과 전세 수요는 개별 지역에 대해 넓은 개념을 훑는 수준이었고, 이번에는 좀 더 깊게 들어가 단지별 분석을 위한 것이라 할 수 있다.

투자 가성비를 알 수 있는 전세가율

먼저 전세가율에 대해 이야기해보자. 앞서 언급했듯 전세가율은 투자 가성비와 연결된다. A아파트의 전세가율이 90%라면, 60%의 전세가율을 지닌 B아파트보다 투자 가성비가 훨씬 좋다는 의미다.

전세가율 비교 사례

구분	매매가	전세가	전세가율	투자금
A아파트	1억 원	9,000만 원	90%	1,000만 원
B아파트	1억 원	6,000만 원	60%	4,000만 원

전세가율 분석이 가장 큰 파괴력을 보일 때는 아파트 단지 선정 때다. 따라서 투자할 때 전세가율을 가장 중요하게 봐야 한다고 해도 과언이 아니다. 내가 전세가율을 가장 중요한 지표 중 하나로 생각한다고 하면 많은 사람이 호갱노노나 부동산지인을 통해 전세가율이 가장 높은 단지를 찾고, 그 단지를 네이버부동산에서 확인할 것이다. 결과는? 당연히 전세가가 매매가보다 훨씬 높은 가격에 나와 있고, 심지어 매매 매물은 많은데 전세 매물이 없어 전세를 세팅하기가 수월해보일 것이다. 하지만 이는 입지와 전세가율의 함정이다. 입지가 좋을수록 전세가율이 낮은 모습을 보이고, 입지가 떨어질수록 전세가율이 높은 모습을 보이는 것이 일반적이다.

1차적으로 생각했을 때는 입지가 좋은 곳이 전세 수요가 많아 전세가율이 높을 것 같지만 사실 반대다. 입지가 좋은 곳은 해당 지역에 사는 사람들뿐 아니라 투자자들도 알고 있다. 그러면 실수요에 가수요가 더해진다. 대한민국 최고 입지인 강남의 전세가율이 그 어떤 지역보다 낮다는 것을 예로 들 수 있다.

하지만 이런 상관관계가 일시적으로 무너지는 시기와 단지가 있다. 그 시기와 단지들을 포착해 투자하는 것이 우리의 목표다. 만약 전세가율만 보고 투자한다면 해당 단지가 위치한 지역의 상황, 정주

지방 아파트 황금 입지

여건 등을 무시한 채 플러스갭이 난다는 이유로 높은 전세가율을 보이는 단지에 투자할 것이다. 그러나 '지역 선정 〉 아파트 단지 선정 〉 낮은 가격 검색' 순인 탑다운Top-down 방식으로 내려가다 보면 이렇게 시야가 좁아지는 실수를 미리 방지할 수 있다. 탑다운 방식은 네이버 부동산을 활용하면 된다.

네이버부동산에서 전세가율을 보는 방법은 어렵지 않다. 투자를 고려하는 단지를 클릭하여 매매가와 전세가를 낮은 가격순으로 확인한다. 그리고 입주가 가능한 매물을 기준으로 매매가와 전세가의 갭, 전세가율을 구하면 된다. 전세가율은 전세가를 매매가로 나누어 계산한다. 예를 들어 매매가가 1억 5,000만 원, 전세가가 1억 3,000만 원이라면 1억 3,000만 원÷1억 5,000만 원으로 계산하면 86.6%의 전세가율이 나온다.

호갱노노에서 전세가율을 확인하고 싶다면 왼쪽 상단의 '전세가율'을 클릭한 뒤 원하는 조건을 설정하면 된다. 원하는 전세가율을 클릭해 해당 지역으로 이동하면 그 지역에서 조건에 해당하는 단지들을 볼 수 있다.

부동산지인에서는 상단의 '아파트분석'을 클릭한 뒤 지역과 나머지 조건을 설정하고 전세율이 높은 순으로 정렬하면 된다. 오른쪽에 있는 입주지도를 클릭하면 정렬한 단지들의 위치를 확인할 수 있으니 참고하기 바란다.

손품보단 발품이 중요한 전세 수요

전세가율을 알아봤다면, 실제적인 전세 수요는 어떤지도 확인해야 한다. 물론 전세가율에서 전세 수요를 어느 정도는 추측할 수 있다. 전세가율이 높고 해당 단지에 전세 매물이 몇 개 없다면 전세 수요가 상당히 높은 상태라고 할 수 있다. 아실에 접속해 상단의 '가격 분석'을 클릭한 뒤 '매매/전세 가격변동'에서 지역을 선택하면 해당 단지가 속한 지역의 전세 수요가 어떤 상태인지 살펴볼 수 있다.

그러나 실제로도 전세 수요가 풍족한지는 다른 이야기다. 그러므로 가장 확실한 방법은 전화를 해보는 것이다. 네이버부동산에 접속하여 해당 단지 매물을 내놓은 부동산에 전화를 걸어보자. 매수를 위한 전화 임장에서는 좀 더 다양한 역할극이 필요할 수 있지만, 전세 수요 조사를 위한 전화 임장에서는 딱 2가지 역할, 즉 투자자와 전세 임차인 역할만 하면 된다. 부동산에 전화를 걸어 해당 단지에 투자하려고 하는데 요즘 전세 상황이 어떤지 물어보는 방법(투자자)과 거주하려고 하는데 해당 단지 전세가 어떤지 물어보는 방법(전세임차인)으로 몇 군데만 전화 임장을 하면 어렵지 않게 실제 전세 수요를 파악할 수 있다. 물론 투자자 입장에서 전화할 때는 실제로 좋은 매물이나 급매가 있는지 등도 같이 알아보자.

대부분의 경우 전화 임장만으로 충분히 전세 수요를 파악할 수 있다. 하지만 이 방법은 현장 임장 경험이 많아 어떤 것을 물어야 하는지, 중개사가 무엇을 돌려 말하는지 파악 가능한 사람에 한정된다. 즉, 가장 기초가 되는 것은 역시 실제 임장이다. 우선 지역을 선정하고 어떤 아파트 단지들이 투자에 좋은 조건을 갖추었는지 리스트를

지방 아파트 황금 입지

뽑아보자. 그리고 가능하면 다 돌아보자.

현장 임장을 할 때도 투자자와 전세임차인 역할을 해야 하는데, 투자자라면 솔직하게 모든 조건을 오픈하고 부동산 중개사에게 맡기는 것도 괜찮다. 특히 젊은 나이대라면 발 벗고 나서서 도와주려는 중개사를 만날 수도 있다. 나는 이런 방식으로 좋은 물건에 투자한 경험이 있다. 전세임차인 역할을 할 때는 약간의 트릭이 필요하다. 해당 지역 사투리도 사용하지 않고 단지 주변에 일자리도 없는데 전세를 구한다고 하면 중개사들이 의심하며 제대로 된 시세를 알려주지 않을 가능성이 높다. 이럴 때 나는 "주변에 있는 작은 중소기업에 취직할 것 같다", "친인척이 운영하는 가게에서 잠깐 일하게 될 것 같다"와 같이 이야기한다.

전세가율만 보면 안 되는 이유

여기서 꼭 알아야 할 전세가율과 전세 수요의 비밀이 있다. 앞서 무작정 전세가율이 높기만 한 아파트 단지를 골라서는 안 된다고 이야기했다. 지방 소액 투자를 하다 보면 정말 매수하고 싶지 않은 아파트를 만나는 경우가 많다. 이런 아파트일수록 전세가율이 높다. 왜일까? 그 아파트에 살아야 하는데 자신의 돈을 주고 사고 싶지는 않은 사람들이 있기 때문이다. 그래서 매매가에 육박하는 전세가를 지불하고 임차인으로 들어오는 것이다. 어떤 경우에는 매매가보다 더 비싼 전세가를 지불하고 임차로 거주하기도 한다. 일반적으로 HUG전세보증보험은 KB시세를 기준으로 하는데, 전세가가 주택가보다 낮아야만 보증이 가능하다. 즉, 매매가와 전세가가 같거나, 전세가가 매매가보다 높은 경우 임차인은 보증보험을 들지 못할 수도 있다. 이런 리스크에도 불구하고 매매가보다 높은 전세가를 지불한다는 것은 그만큼 해당 아파트 단지의 상품 가치가 떨어진다는 의미다.

그렇다면 이렇게 상품 가치가 떨어지는 아파트에 투자해도 괜찮은 걸까? 다음은 A지역 한신아파트의 매매가와 전세가다. 같은 동, 같은 층, 같은 평형인데 매매가는 1억 4,000만 원이고, 전세가는 1억 4,500만 원~1억 5,000만 원이다. 전세가가 500~1,000만 원 더 비싼 셈이다. 실제 매물을 찾다보면 이렇게 전세가가 매매가보다 5~15% 정도 비싼 매물은 쉽게 볼 수 있지만, 30~50% 비싼 매물은 찾을 수 없다. 즉, 전세가가 매매가보다 비싼 것도 정도가 있다는 이야기다.

A지역 한신아파트의 매매가와 전세가

출처: 네이버부동산

지방 아파트 황금 입지

우리가 타깃으로 삼는 지방의 소액 아파트가 상승하는 로직은 다음 2가지뿐이다.

---

1. 해당 단지의 실수요자들이 전세만 찾는다.

→ 전세 공급이 부족해 전세가가 오르고, 그것이 매매가를 자극해서 상승한다.

2. 투자자들이 들어와 집을 매수한 뒤 수리한다.

→ 최대한 갭을 적게 하기 위해 높은 가격에 전세를 놓는다.

→ 전세입자들은 1,000 ~2,000만 원 더 높은 가격에 깨끗하게 수리된 집에서 전세를 산다.

→ 계속해서 신고가를 쓰면서 가격이 상승한다.

2가지 모두 해당하는 아파트가 최고의 선택지라 할 수 있지만 둘 중 하나라도 해당하는 아파트라면 매수해도 괜찮다.

가끔 저렴하다는 이유로 지방에서도 더 지방 같은, 즉 입지가 굉장히 떨어지는 나홀로 아파트를 사는 실수를 하는 사람들이 있다. 남들보다 더 적은 금액으로 투자를 하려다 보니 입지를 무시한 채 무조건 플러스갭만 노린 것이다. 그러나 지방 투자야말로 최소한의 입지를 꼭 챙겨야 한다. 과정이 매우 번거롭지만 소액 투자는 리스크가 큰 투자법이므로 2배, 3배 더 노력을 해야 한다.

CHAPTER

3

일러두기
- 본문에 사용된 지도는 모두 네이버지도를 이용하였습니다.
- 지도에 표기된 경계선은 실제 행정구역과 차이가 있을 수 있습니다.

지방 투자를 위한
황금 입지 길잡이

강원도와 충청도

부동산 투자를 잘하려면 모든 지역의 모든 아파트 단지를 직접 임장해보고, 시세와 특징을 계속 정리하면서 흐름을 파악해야 한다. 그런데 이 과정이 결코 쉽지 않다. 그래서 나는 이 책을 통해 서울, 수도권을 제외한 5대 지방 광역시와 세종특별자치시, 7도에서 어느 지역을 주의 깊게 살펴봐야 하는지, 그 지역에서도 어떤 단지에 집중해야 하는지 선별해 알려주려 한다. 언급하지 않은 지역 및 단지들은 현재 소액 투자에 적절하지 않거나, 투자를 하기에는 펀더멘탈이 부족하다고 판단하여 제외했다.

강원도 ① 춘천시

인구 29만 명의 춘천은 강원도에서 가장 오래된 도시로, 강원도청을 비롯한 여러 관공서와 공공기관이 자리 잡고 있다. 강원도 3대

지방 아파트 황금 입지

도시(춘천, 원주, 강릉) 중 인구로는 2위지만 집값으로 따지면 강원도 1위 대장도시다. 게다가 지방 도시로는 드물게 인구 증가를 보이고 있다. 교육과 관광의 도시로도 유명하며 강원대, 춘천교육대 등이 소재해 있다. 춘천은 산업적인 측면에서 수도권 상류에 위치한 지역 특성상 공해 유발 공업은 발달할 수 없었지만 네이버 데이터센터, 삼성 SDS 데이터센터 등이 있고, 강원도 수열에너지 융복합 클러스터와 농공단지 등이 자리 잡아 일자리가 늘어나는 추세다. 게다가 2022년 5월 글로벌 3대 테마파크 중 하나인 레고랜드가 개장하며 인지도가 올라가고 있다. 기존 춘천의 이미지는 '관광'이었지만 부동산적으로도 매력적인 지역이며, 수도권 전철 경춘선, ITX-청춘, KTX-이음 등으로 인해 향후 수도권과의 접근성이 더욱 좋아질 예정이어서 인식이 점점 더 긍정적으로 바뀔 전망이다.

① 온의동

크지 않은 동이지만 생활 인프라(롯데마트, 이마트, 메가박스, 스타벅스, 우체국, 버스터미널, KBS방송국 등)가 잘 모여 있는 지역이다. 인근의 남춘천역은 춘천 시민들의 이용량이 가장 많은 역으로 파급력이 크다. 지금도 대장지역이지만 앞으로도 시세를 이끌어나갈 것이다. 영서로를 기준으로 좌측과 우측의 생활권이 확연히 다른 점이 재미있다. 온의지구의 신규 인프라는 영서로 우측에 위치해 있기 때문에 영서로를 기준으로 좌우측 단지들을 임장해볼 것을 추천한다.

이곳의 대장 아파트는 춘천센트럴타워푸르지오다. 49층으로, 춘천 최고 높이를 자랑한다. 그 왼쪽에는 신축에 해당하는 온의롯데캐슬스카이클래스와 센트럴파크푸르지오, 파크자이가 있으며, 온의지

구의 정주여건을 높이는 데 가장 크게 일조하고 있다. 이 신축들 외에도 1990년대식 구축 아파트들이 있는데, 연식과 세대수가 상당히 아쉽다. 그러나 신축 단지들이 언젠가 가격 상승을 보이면 구축 단지들도 함께 일정 수준의 상승을 보일 수 있으므로 관심을 갖고 지켜볼 필요가 있다. 하지만 연식이 오래되어 중장기적으로 들고 가는 것은 유의해야 한다.

② 퇴계동·석사동

온의동의 좌측에 붙어 있는 퇴계동과 석사동도 주목해야 할 지역이다. 이 두 곳은 기존의 구도심 주거벨트 라인 중 가장 선호되는 지역이다. 영서로와 남춘천역이 위치한 교통의 핵심 지역이며, 그와 동시에 춘천 남부권 최대의 주거 라인을 형성하고 있다.

지방 아파트 황금 입지

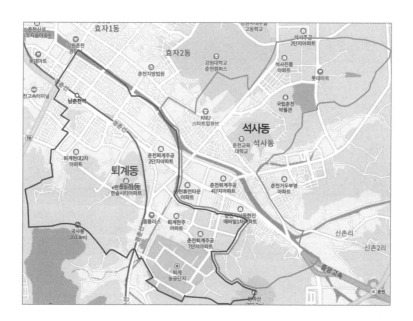

한진한성부터 퇴계이안까지 이어지는 구축 라인은 대부분의 아파트가 1990년대식이다. 매매가와 전세가 모두 저렴하며, 매매가와 전세가의 갭이 거의 항상 붙어 있다. 특히 현진에버빌1차와 2차를 중심으로 한 주변 단지들에 주목하자. 사실상 퇴계동과 석사동에서 부동산적 입지가 가장 뛰어난 곳으로, 춘천에서 실거주하는 사람들이 제일 선호하는 곳이다. 현진에버빌1차와 2차 사이에 있는 항아리 지구에 양질의 상권과 학원가가 포진되어 있으며, 이곳의 시세 역시 현진에버빌1차와 2차가 이끌고 있다.

③ 후평동

후평동은 1980년대에 본격적으로 개발된 지역이다. 강원대학교와 관련된 부속시설 및 상권이 포진되어 있으며, 퇴계동과 석사동에

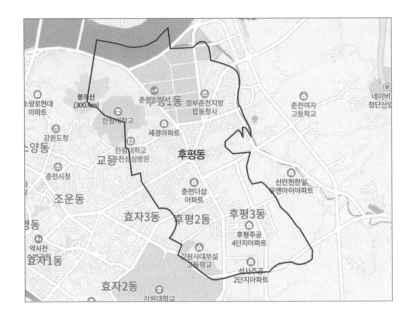

이어 사람들이 많이 거주하는 구도심 중 한 곳이다. 후평동은 세 구역으로 나누어 살펴볼 수 있다.

첫 번째는 춘천후평우미린뉴시티, 춘천더샵, 춘천일성트루엘더퍼스트가 만들어내는 신축 및 준신축 라인이다. 세 단지가 모여 있으며, 춘천더샵의 오른쪽 위로 작은 학원가가 있다. 주변에 재건축을 추진하는 주공 아파트들이 있지만 재건축이 실제로 진행되어 완공되기까지는 오랜 시간이 필요하므로 이곳의 신축, 준신축 단지들은 한동안 희소성을 가질 전망이다.

두 번째는 후평주공들이 만들어내는 재건축 라인이다. 1980년대식 저층 아파트가 많기 때문에 용적률이 적어 대지지분이 훌륭하다. 다만, 현재 가격을 생각한다면 재건축 진행 시 투자 수익이 있을지는 따로 계산해봐야 한다. 하지만 후평주공 단지가 모두 재건축된다면

지방 아파트 황금 입지

후평동은 거의 재개발급으로 지역이 탈바꿈될 전망이다.

　마지막 세 번째는 석사주공2단지, 동아, 석사대우, 석사3지구부영, 석사청구, 진흥, 석사두산 라인이다. 이곳들은 1990년대식 구축 아파트로 계단식과 복도식이 섞여 있다. 몇몇 단지는 행정구역상 석사동에 속해 있지만 사실상 후평동 영향권이라 할 수 있다. 주변에 학원가는 없지만 바로 밑에 애막골이라 불리는 강원대학교 동문 앞 상권이 존재하며, 춘천 현지인이 선호하는 상권 중 한 곳이다.

강원도 ② 원주시

　인구 36만 명의 원주는 강원도 3대 도시(춘천, 원주, 강릉) 중에서 가장 큰 인구 규모를 가지고 있다. 강원도와 수도권, 충청도의 한가운데에 위치해 있어 외부 인구의 유입이 많은 편이다. 이런 위치적인 유리함으로 강원도에서 유일하게 기업도시와 혁신도시가 조성되었으며, 기업도시는 지정면에, 혁신도시는 반곡동에 자리 잡고 있다. 이 둘의 완성으로 계획인구 50만 명을 꿈꾸었으나 아직까지는 어려운 모습이다. 그러나 경강선, 광주원주고속도로 등 수도권을 오갈 수 있는 광역교통망 등이 갖추어져 있고, 전통의 입지 강자 무실동, 재정비 사업이 활발한 명륜동과 단계동 등을 앞세워 앞으로 점점 더 좋아질 예정이기에 향후 강원도에서 가장 기대되는 지역 중 한 곳으로 손꼽히고 있다.

① 지정면 기업도시

기업도시는 원주 지정면에 조성된 신규 택지로, 계획인구가 3만 1,000명에 이른다. 기업도시 조성 초창기에는 사기업들이 잘 유치되지 않아 논란이 있었으나, 현재는 꽤 많은 의료, 바이오 등의 중견기업들이 자리를 잡아 우려를 딛고 천천히 완성되어가고 있다.

기업도시의 대장 아파트는 롯데캐슬골드파크1, 2차이고, 그중에서도 2차를 더 대장으로 보는 경향이 있다. 라온프라이빗 앞쪽의 항아리 상권을 중심으로 인프라가 조성되어 있다. 기업도시는 크게 위쪽과 아래쪽으로 단지를 나누어 구분하는데, 위쪽 단지들은 섬강초등학교로 배정받고, 아래쪽 단지들은 샘마루초등학교로 배정받는다. 약간의 단점이라면 아직 고등학교가 없다는 점이다. 2025년에 고등

지방 아파트 황금 입지

학교가 개교 예정이며, 현재 고등학생 자녀를 둔 부모들은 거의 무실동으로 빠져나가고 있다. 참고로 무실동의 요진보네르카운티, 무실주공4단지, 무실주공2단지, 무실주공3단지 등이 있는 구역은 상권과 학원가를 비롯한 원주 최고의 인프라를 가진 곳이라 할 수 있다.

② 무실동

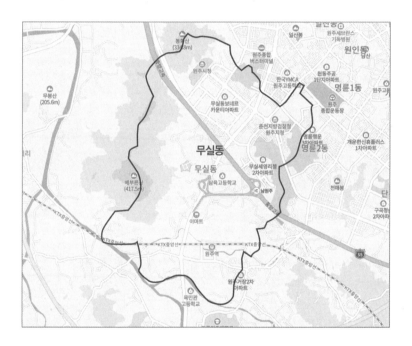

무실동은 크게 3구역으로 나누어 살펴볼 수 있다. 1구역은 시청권역, 2구역은 중심 주거 권역, 3구역은 신축~준신축 권역이다. 1구역의 시청 주변 상권은 조용하고 유동인구가 많지 않은 편이다. 시청과 시의회가 있어 주변 상권에 유관 사무실들이 있기는 하지만 한적

한 느낌이 든다. 2구역은 무실동의 핵심 구역이다. 요진보네르카운티, 무실주공4단지, 무실주공2단지, 무실주공3단지 등이 위치해 있으며, 상권과 학원가를 비롯한 원주 최고의 정주여건을 가진 곳이라 할 수 있다. 3구역은 신축과 준신축이 어우러진 곳이다. 이곳에는 검찰청과 법원이 있고, 검찰청사거리는 천안의 불당동과 유사한 느낌을 자아내기도 한다. 사랑으로부영, 무실세영리첼1차, 무실우미린 등이 위치해 있으며, 이곳의 상권과 학원가는 2구역에 크게 밀리지 않는다. 다만, 아이를 키우기에는 2구역이 더욱 적합하다.

③ 반곡동 혁신도시

지방 아파트 황금 입지

혁신도시는 원주 반곡동에 조성되는 신규 택지로, 계획인구 3만 명을 목표로 하고 있다. 국민건강보험공단, 건강보험심사평가원, 한국광물자원공사, 한국관광공사 등의 공공기관이 대규모로 이전하여 강원도 최대 행정동이 되었다. 혁신도시는 위쪽과 아래쪽, 크게 두 권역으로 구별되며, 아래쪽은 평지인 반면 위쪽은 경사가 있어 아래쪽 단지들의 선호도가 더 높다. 현지 중개사들은 원주혁신도시제일풍경채센텀포레가 향후 힐데스하임5단지급 대장이 될 것이라 예상하고 있다. 이곳은 힐데스하임5단지의 왼쪽과 왼쪽 상단에 대부분의 상권과 학원가 등의 인프라가 몰려 있어 사람들의 동선 이동이 제한적이라고 볼 수 있다.

강원도 ③ 강릉시

강원도는 크게 영서와 영동으로 나눌 수 있는데, 앞서 살펴본 춘천과 원주가 영서에 속하는 대표 도시라면, 강릉은 영동 지방을 대표하는 최대 도시다. 강릉은 관광도시이기 때문에 부동산 가격이 움직이는 사이클이 다른 지역과 다르고, 투자자나 외지인들에게 배타적인 편이므로 이를 고려해야 한다. 참고로 천안과 청주 역시 법인 투자자에게 굉장히 배타적이라 임차인을 구하기 힘들 정도다. 강릉은 인구 21만 명의 소도시이므로 중단기적인 투자로 접근해야 하며, 최근에 가장 많이 오른 곳인 만큼 신중하게 접근할 필요가 있다.

유천지구·교동

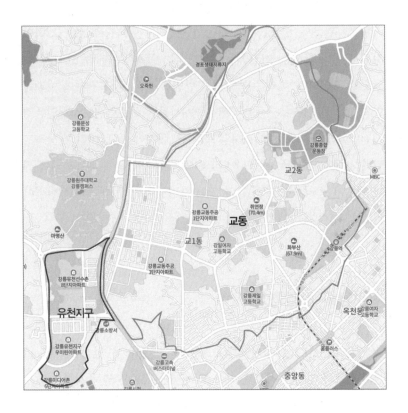

유천지구는 강릉 홍제동과 유천동 일대에 조성된 신규 택지로, 강릉의 구도심과 다르게 상권과 학원가가 깨끗하게 조성되어 있다. 강릉 최대의 주거지역이라 할 수 있는 교동에 비할 바는 아니지만, 신축을 선호하는 젊은 세대를 중심으로 성장하고 있다. 현재 가격이 매우 높게 형성되어 있으며, 바로 오른쪽에 위치한 교동의 강릉롯데캐슬 시그니처가 얼마나 흥행하느냐가 유천지구 부동산 가격의 관건이 될 것이다.

교동은 강릉 최고의 입지다. 교동의 구도심 인프라는 주로 교동주공3차 앞에 몰려 있고, 강릉 최대의 학원가도 이곳에 있다. 2000년대 초반 전후로 택지 개발이 이루어져 비교적 양질의 상권과 학원가가 형성되어 있으며, 이 때문에 강릉 사람들이 가장 선호하는 주거지다. 강릉롯데캐슬시그니처의 흥행이 관건이지만, 그와 무관하게 롯데캐슬시그니처의 입주와 함께 입지가 업그레이드될 전망이다.

충청북도 ① 청주시

인구 85만 명의 청주는 충청북도청이 위치한 충청북도의 핵심 도시이며, 최대 도시이자 교육도시다. 세종, 대전, 천안과도 가까워 지리적으로 매우 중요한 위치에 있다. 2018년 기준 청주의 지역내총생산율GRDP은 34조 원을 기록했다. 이는 광주, 대전과 유사한 수준이다. 그만큼 청주에는 SK하이닉스를 비롯한 고소득 일자리가 많다. 청주의 인구는 꾸준히 늘고 있으며, 4개 구(흥덕구, 서원구, 상당구, 청원구)로 분화되어 있을 만큼 생활권이 다양하게 펼쳐져 있다. 4개 구 중에서 시세를 이끄는 곳은 흥덕구로, 전국 투자자들이 눈여겨보는 복대동과 오송 등이 있다.

① 오송읍

청주에서도 미래 입지가치가 뛰어난 곳 중 하나가 바로 오송이다. SRT와 KTX가 오송역을 지나고 세종에서 출발하여 오송역을 지나 청주 시내로 이어지는 지하철도 추진되고 있다. 현재 오송의 인구

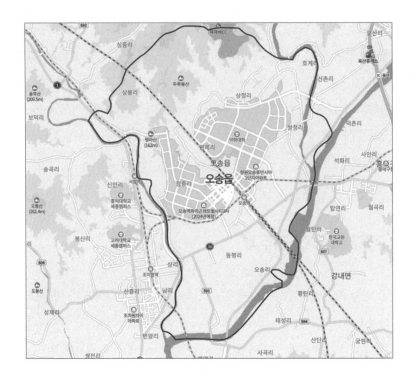

는 약 2만 5,000명이며, 2027년 계획인구 10만 명을 목표로 하고 있다. 오송은 3개 산단지구, 즉 1지구, 2지구, 3지구로 나누어 살펴볼 수 있는데, 아파트 단지를 중심으로 2010년부터 1지구만 조성된 상태다. 2지구는 2024년에 대부분이 입주할 예정이며, 3지구는 아직 시간이 필요하다. 1지구의 모든 단지는 10~12년 차 준신축이며, 브랜드, 연식에 큰 차이가 없어 대장이라고 꼽히는 아파트가 없다. 다만 모아미래도, 힐데스하임, 호반베르디움 등 연제저수지가 보이는 일부 매물에 프리미엄이 붙어 있는 것이 특징이다.

지방 아파트 황금 입지

② 오창읍

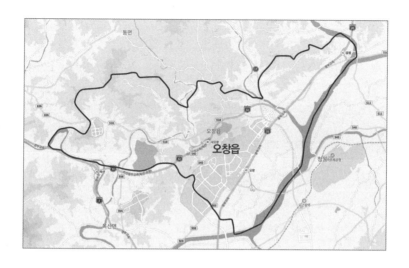

오송 위쪽에 위치한 오창의 인구는 약 7만 명이며, 오창과학산업단지가 위치해 있다. 읍 단위지만 인구가 많고 깨끗하게 잘 닦인 신규 택지이기 때문에 청주 내에서도 실거주지 선호도가 높은 지역이다. 최근 방사광가속기의 유치 소식으로 주목을 받았는데, 현재는 조금 조용한 상태다. 그러나 오창과학산업단지에 200여 개의 첨단 관련 업체가 입주해 있어 오창의 전망은 나쁘지 않다. 오창은 동북쪽과 남서쪽, 두 구역으로 나누어 아파트 단지들이 형성되어 있다. 두 구역 모두 괜찮지만 나는 남서쪽 단지들을 더욱 추천한다. 좀 더 오래됐지만 그만큼 생활 인프라가 잘 조성되어 있으며, 주변 산단으로 출퇴근하는 사람들이 주로 거주한다. 한라비발디와 쌍용스윗닷홈오창예가 왼쪽과 우림필유1차 위쪽의 메가박스와 홈플러스 라인의 상권이 활발하다.

③ 복대동

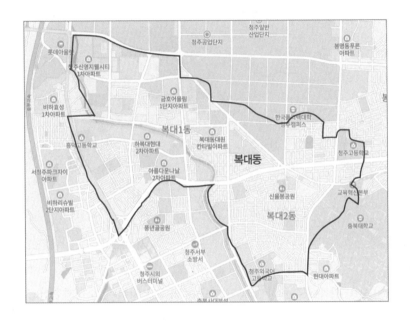

청주에서 가장 대장지역인 흥덕구, 그중에서도 시세를 가장 선도하는 부촌이 바로 복대동이다. 복대동은 크게 두 구역으로 나누어 살펴볼 수 있는데, 위쪽에는 SK하이닉스, 산단과 맞닿은 신규 택지인 대농지구 그리고 밑쪽의 하복대라 부르는 구축 단지들이 모여 있다. 대농지구의 대장은 고급화 콘셉트의 주상복합 아파트인 지웰시티1차이며, 지웰시티2차가 시세를 따라가고 있다. 하복대에 위치한 구축 단지들 역시 생활 인프라가 훌륭하고, 대농지구의 인프라를 같이 이용할 수 있다는 것이 최대 장점으로 꼽힌다.

대농지구는 청주 현지인과 투자자들의 의견이 극명하게 갈리는 곳이다. 청주 현지인은 대농지구에 대한 평가가 박한데, 대농지구가

지방 아파트 황금 입지

공장들과 맞닿아 있고 상권이 단지 내에 진입해 있기 때문이다. 일반적으로 상권이 단지 가까이에 있는 것은 긍정적 요소지만 대농지구 지웰시티2차처럼 백화점, 아울렛 등을 품고 있는 경우 상권의 수요가 청주 전역, 충청도 전역에서 몰리기도 한다. 따라서 실거주자들에게는 혼잡도를 높인다는 단점이 있다.

하지만 이런 이유로 투자자들은 선호한다. 지웰시티2차 맞은편에는 약국, 병원, 학원, 카페, 맛집 등 선호 상권이 즐비하고, 지웰시티1차와 2차 사이에는 백화점과 아울렛 등이 위치해 있어 수도권에서도 찾기 힘든 수준의 인프라를 갖추었기 때문이다. 청주에 투자하고 싶다면 복대동은 필수적으로 살펴볼 필요가 있다.

④ 가경동·개신동

청주 흥덕구 위쪽에 복대동이 있다면, 아래쪽에는 가경동이 있다. 청주의 최고 학군은 대농지구에 있는 솔밭초등학교, 솔밭중학교 인근이라고 할 수 있는데, 그다음으로 손꼽히는 곳이 바로 가경동이다. 청주고속버스터미널, 청주시외버스터미널이 위치한 구도심으로, 과거 대농지구가 개발되기 전까지 이곳이 청주의 중심이었다. 버스터미널을 중심으로 롯데마트와 홈플러스가 있으며, 유흥 상권과 선호 상권이 혼재해 있다.

가경동은 크게 가경1동과 가경2동으로 나뉜다. 가경1동에는 구축 단지들이 위치해 있으며, 서경초등학교 아래쪽의 상권과 학원가 그리고 개신동 개신푸르지오와 주공그린빌3단지 사이에 있는 항아리 상권이 주된 인프라다. 서현동이라고도 불리는 가경2동에는 신축과 준신축이 주로 위치해 있으며, 호반베르디움, 한라비발디, 대원칸타빌, 가경e편한세상 앞으로 상권과 학원가가 길게 늘어서 있다. 개신동을 따로 떼어 살펴보기보다는 가경동과 하나의 생활권으로 보는 것이 더욱 좋다.

⑤ 산남동·분평동

산남동과 분평동은 서원구에 위치한 지역이다. 산남동은 청주지방법원, 검찰청, 청주교육지원청 등이 자리 잡은 2000년대에 조성된 신규 택지이고, 분평동은 청주의 대표적인 구축 아파트 주거벨트 라인 중 한 곳으로 1990년대에 조성된 신규 택지다.

산남동은 중앙에 있는 산남로를 따라 프랜차이즈 상권과 학원가가 조성되어 있다. 산남동의 아파트는 2007년식으로 연식이 같은데, 이 중 산남푸르지오와 대원칸타빌이 대장 단지 역할을 하고 있다.

지방 아파트 황금 입지

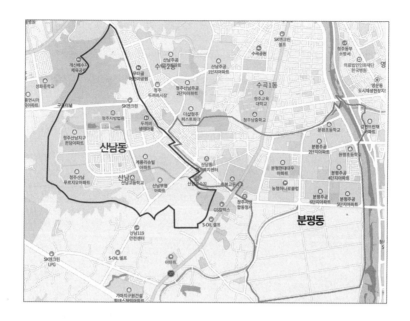

분평동은 바둑판 배열로 잘 짜여진 전형적인 신규 택지 지역으로,
분평뜨란채1단지와 현대대우 왼쪽으로 상권과 학원가가 몰려 있다.
실거주자들이 선호하는 대장 아파트는 현대대우지만, 분평동은 과거
부터 소액 투자자들이 선호하는 지역이기 때문에 오히려 저가 주공
아파트들의 매매, 전세 거래가 활발하게 이루어지고 있다.

충청북도 ② 충주시

충주는 면적이 서울의 1.6배에 달하고 충청도의 '충' 자를 '충주'
에서 따왔을 만큼 굉장히 큰 도시지만, 현재 인구는 21만 명에 불과
하다. 하지만 서충주신도시 사업과 호암지구 개발로 제2의 도약을 꿈

꾸고 있다. 충주에서 가장 기대되는 지역은 중앙탑면과 대소원면 일대에 위치한 서충주신도시다. 그러나 인프라가 언제 조성될지 확실하지 않은 점, 금액적인 부분에서 갭이 아직 큰 점, 전세가율이 낮은점, 부족한 편의 인프라로 실거주 만족도가 낮은 점 등의 이유로 당장진입하기에는 리스크가 있어 지켜볼 필요가 있다. 따라서 충주에서는 서충주신도시를 제외한 충주 시내의 호암지구와 연수지구, 칠금동을 알아보자.

① 호암지구

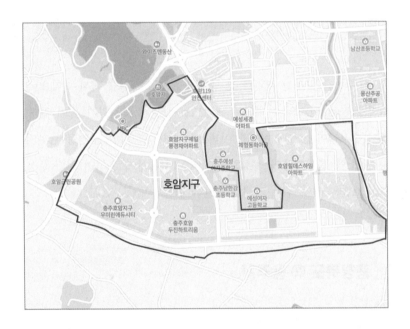

충주 시내에서도 외곽지였던 호암동의 빈 땅을 신규 택지로 개발한 곳이 바로 호암지구다. 2019년부터 입주하기 시작했으며, 호암지

지방 아파트 황금 입지

구의 대장은 호암힐데스하임이나 대장 아파트라고 말하기 무색하게 입지나 가격 차이가 크지 않다. 호암지구 내에 초·중·고등학교가 있어 자녀 통학이 편리하다는 장점이 있다. 호암지구는 서충주신도시에 비해 구도심에 더 가까워 인프라가 훨씬 훌륭하고, 호암지가 인근에 있어 훌륭한 자연환경까지 갖추었다. 게다가 현지 주민들은 공단과 붙어 있는 택지보다는 전통적인 구도심 입지나 구도심 인근의 택지지구를 더 선호하는 경향이 있다. 따라서 호암지구와 같은 구도심 인근 택지지구로 전세 수요가 몰리고, 투자지로서의 가치도 더욱 올라갈 전망이다. 이러한 이유로 현재 호암지구는 충주의 시세를 선도하고 있으며, 서충주신도시가 완전히 조성된다 하더라도 충주 시내에서 깨끗한 신축을 선호하는 실수요자들은 호암지구를 꾸준히 찾을 것으로 예상된다.

② 연수지구

연수지구는 2000년대 중반 신연수택지개발사업에 의해 조성된 신규 택지다. 현재 충주에서 인구와 아파트가 가장 많은 지역이다. 우리가 가장 주목해야 하는 곳은 신연수사거리에 있는 갱고개로, 연수지구의 오른쪽에 위치한 아파트 단지들이다. 세영리첼1~2단지가 비교적 연식이 좋아 신축을 선호하는 사람들에게 인기가 있고, 힐스테이트와 리슈빌은 정남향에 중대형과 대형 평형도 있어 나름의 수요를 가지고 있다. 그리고 그 아래에 있는 하나1~2차는 비록 구축이지만 연수지구의 선도 아파트들이 치고 나가면 뒤늦게 따라가는 특성을 보인다. 리슈빌 앞쪽과 세영리첼1단지 왼쪽으로 연수지구 최대의 상권과 학원가가 조성되어 있어 향후에도 실거주 수요는 탄탄할 것

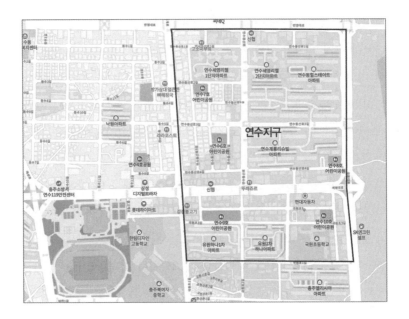

으로 전망된다.

③ 칠금동

지방에서 구도심 인프라는 터미널을 중심으로 형성된다. 충주에
서는 칠금동이 그런 경우다. 충주공용버스터미널이 있고, 롯데마트,
올리브영을 비롯한 각종 상권과 학원가들이 모여 있어 터미널을 기
준으로 방사형으로 아파트들이 둘러싸고 있는 모습이다. 이곳의 대
장은 터미널 아래쪽의 충주푸르지오로, 신축이라고 할 수는 없지만
칠금동에서는 그나마 연식이 좋아 많은 사람이 선호한다. 부영1~2차
는 복도식, 나머지는 계단식이라는 특징을 가지고 있는데, 모두 구축
이고 투자금이 적어 소액 투자자들의 선호도가 높은 편이다.

충청남도 ① 천안시

충청도에서 규모가 가장 큰 도시는 대전, 청주, 천안이다. 그중 천안은 예로부터 여러 지방과 수도를 잇는 관문도시 역할을 할 만큼 지리적으로도 우수하다. 천안은 크게 서북구와 동남구로 나뉘는데, 서북구에 천안 인구의 2/3가 거주해 이곳을 중심으로 주거 인프라가 펼쳐져 있다. 천안에는 삼성SDI, 삼성디스플레이, 현대모비스 등 굵직한 대기업 사업장이 자리를 잡은 상태이며, 여기서 파생된 협력업체와 하청업체들 역시 많이 들어와 있다. 대한민국에서 전망이 밝은 지역 중 한 곳이므로 눈여겨볼 필요가 있다.

① 불당동

중앙의 번영로를 기준으로 왼쪽은 신불당, 오른쪽은 구불당이라

불린다. 구불당에는 2000년대 초반 연식의 아파트 단지들이, 신불당에는 2010년대 중후반 연식의 아파트 단지들이 위치해 있으며, 불당동 자체가 상권과 학원가의 중심이다. 불당동의 대장 단지는 천안불당지웰더샵이며, 주변에 근린공원, 초·중학교, 생활 인프라 등 모든 것이 잘 갖추어져 있다. 입지만 본다면 구불당에 위치한 불당아이파크, 동일하이빌, 대동다숲이 실거주자들에게 굉장히 선호되며, 아쉬운 건 연식뿐이다.

지방 아파트 황금 입지

② 성성동·백석동

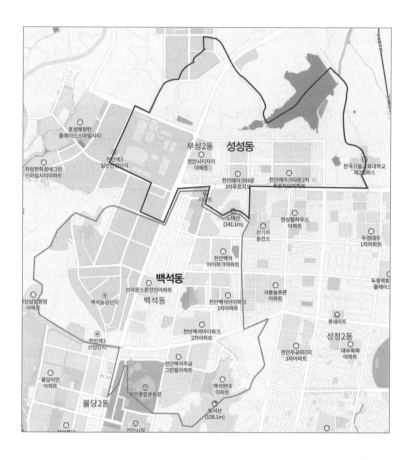

　　성성동은 천안에서 새롭게 떠오르는 지역이다. 삼성SDI 바로 오른쪽에 위치해 있어 직주근접 측면에서 유리하고, 북쪽으로 성성호수공원이 있어 자연환경 측면에서도 선호된다. 천안레이크타운3차 푸르지오 오른쪽으로 인프라가 형성되어 있으며, 앞으로도 이곳을 중심으로 상권과 학원가가 유지될 것으로 예상된다. 성성동은 예정된 초등학교와 중학교가 추가로 들어오고, 나머지 아파트 단지들이 완공된다면 나름의 입지를 형성할 것이다.

백석동은 천안에서 불당동, 성성동 다음으로 실거주자들의 선호도가 높은 지역이다. 상권과 학원가가 매우 잘 조성되어 있다고 할 수는 없지만 신축, 준신축 단지들이 모여 있다. 백석동은 백석로를 기준으로 위쪽과 아래쪽의 생활권이 분리되어 있다. 위쪽의 대장 단지는 백석아이파크2차이며, 정문 앞쪽으로 백석동의 신규 인프라들이 밀집되어 있다. 아래쪽은 그린빌2차 오른쪽에 상권과 학원가가 모여 있으며, 규모는 크지 않지만 콤팩트하다. 이곳 역시 큰 주거 단지는 아니지만 백석초등학교와 백석중학교가 있으며, 바로 아래쪽에 위치한 주거 인프라로 인해 단지 내 수요가 꾸준한 편이다.

③ 쌍용동

쌍용동은 신규 택지급으로 조성된 지역이었다. 밑으로 1호선 쌍용역이 있는 것이 특징이나 지방 특성상 이용객이 많지는 않다. 쌍용동은 불당대로를 중심으로 위와 아래를 구분하기도 하는데, 용암동 아벽산 오른쪽에 약간의 학원가가 조성되어 있고, 쌍용동 곳곳에 구도심 상가가 잘 발달되어 있다. 쌍용역 아래쪽은 이마트를 중심으로 한 상권이 제법 형성되어 있으나 그 뒤로 모텔촌이 형성되어 있는 것이 단점이다. 쌍용동은 불당동과 지리적으로 가까워 가성비 있는 주거벨트 라인으로 선호되고 있으며, 매매가와 전세가가 붙어 있어 투자자들이 많이 찾고 있다.

지방 아파트 황금 입지

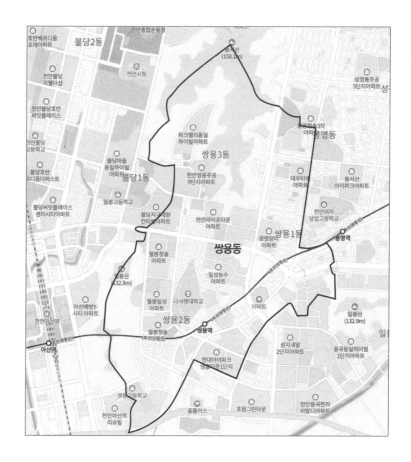

충청남도 ② 아산시

인구 34만 명의 아산은 단일 도시로는 큰 규모라고 볼 수 없지만, 바로 오른쪽에 붙어 있는 천안과의 생활권, 일자리 연계로 인해 전망이 매우 밝다. 실제로 1990년대에 현대자동차와 삼성이 들어서면서 인구가 2배 이상 성장했으며, 앞으로도 탕정신도시라는 충남권 최대

택지 개발로 인해 인구는 더욱 늘어날 것으로 예상된다. 현재 아산에는 삼성전자 반도체사업부, 삼성디스플레이, 코닝, 현대자동차, 현대모비스, KCC, 한화그룹, 신도리코, 만도, 유성기업, 농심 등 굵직한 대기업 외에도 관련 업체들이 다수 포진해 있다. 향후 탕정신도시 입주로 인해 엄청난 공급량을 앞두고 있는데, 이것만 잘 견뎌낸다면 탕정을 대표로 한 아산의 부동산적 가치는 더욱 커질 전망이다.

① 탕정면

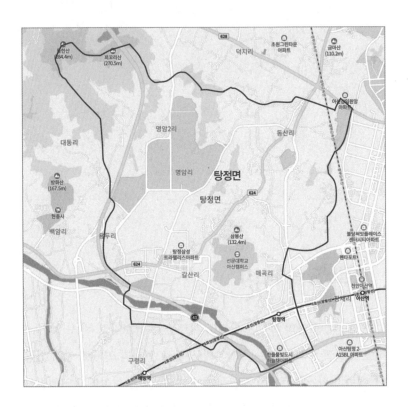

지방 아파트 황금 입지

아산의 중심 지역은 단연 탕정면이다. 앞으로 엄청난 규모의 탕정 신도시가 조성될 예정인데, 아직은 시간이 좀 더 필요하다. 탕정면의 생활권은 크게 삼성디스플레이 아래쪽의 탕정삼성트라펠리스 생활권과 1호선 탕정역 인근의 생활권으로 나뉜다. 먼저 탕정삼성트라펠리스는 거주자의 90% 이상이 삼성에 재직할 만큼 그야말로 삼성 기숙사 같은 아파트 단지다. 단지 정문 앞으로 약간의 상권과 학원가가 조성되어 있으며, 단지 뒤쪽으로 충남외국어고등학교, 탕정중학교, 탕정초등학교가 위치해 있어 실거주자들의 만족도가 높은 편이다. 탕정면 행정복지센터 뒤쪽으로 아산 지중해마을이라는 지구가 형성되어 먹자 상권이 들어서 있다.

1호선 탕정역 아래쪽으로는 지웰시티센트럴푸르지오1~3단지가 대장 입지를 차지하고 있으며, 가격대가 천안의 신불당과 맞먹을 정도로 높다. 인프라가 한창 조성되고 있는 만큼 향후 전망이 기대되는 지역이다. 그리고 오른쪽 용연마을과 연화마을에는 구축 단지들이 3~4개씩 위치해 있는데, 향후 탕정역 인근으로 상권과 학원가가 조성된다면 이곳 역시 입지가 좋아질 것으로 예상된다.

② 배방읍

배방읍은 아산에서 탕정면 다음으로 손꼽히는 지역이다. 배방역 아래쪽으로 주거 단지가 형성되어 있고, 배방역효성해링턴플레이스를 비롯한 신축 단지들이 시세를 이끌고 있다. 기존의 주거 중심지는 배방푸르지오와 중앙하이츠오르젠1~2단지였다. 이 단지들 사이 배방사거리를 중심으로 상권과 학원가 등의 주거 인프라가 조성되어 있는데, 최근에는 배방역 아래로 중심 인프라가 이동하는 모습이다.

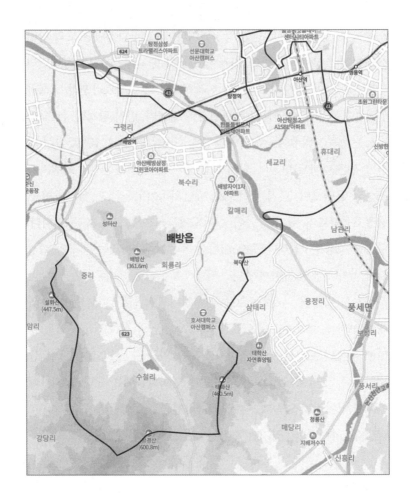

배방읍의 오른쪽에는 북수지구개발계획과 월천도시개발구역이 있
다. 시간은 필요하겠지만 만약 두 택지가 조성된다면 탕정면과의 시
너지도 더욱 커질 전망이다.

③ 둔포면

둔포면의 아산테크노밸리 택지지구도 눈여겨봐야 한다. 이곳에는

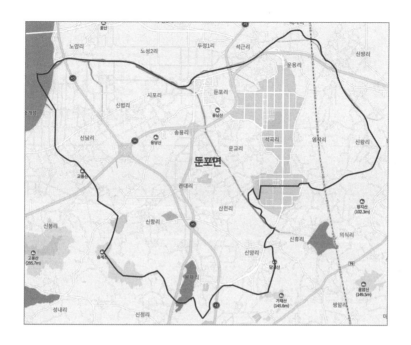

라인건설의 이지더원만 입주해 있으며, 연식이나 입지면에서 다른
단지들과 차이가 크지 않다. 학령기 아이를 둔 부모들은 3단지와 5단
지를, 유흥 상권과의 접근성을 중요하게 생각하는 사람들은 2단지와
4단지를 선호한다. 1~4단지 사이에 있는 사거리를 중심으로 학원가
와 주거 인프라가 잘 형성되어 있다. 단지들 오른쪽으로 큰 중앙공원
이 조성되어 있고, 6단지 위쪽으로 작은 저수지와 산책로가 마련되어
있어 실거주 만족도가 매우 높다. 90% 이상의 거주자가 아산테크노
밸리 근무자로, 평균 연령이 낮은 편이다. 둔포면은 아산에 속해 있기
는 하지만 물리적 거리는 평택과 천안의 직산읍, 성환읍과 더 가까워
아산의 탕정면 및 구도심보다는 그곳들에 더 큰 영향을 받고 있다.

세종특별자치시와 대전광역시

세종특별자치시

인구 38만 명을 돌파한 세종은 행정중심복합도시로, 2028년 국회의사당 이전을 앞두고 있으며, 2030년까지 인구 80만 명을 목표로 하고 있다. 평균 연령 37.7세, 출산율 1.12명으로 가장 젊은 도시이자 미래 경제 인구가 많이 늘어날 도시다. 그런데도 세종은 많은 논란이 있다. 바로 부동산 가치에 관한 논란인데, 세종 특유의 낮은 전세가율과 맞물리며 앞으로도 세종 아파트 가격에 대한 이야기는 계속 회자될 것이다. 소액 투자로 접근한다면 세종은 쉽지 않은 지역임이 분명하다. 하지만 결국 부동산은 사이클을 타기 때문에 소액으로도 투자할 수 있는 시기가 반드시 올 것이다. 그때를 대비해 현재 완성된 세종의 생활권(1~3생활권)을 중심으로 알아보자.

① 도담동·아름동·종촌동

　먼저 1생활권에서 가장 선호되는 지역 중 한 곳인 도담동을 살펴
보자. 현재 세종에서 가장 인기가 많은 중학교인 양지중학교가 위치
해 있다. 아쉬운 점은 도담동에서 양지중학교에 배정받을 수 있는 곳
은 도램마을9단지와 14단지뿐이라는 점과 상권이나 학원가가 아름
동에 밀린다는 점이다. 도담동의 최대 장점은 정부청사와 가깝다는
것인데, 앞으로 정부청사가 위치한 어진동에 신축 아파트가 입주를
시작한다면 입주가 끝날 때까지 도담동은 힘을 내기 어려울 수도 있
다. 그런데도 세종은 시 전체가 동일한 인프라를 배치받아 설계된 만

큼 크게 뒤처지지는 않을 것이다. 도담동에서는 앞서 언급한 도램마을9단지와 14단지를 주목해야 하는데, BRT'Bus Rapid Transit 정류장 역시 이 부근에 위치하는 만큼 앞으로도 도담동 내에서의 입지를 고수할 것이다.

아름동은 도담동과 함께 1생활권에서 가장 선호되는 지역으로, 1생활권 내에서 최대 학원가를 가지고 있다. 세종시립도서관(행정상으로는 고운동이지만 아름동 사람들이 많이 이용)을 비롯해 아름동에서 가장 인기가 많은 아름중학교가 있고, 위쪽으로는 세종국제고등학교와 세종과학예술영재학교까지 있다.

아름동 아래쪽에 위치한 종촌동은 가운데를 지나가는 제천을 중심으로 아파트 단지들이 분포되어 있다. 대부분의 학원가를 비롯한 인프라는 제천근린공원 오른쪽에 자리 잡고 있으며, CGV가 있는 종촌중학교 오른쪽에 약간의 상권이 형성되어 있다.

② 다정동·새롬동·나성동

이번에는 2생활권의 정주 중심지라 할 수 있는 다정동과 새롬동을 살펴보자. 이 두 곳은 현재 세종에서 가장 많은 아이들과 부모들을 볼 수 있는 곳이며, 그중에서도 새롬동은 세종 내에서 최대 학원가, 최고 학군을 형성하고 있다. 다정동은 새롬동에는 미치지 못하지만 나름대로 우수한 퀄리티의 학원가를 갖추고 있다. 다정동은 가온마을5단지와 8단지 사이에, 새롬동은 새롬초등학교와 새롬고등학교, 새뜸초등학교와 새뜸중학교 사이에 정주 인프라가 집중되어 있다. 특히 새롬동에는 세종을 비롯한 전국구 워너비 단지인 새뜸마을10단지가 있으며, 소형 평형부터 54평 대형 평형까지 갖추고 있다.

지방 아파트 황금 입지

　2생활권에서 다정동과 새롬동이 정주를 맡고 있다면, 나성동은 세종 최대 상권지 및 유일한 유흥지 역할을 맡고 있다. 초고층 주상복합으로만 구성되어 있으며, 그 위용은 이곳이 세종인지 뉴욕인지 알기 어려울 정도다. 백화점 부지로 예정되어 있는 곳이 아직 비어 있는데, 백화점이 언제 들어설지 알 수 없는 점은 참으로 아쉽다. 또 나성동 중앙에 길게 자리 잡은 복합상가 마크원애비뉴의 공실률이 커 걱정하는 사람이 많은데, 현지에서는 세종에서 유일하게 유흥 상가가 자리 잡을 수 있는 지역인 만큼 시간문제일 뿐 결국 공실 문제는 해결될 것이라고 믿고 있다. 나성동의 단지들은 모두 주상복합이기 때문에 일장일단이 있으며, 세종의 펀더멘탈을 생각한다면 결국 희소성을 갖고 그 가치를 유지할 것이라 예상된다.

③ 보람동·소담동

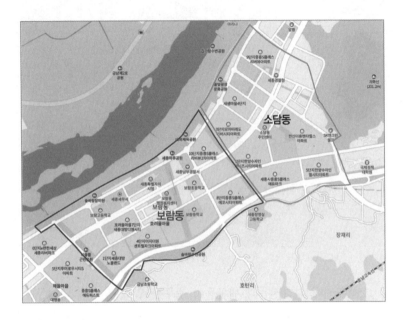

　금강을 건너면 세종의 3생활권으로 넘어오게 된다. 정부청사가 위치한 1생활권이 대한민국 중앙 정부의 행정을 담당한다면, 세종시청과 시의회가 위치한 3생활권은 세종의 행정을 담당한다. 3생활권의 가장 왼쪽에는 세종고속시외버스터미널과 코스트코가 위치한 대평동이 있는데, 투자자들이 가장 주목하는 지역은 보람동과 소담동이다. 보람동과 소담동의 금강뷰 매물에는 프리미엄이 붙어 있고, 이 단지들 옆에 수변공원이 있어 그 가치가 더욱 높다. BRT가 지나는 한누리대로를 기준으로 아래쪽 단지들은 상대적으로 저렴하며, 3생활권에 처음 진입한 사람들이 많이 거주하고 있다. 한누리대로 위쪽 단지들은 금강뷰와 수변공원의 존재로 인해 3생활권에서 가장 인기가 많다. 3생활권의 또 하나의 특징은 대전의 수요와 공급을 어느 정도 공유한다는 것으로, 특히 대전의 유성구와 가까워 3생활권에서 대전으로 혹은 대전에서 3생활권으로 출퇴근하는 경우가 많다.

대전광역시

대전은 대한민국 중심에 위치한 충청도 제1의 도시다. 중부지방과 영남, 호남을 잇는 교통의 요지로 대덕연구단지, 국제과학비즈니스벨트가 조성되어 있는 대한민국 최대의 과학도시이자 연구도시다. 또한 정부대전청사와 국군 군사 교육·훈련시설이 밀집되어 있는 중요한 중추도시 중 하나다. 대전은 인구가 많이 줄었다고는 하나, 대부분 세종으로 이동한 만큼 범대전권의 영향력은 오히려 늘었다고 봐야 한다. 세종과 대전이 성장의 궤를 같이하기에 세종과 함께 부동산적 가치의 시너지를 낼 전망이다. 또한 정부가 관할하는 2기 신도시 도안의 미래가치와 대한민국 학군의 탑클래스에 해당하는 서구 둔산동이 아직 건재하므로 대전의 미래는 매우 밝다.

① 도안신도시

도안신도시는 2001년 택지개발지구로 지정된 후 2003년부터 개발이 시작된 대전 서남쪽의 2기 신도시다. 서대전에서 노은지구와 함께 대표적인 택지지구로 자리 잡았으며, 크게 1, 2단계와 3단계, 두 생활권으로 나뉜다. 도안2단계는 아직 개발 중이고, 도안3단계는 행정상으로 유성구가 아닌 서구에 속해 있어 생활권 자체가 서구의 관

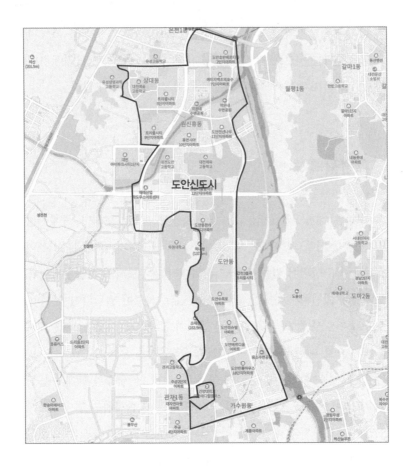

저동 생활권을 공유한다고 보아야 한다. 하지만 도안1~3단계가 모두 개발된다면 계획인구 15만 명의 대규모 택지지구가 완성되는 것이며, 유성구의 구도심 유성온천역에서 대전 서남부의 중심 택지지구 관저동까지 모두 이어지기 때문에 도안신도시는 무시할 수 없는 규모로 성장할 것이다. 도안신도시 내에 트램이 설치된다는 계획이 있지만 아직 시간이 많이 필요한 사안이므로 지금은 논외로 두자.

지방 아파트 황금 입지

② 반석동·지족동

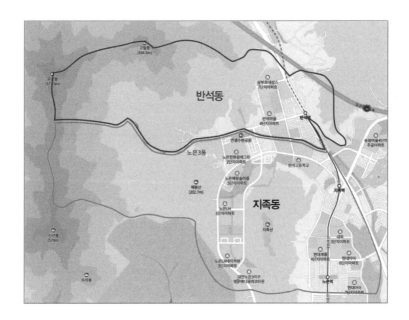

　대전에서 세종의 3생활권과 가장 가까운 지역은 유성구의 반석동과 지족동이다. 이 두 곳은 2000년대 초반에 형성된 택지지구로, 대전 지하철 1호선인 반석역, 지족역, 노은역이 지나는 곳에 자리 잡고 있다. 반석동은 반석로와 반석동로가 만나는 사거리에 최대의 상권이, 지족동은 노은역을 중심으로 최대의 상권과 학원가가 형성되어 있다. 2010년 중반에 지족동의 서부~서북부에 노은지구의 신규 택지가 개발되었는데, 이곳은 신축이라는 장점이 있으나 정주 인프라가 기존의 반석동과 지족동에 몰려 있다는 단점이 있다. 특히 지족동 노은역 인근 단지들은 구축임에도 불구하고 대전 서북부 최대 학원가 지대이기 때문에 나름의 수요를 형성하고 있다.

③ 둔산동

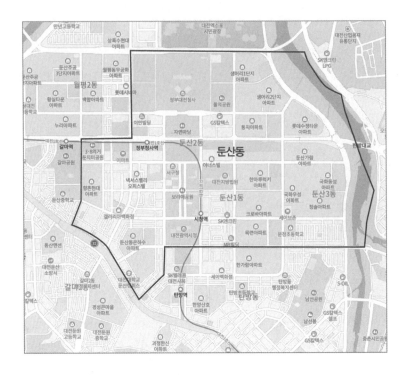

　충청권 최고의 입지를 꼽는다면 단연 대전, 그중에서도 서구, 그 안에서도 둔산동이다. 행정과 학군의 중심지로, 한밭초등학교와 충남 고등학교는 전국구 탑클래스 학교로 손꼽힌다. 1990년대 초반 중앙 정부와 대전이 합작하여 새롭게 개발된 택지지구가 바로 둔산지구이 며, 둔산동의 지형적 모습은 서울의 강남과 유사하다. 둔산동에서도 최고의 입지를 꼽자면 한마루삼성과 럭키, 크로바, 목련인데, 이 단지 들은 모두 한밭초등학교에 배정된다는 공통점이 있다. 또한 목련아 파트가 품고 있는 탄방중학교와 충남고등학교 역시 굉장히 선호되는 학교이기 때문에 이 단지들 주변으로 충청권 최대의 학원가와 상권이 자리 잡고 있다. 최근 윤석열 정부에서 추진 중인 1기 신도시 특별법에 지방 1기 신도시 중 둔산동이 포함되어 있어 중장기적으로도 둔산동의 입지는 그 가치를 유지할 것으로 전망된다.

④ 전민동·도룡동

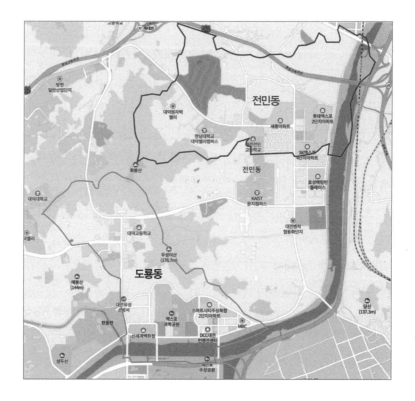

전민동의 전민중학교 오른쪽으로 엑스포1~5단지가 큰 주거벨트 라인을 형성하고 있으나, 연식이 모두 1994년식으로 세종이나 도안

신도시로 신축 수요를 빼앗기고 있는 상황이다. 인프라가 부족한 수준이지만, 대덕연구단지와 카이스트가 있어 연구원, 교수, 석박사들이 많이 거주하고 있다. 그런 영향으로 대전문지중학교와 대전전민고등학교는 아직도 꽤 선호되고 있다. 이곳에서는 문지동의 효성해링턴플레이스가 그나마 신축(2017년식)인데, 주변 상권이나 학원가가 부족해 큰 힘을 내지 못하고 있다.

도룡동은 크게 두 권역, 즉 신축인 도룡SK뷰가 위치한 북쪽과 스마트시티 주상복합이 위치한 남쪽으로 나뉜다. 도룡SK뷰를 제외하면 제대로 된 모습을 갖춘 아파트 단지가 없는 것처럼 보인다. 대부분이 사원아파트, 교수아파트, 연구원아파트이기 때문이다. 하지만 대한민국 최고의 수뇌들이 거주하는 곳인만큼 집값이 만만치 않으며, 연구단지사거리에 작지만 상권과 학원가 같은 인프라가 모여 있다. 게다가 도룡동의 대덕초등학교, 대덕중학교, 대덕고등학교는 학구열이 높기로 유명하다.

스마트시티 주상복합이 위치한 도룡동의 남쪽은 분위기가 약간 다르다. 신세계백화점과 엑스포타워, 기초과학연구원, 컨벤션센터, TJB 대전방송 등 대전 과학 인프라의 중심이라고 할 수 있는 시설들이 모여 있다. 스마트시티2단지와 5단지는 비록 연식이 조금 되긴 했지만(2008년식) 아직도 높은 가격을 형성하고 있다.

광주광역시와
전라도

광주광역시

인구 143만 명, 전라도에서 가장 큰 도시이자 지방 5대 광역시 중 하나인 광주는 대표적인 단핵도시인 대구와 다르게 생활권이 여기저기에 고르게 퍼져 있는 다핵도시다. 이는 지형적 특색으로 인한 것인데, 생활권을 구분할 만한 산이나 큰 강이 많지 않아 택지지구의 개발이 비교적 용이했기 때문이다. 이는 투자적으로 접근할 때도 분명 시사하는 점이 있다. 광주의 대장지역인 봉선동을 제외하고는 특별히 아주 비싼 지역은 없으며, 심지어 봉선동조차 대장 단지를 제외하면 접근 불가능한 금액대가 아니다. 이는 광주의 지형에 따른 부동산적 특징으로, 고르게 자리 잡은 생활권이 급등과 급락이 아닌 꾸준한 우상향을 보여주기 때문이다. 따라서 광주는 짧은 시간 내에 큰 수익을 얻지는 못할 수 있지만, 그만큼 역전세나 매매가의 급락이 흔치 않아 안정적인 투자가 가능하다. 최근에는 광주 남구 아래쪽으로 나주혁신도시가 조성되어 광주의 일부 지역과 나주가 영향을 더욱 크게 주고받게 되었다. 특히나 광주 남구의 효천지구는 나주혁신도시와 수요·공급을 공유하기 때문에 앞서 살펴본 세종과 대전 유성구의 관계를 참고하면 많은 도움이 될 것이다. 광주에서 가장 아쉬운 것은 일자리다. 광주의 향토 그룹이라고 할 수 있는 금호, 기아차 공장, 삼성전자 광주사업장, 현대위아 광주사업장을 제외하면 굵직한 대기업을 찾기 힘들다.

① 수완지구·신창지구·운남지구

수완지구는 성덕교를 중심으로 왼쪽과 오른쪽 생활권이 구별되는데, 왼쪽은 상권이, 오른쪽은 학원가가 발달되어 있다. 광주의 최고 학군지는 명실공히 봉선동이다. 봉선동 다음으로 학구열이 높은 곳, 아이 교육에 좋은 곳은 바로 수완지구다. 수완지구의 대장 단지는 장신로를 기준으로 위쪽의 대형 평수들이 차지하고 있다. 원당산공원 뷰와 수완호수공원뷰가 나오는 일부 단지는 약간의 프리미엄이 붙어 거래되고 있다. 수완지구 아래쪽은 현재 신가동재개발지가 이주 및 철거 단계에 있으며, 약 4,000세대에 달하는 대규모 신규 단지가 들어설 예정이다.

장신로를 따라가다 보면 수완지구 바로 오른쪽에 2000년대 중반 연식의 신창지구가 있다. 수완지구만큼은 아니지만 상권과 학원가, 학교 등이 오밀조밀하게 잘 조성되어 있다. 세대수는 적지만 신창초등학교를 마주보고 있는 호반베르디움3차가 가장 선호도가 높다. 아쉬운 점은 신창지구의 수요는 언제나 수완지구로 향한다는 것이다.

운남지구는 수완지구의 남쪽과 맞닿아 있는, 1990년대에 조성된

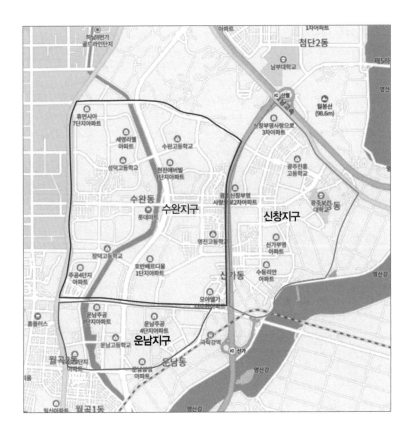

주공 위주의 구도심 지구다. 수완지구와 붙어 있는 주공8단지, 6단지, 5단지는 사실상 수완지구의 인프라를 직접적으로 이용할 수 있어 선호도가 높다. 운남지구는 광주 광산구에서 처음 전입을 오는 신혼부부, 서민 실수요자들이 많이 자리 잡는 곳으로, 신창지구와 마찬가지로 수완지구로 이동하려는 수요가 많은 것이 특징이다.

② 상무지구·유촌동·동천동

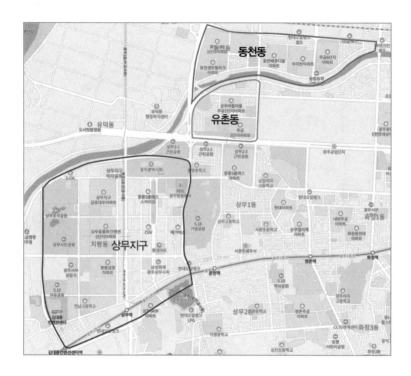

　　광주 서구 치평동 일대에 자리 잡은 상무지구는 광주의 대표적인 구도심 택지지구 중 하나다. 택지지구로서의 역할뿐만 아니라, 광주 광역시청, 법원, KBS광주방송국, 5·18기념공원, 상무시민공원, 광주천, 상무병원, 먹자골목 등 행정, 상권, 자연환경 등 훌륭한 정주 인프라를 갖춘 곳으로 유명하다. 다만, 중앙 상권 내에 유흥상가가 다수 혼재되어 있다. 이는 상무지구의 일장일단에 해당하므로 마냥 나쁘다고는 할 수 없지만, 택지지구에 부정적인 영향을 미치는 것은 사실이다.

중앙의 운천초등학교가 가장 선호도가 높아 운천초등학교 인근 단지들이 인기가 많으며, 대형 평형을 원하는 사람들은 김대중 컨벤션센터 왼쪽의 갤러리303을 찾는다. 갤러리303 위쪽으로 광주의료원이 들어설 예정이라고 하니 관심을 갖고 지켜볼 필요가 있다. 이외에 상무중앙로로 광주2호선이 들어설 예정이다.

상무지구 동북쪽에 유촌동과 동천동이 있는데, 이곳은 우리가 흔히 말하는 상무지구에 해당하지는 않지만 같은 부동산 흐름을 보인다. 상무지구와 같이 오른쪽에 기아차 공장을 지척에 두고 있어 기아차에 근무하는 사람들의 수요를 받으며, 상무지구 내 시청과 법원 근무자의 수요도 존재한다. 상무지구와 유촌동, 동천동 모두 출퇴근 시간에 차량 통행량이 많으니 이 점을 염두에 두기 바란다.

③ 봉선동

광주의 시세를 주도하는 최고 지역은 누가 뭐라 해도 봉선동이다. 문성중·고등학교, 동아여자중·고등학교 등 학업성취도가 우수한 학교들이 소재해 있다. 불로초등학교와 조봉초등학교 역시 학구열이 높은 학교로 유명하다. 봉선로를 기준으로 남쪽은 경사가 있으며, 북쪽은 평지라는 특성이 있다. 그래서 상대적으로 남쪽이 인기가 없을 것 같지만, 이곳에 불로초등학교와 조봉초등학교가 있어 아이를 키우는 부모들의 선호도가 높다. 또 왼쪽의 제일풍경채가 이곳의 유일한 신축으로 시세를 이끌고 있다. 봉선동에서 가장 아쉬운 점은 구축이 많다는 것인데, 재건축 사업성이 좋지 않다는 것이 치명적이다. 그럼에도 광주의 대장지역이고 거주민들의 소득이 높기 때문에 향후 재건축이나 리모델링이 진행될 가능성이 크다. 아직 시간은 많이 필

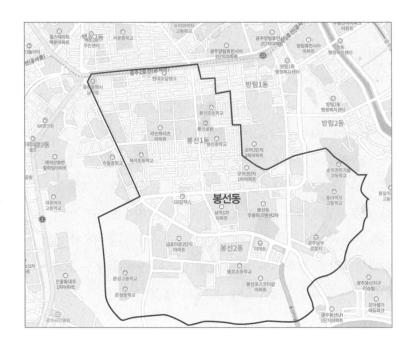

요하지만 만약 재건축이 된다면 삼익1차가 그 시발점이 될 것이다.

④ 일곡동

일곡동은 광주 북구에서 최북단에 위치한 택지지구로, 2000년에 조성되기 시작했다. 일곡마을로를 기준으로 위쪽은 중형~중대형 평형이, 그 아래쪽은 중소형~소형 평형이 주를 이루고 있다. 일곡동은 청솔 단지가 많아 호불호가 갈리지만, 일곡동만의 장점을 가지고 있다. 청솔 아파트는 전국에 매우 많이 퍼져 있는데, 대부분이 복도식이며 건축 자재나 마감 등이 타 브랜드에 비해 아쉽다는 평가를 받고 있다. 무엇보다 소형 평수 위주라 가치 상승에 한계가 있어 저렴하다는 장점이 있다. 하지만 수요가 적어 안전성 측면에서는 조금 아쉽다.

지방 아파트 황금 입지

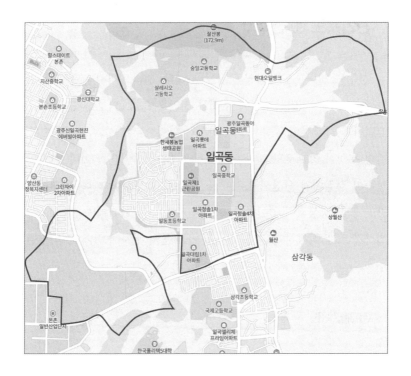

　일곡동에는 살레시오중·고등학교, 숭일고등학교, 고려중·고등학교 등 광주의 굵직한 학교들이 분포해 있으며, 광주 패밀리랜드는 현재 새로운 사업자를 공모하여 재개발할 계획이다. 그리고 일곡동 아래쪽의 항아리 상권에는 은행, 병원, 상가, 학원가 등 온갖 생활편의 시설이 잘 조성되어 있으며, 유동인구도 상당히 많다. 이곳이 일곡동 정주 인프라의 중심이기 때문에 이곳 주변 단지들을 선호하는 사람이 많다. 특히 일곡동에는 공시지가 1억 원 이하 단지가 많아 다주택 투자자들이 꾸준히 찾고 있다. 만약 일곡동에 접근하고자 한다면 전세를 잘 맞출 수 있을지 꼼꼼하게 살펴야 한다.

전라북도 ① 전주시

전주는 인구 65만 명의 중규모 도시로, 전라도에서 광주 다음으로 큰 도시다. 전라북도청이 소재한 전라북도 제1의 도시인 전주는 고덕산과 금강산의 구릉지부터 만경강 방향으로 도시가 발전했으며, 지형 특성상 앞으로도 신규 아파트를 지을 땅이 많은 편이다. 이것이 전주의 장점이자 단점이므로 투자 전략을 잘 세워야 한다. 학원가가 곳곳에 잘 형성되어 있어 아이를 키우기에 좋은 환경이며, 앞으로 전세가가 크게 떨어지지 않을 것이다. 이는 분명 투자에 있어 장점이 될 수 있다.

① 에코시티

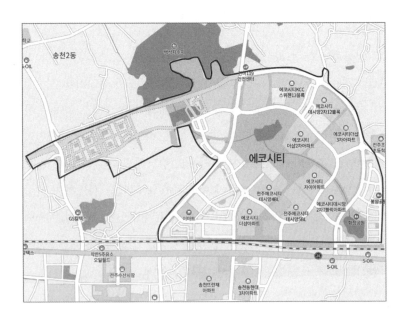

지방 아파트 황금 입지

에코시티는 명실공히 전주의 대장지역이다. 기존의 군부대가 이전하면서 조성된 신규 택지로, 전주의 서북부 도시 확장 계획의 일원이다. 학원가는 에코시티 북부쪽인 전주에코시티KCC스위첸 오른쪽에 형성되어 있으며, 상권은 남부쪽인 세병남로와 로터리 사이에 형성되어 있다. 세병공원 조망이 나오는 중앙 일부 매물에 프리미엄이 붙어 있고, 공원과 근접한 단지들은 공원 이용 측면에서 장점이 부각된다. 에코시티에는 완주군 봉동으로 출퇴근하는 수요가 많으며, 이들의 소득은 높은 편이다. 이는 향후 에코시티의 가격을 잘 받쳐줄 수 있음을 의미한다. 물론 전주는 신규 택지의 공급이 용이하기에 언제든 새로운 신규 택지와 신축 단지 등장의 위협을 받을 수 있지만, 현재로서는 공급계획상 시간이 많이 남아 있으므로 에코시티는 당분간 전주의 대장을 사수할 가능성이 높다.

② 혁신도시

전주혁신도시는 전주와 완주군의 일부가 걸쳐 있는 지역으로, 혁신도시라는 이름답게 농촌진흥청, 한국국토정보공사, 국민연금공단, 국민연금공단 기금운용본부, 한국전기안전공사, 전북개발공사 등이 소재해 있다. 전주 내에서 에코시티와 함께 가장 선호되는 지역 중 한 곳이며, 2020년 7월 주상복합인 대방디엠시티가 입주하면서 높은 가격을 형성하고 있다. 혁신도시는 전주의 도시 개발 방향 중 하나인 서북권 개발에서 서부신시가지와 함께 한 축을 이루며, 여러 공공기관이 있어 수요가 확보된 상태이기 때문에 선호도가 높다. 혁신도시 오른쪽 만성지구에는 법원과 경찰청이 있고 신축 단지들로 구성되었지만, 아직까지는 정주 인프라가 부족한 편이다. 혁신도시 단지 중 일

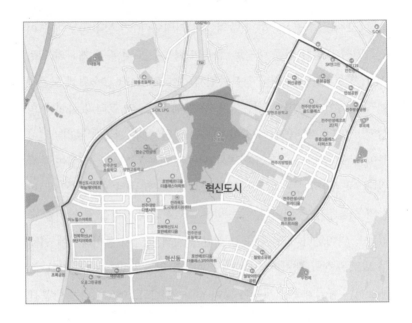

부는 행정상 완주군에 속하기 때문에 바로 옆 전주에 속하는 단지들과 많게는 1억 원 가까이 차이가 나기도 하니 이 점을 주의할 필요가 있다.

③ 효자동1가·삼천동1가

효자동1가와 삼천동1가는 나름의 학원가를 갖춘 주거벨트 지역으로, 왼쪽의 효천지구를 비롯한 효자동2가의 약진으로 수요가 탄탄해진 곳이다. 하지만 구축으로만 이루어졌기에 상승에 한계가 있다. 홈플러스와 CGV가 위치한 용머리와 남쪽 용리로에 대부분의 정주 인프라가 몰려 있다. 이곳의 단지들은 시세가 같이 움직이는 모습을 보이기 때문에 특정 단지만 노리기보다는 지역의 흐름을 체크하는 것이 더욱 중요하다.

지방 아파트 황금 입지

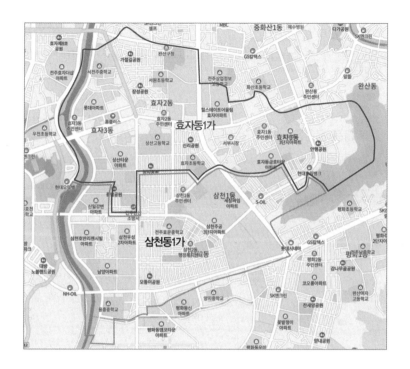

전라북도 ② 익산시

익산은 인구 27만 명의 소도시로, 전주, 군산과 함께 전라북도의 3대 도시로 불린다. 지리적으로 충청도와 전라도를 잇는 경계 지점에 있기 때문에 익산역에 KTX와 SRT가 정차하는 철도 강세 도시다. 이런 익산역의 철도 인프라를 살려 KTX익산역 복합개발을 추진 중이다. 익산역을 중심으로 주거, 상업, 업무, 산업시설을 조성한다는 계획인데, 노후된 익산산단을 도심형 첨단산업단지로 변화시키는 재생사업과 어우러진다면 익산은 한 단계 도약할 가능성이 크다. 다만, 두 사업 모두 시간과 민간의 참여가 필요한 만큼 잘 지켜봐야 한다. 그러나 점점 인구가 줄어가는 타 지방 도시들에 비해 도시 발전 가능성을 이끌 호재가 존재한다는 것은 투자자들에게 좋은 시그널이라 할 수 있다.

① 마동·동산동

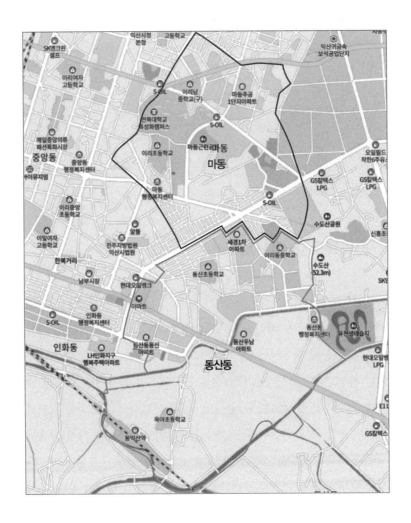

지방 아파트 황금 입지

익산에서 노후화가 가장 심한 구도심은 단연 마동과 동산동이다. 그만큼 주거 선호도가 떨어진다. 하지만 최근 마동에 익산자이그랜드파크, 익산제일풍경채센트럴파크 등이 분양하며 인기를 끌었고, 동산동에 이주 및 철거를 기다리는 단지들이 있어 입지와 인식이 단기간에 변할 가능성이 크다. 특히 익산자이그랜드파크와 익산제일풍경채센트럴파크는 공원 일몰제로 단지와 공원을 조화롭게 구성할 예정이어서 익산 사람들의 기대가 굉장히 크다. 이밖에도 마동주공1차와 2차가 모두 재건축을 추진하고 있어 향후 가치는 더욱 높아질 전망이다.

② 영등동·어양동·부송동

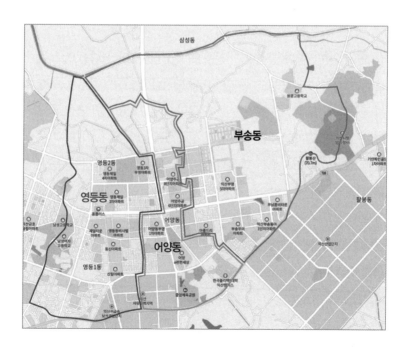

익산에서 가장 선호되는 입지는 영등동, 어양동, 부송동으로 이어지는 주거벨트 라인이다. 그중에서도 영등동의 선호도가 가장 높으며, 이곳에 익산의 최대 상권과 학원가가 형성되어 있다. 아쉬운 것은 대부분의 단지가 구축이라는 점, 최근 소액 투자자들이 많이 진입해 가파른 상승을 보였다는 점이다. 현재 이 3개 동에서 가장 선호되는 아파트 단지는 e편한세상어양이며, 부송동에 위치한 포레나익산부송은 주상복합 상품으로 인기를 끌고 있다. 익산은 신축에 대한 목마름이 강한 편인데, 규모가 크진 않지만 부송동 오른쪽으로 부송4지구 도시개발사업이 계획되어 있어 향후 신축이 들어설 예정이다.

전라북도 ③ 군산시

인구 26만 명의 군산은 전라북도에서 전주, 익산 다음으로 손꼽히는 도시이자 전라북도 유일의 항구도시다. 과거 인천항과 부산항에 물동량의 상당수를 뺏기며 힘을 잃었으나, 2000년대 들어 국가산단이 조성되고 기업들을 유치하며 성장세를 찾았다. 여기에 최근 새만금 개발사업으로 생긴 면적의 일부에 대규모 산업단지가 투자 및 유치될 계획이어서 앞으로가 더욱 기대된다. 많은 사람이 군산과 익산을 비교하며 군산의 전망을 더욱 긍정적으로 보고 있다. 그만큼 새만금 개발사업을 통한 일자리 파급력과 디오션시티와 군산역 택지개발의 신축 기대감이 크다고 할 수 있다.

① 디오션시티(조촌동)

현재 군산의 대장 입지는 조촌동에 위치한 디오션시티다. 2018년 군산디오션시티푸르지오 입주를 시작으로 현재까지 총 4개 단지가 입주를 마쳤으며, 2023년 7월 더샵디오션시티2차가 입주할 예정이다. 군산디오션시티푸르지오 아래쪽에 롯데아울렛이 있으며, 이 주변에 상권과 학원가가 조성되어 있다. 2025년경에 디오션시티 위쪽 대로인 구암로 북쪽 구암동에 더샵과 e편한세상이 입주할 예정이다. 디오션시티 택지에 속한다고 보기는 어렵지만 생활권은 어느 정도 공유가 가능해 디오션시티는 군산 내에서 대장 입지를 더욱더 공고히 할 전망이다.

② 나운동

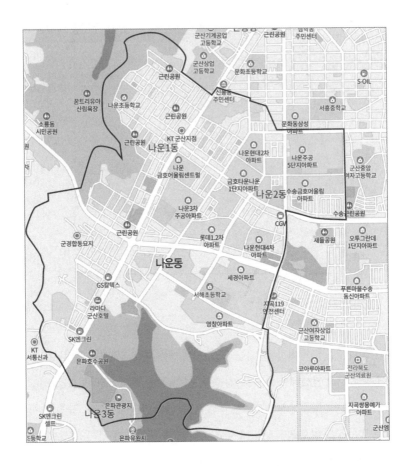

군산 구도심에서 가장 선호되는 지역인 나운동은 1990년대식 구
축들이 주거벨트 라인을 형성하고 있다. 월명산, 은파유원지, 구도심
상권, 학원가, CGV, 롯데시네마 등 정주 인프라가 훌륭하며, 오른쪽

지방 아파트 황금 입지

에 수송지구와 미장지구로 이어지는 지리적 입지를 가지고 있다. 나운동은 과거 부촌의 지위를 가지고 있었지만 수송지구에 빼앗겼고, 현재는 디오션시티가 그 지위를 거머쥐었다. 하지만 2022년 나운금호어울림센트럴이 입주하고 우진과 나운주공3단지 등이 재건축을 추진하면서 신축 프리미엄을 앞세워 인식 전환을 꾀하고 있다. 최근 공시지가 1억 원 이하 단지들에 투자자들의 유입이 많았고, 그로 인해 한 차례 상승이 있었다. 따라서 투자를 고민 중이라면 향후 공급과 상승 여력을 잘 따져 보아야 한다.

③ 지곡지구·미룡지구

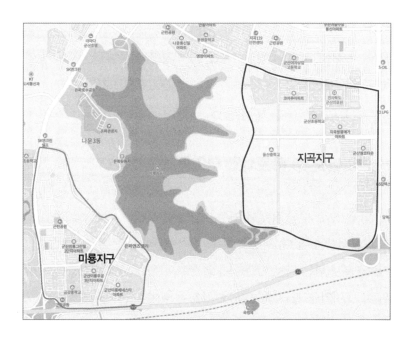

지곡지구는 나운동과 수송지구의 아래쪽에 위치한 작은 택지지구로, 군산의료원이 자리 잡고 있다. 현재는 단지도 많지 않고 정주 인프라도 충분하지 않지만, 직접 현장을 둘러본 결과 건설사들이 토지 작업을 많이 해놓은 상태이며, 지도의 빈 공간에 아파트 단지들이 들어설 예정이다. 2024년 군산호수공원아이파크의 입주가 확정되었고, 현재는 지곡쌍용예가가 대장 지위를 가지고 있으며, 그 주위로 약간의 상권과 학원가가 형성되어 있다.

미룡지구는 국립군산대학교를 왼쪽에 품고 있는 작은 택지지구다. 미룡주공1~3단지, 민간 건설사 3개 단지, 2024년 입주 예정인 신축 단지로 구성되어 있다. 군산대학교 정문 주변에 원룸 건물과 유흥 상권이 조성되어 있고, 미룡주공2단지 위쪽 황룡로와 아래쪽 미룡로를 중심으로 대부분의 상권과 학원가가 형성되어 있다. 미룡지구는 군산 내에서는 약간 고립되어 있는 입지지만, 미룡지구 사람들의 거주 만족도는 꽤 높은 편이므로 수요는 꾸준할 것으로 전망된다.

전라남도 ① 목포시와 무안군

인구 22만 명의 목포와 인구 9만 명의 무안은 따로 떼어놓고 입지를 분석할 수 없다. 지방 투자를 이야기할 때 인구 20만 명 이상의 지역을 추천하는 나도 이런 이유로 목포와 무안을 함께 다룬다. 무안의 모든 지역을 볼 필요는 없다. 목포와 붙어 있는 남악신도시와 오룡지구에 주목하자. 목포와 무안은 목포의 구도심인 목포역에서부터 오른쪽으로 도시가 개발되었는데, 1990년대부터 하당지구가, 2000

지방 아파트 황금 입지

년대부터 옥암지구와 남악신도시가, 2010년대 후반부터 오룡지구
가 순차적으로 자리를 잡았다. 목포와 무안은 바로 밑 영암군의 대불
공단으로 출퇴근하는 수요가 가장 많으며, 옥암지구와 남악신도시는
법원과 검찰청, 전라남도청, 경찰청 등이 자리한 전라남도 행정의 핵
심 지구다. 따라서 유관 인프라가 조성될 수밖에 없는 환경이기에 앞
으로도 고정 수요가 꾸준할 전망이다. 앞으로 오룡2지구가 개발된다
면 또 한 차례 도약할 가능성이 크니 관심 있게 지켜보자.

① 하당지구·옥암지구

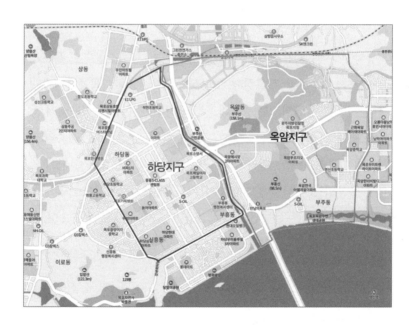

하당지구는 1990년대부터 조성된 택지지구다. 산정동과 그 일대
의 작은 구도심뿐이었던 목포에 새롭게 지어진 택지지구였기에 목포

내 많은 수요가 이곳으로 이동했다. 현재 우리가 하당지구라고 말하는 곳은 상동의 오른쪽, 옥암동의 왼쪽 일대를 일컫는데, 하당지구 밑으로 오션뷰가 나오는 단지들이 있으나 목포 사람들에게 오션뷰 자체는 큰 메리트가 없다. 따라서 가성비에 입각한 구축 투자를 고려할 때는 상권과 학원가 등 정주 인프라를 가장 가까이 품고 있는 하당지구의 단지들을 우선적으로 살펴볼 것을 추천한다. 공시지가 1억 원 이하 단지들이 많다. 중앙에 중흥S클래스 주상복합이 2022년에 입주를 시작했는데, 아직까지는 목포 사람들에게 선호도가 떨어진다. 그들은 주상복합에 약간의 거부감을 가지고 있다. 따라서 수도권과 똑같이 접근하기보다는 실제 현지 인식이 어떤지 현장 조사를 먼저 해보는 것이 바람직하다.

옥암지구에는 광주지방검찰청 목포지청과 광주지방법원 목포지원이 있다. 왼쪽으로 부흥산과 초당산공원이, 아래로 목포옥암수변 생태공원이 조성되어 있는 등 관공서와 자연환경이 잘 어우러져 있다. 목포 사람들이 가장 선호하는 곳이며, 특히 옥암지구 아래쪽의 코아루, 우미파렌하이트, 한라비발디는 중형~중대형으로 구성되어 있어 아이가 있는 사람들에게 인기가 많다. 옥암지구에서도 초당산공원을 기준으로 오른쪽에 위치한 단지들이 좀 더 선호도가 높으며, 남악신도시보다 옥암지구를 더 원하는 수요도 존재한다.

② 남악신도시·오룡지구

남악신도시는 목포 옥암지구 오른쪽에 위치한 신규 택지로, 무안 삼향읍에 자리 잡은 신도시다. 전라남도청과 전라남도 경찰청이 소재해 있고, 중앙에는 김대중광장과 중앙동산이, 아래쪽에는 수변공원

지방 아파트 황금 입지

과 롯데아울렛이 위치한, 그야말로 정주 인프라가 훌륭한 지역이다. 김대중광장이 위치한 중앙에는 유흥 상권과 선호 상권이 혼재되어 있으며, 먹거리 상가가 대부분이다. 이곳의 대장은 근화베아체비올레와 근화베아체스위트이며, 두 단지 주변으로 아이들이 많이 유동하는 것을 확인할 수 있다.

　남악신도시를 이야기할 때 남악신도시 동남쪽에 위치한 오룡지구를 빼놓을 수 없다. 오룡지구는 무안군 일로읍에 자리 잡은 신규 택지로, 현재는 오룡1지구가 조성되어 있고, 2024년부터 오룡2지구가 입주를 시작한다. 오룡지구는 목포, 무안의 모든 수요를 빨아들이는 곳이며, 목포에서도 아주 바깥쪽의 구도심을 제외하고는 모두 오룡지구를 워너비로 꼽고 있다. 향후 오룡2지구가 입주를 시작한다면 이 곳은 오션뷰와 신축 단지, 신규 택지라는 프리미엄이 있어 오룡2지구를 제외한 나머지 목포, 무안 지역들의 부동산 흐름은 당분간 어려울 것으로 예상된다.

전라남도 ② 순천시, 광양시, 여수시

흔히 '여순광'이라고 부르는 여수, 순천, 광양은 중앙의 광양만을 중심으로 긴밀하게 연담화되어 있다. 많은 사람이 인구 28만 명의 순천, 27만 명의 여수, 15만 명의 광양을 관광도시로만 알고 있는데, 부동산적인 측면에서도 꼭 알아둘 필요가 있다. 여순광의 핵심 도시인 순천은 소비도시이자 교육도시로 주변의 수요를 빨아들이는 특징이 있으며, 여수는 북쪽 여수국가산업단지에 LG화학, GS칼텍스, 여천 NCC 등 대기업과 외국계 기업들이 다수 포진해 있어 매우 높은 지역내총생산 규모를 자랑한다. 광양은 인구는 가장 적지만 광양항을 중심으로 물동량이 상당히 많고, 특히 동광양의 포스코 광양제철소는 세계 최고 수준이다. 이밖에도 광양만을 중심으로 기존 산단에 추가 산단을 조성 중이다. 여순광은 향후 2~3년 동안 공급물량이 많지만 그 이후에는 꼭 눈여겨봐야 하는 지역이다. 특히 순천의 신대지구, 여수의 웅천지구, 광양의 황금지구는 앞으로 여순광의 미래를 결정지을 신규 택지지구들이므로 이들의 추이를 꾸준히 체크할 필요가 있다.

① 순천시: 신대지구

　　순천의 대표 택지지구인 신대지구는 여수의 웅천지구와 함께 많은 사람의 관심을 받고 있는 지역이다. 여수의 웅천지구와 다르게 2012년부터 입주를 시작해 현재 조성이 완료되었다. 6단지 오른쪽에 코스트코가 입점할 계획이었으나 현재는 무산되었다. 향후 신대지구 인근에 스타필드를 입점시키기 위한 움직임이 있는데, 과연 현실화될지 지켜볼 필요가 있다. 신대지구 동남쪽으로는 선월하이파크 신덕지구가 조성 중이다. 빠르면 2023년에 분양할 예정이지만 아직 확정된 것은 없다. 계획 수용 인구가 14,688명이기 때문에 조성이 완료된다면 신대지구와 시너지를 낼 가능성이 크다. 하지만 단기적으로는 신축 수요 일부가 선월지구로 흡수될 수 있으니 이 점을 염두에 두어야 한다.

② 순천시: 왕지동

　　구도심 가장 북쪽에 위치한 왕지동은 광주지방검찰청 순천지청, 광주지방법원 순천지원 등의 관공서와 NC백화점, 킴스클럽 등의 상가시설, 조례호수공원 등의 자연환경이 조화를 이룬 훌륭한 지역이다. 왕지동에는 아파트 단지가 많지 않지만 중형~중대형 평형 위주로 조성된 순천왕지롯데캐슬과 순천두산위브1단지, 2단지가 인기가

많다. 이곳의 왕운초등학교는 나름 선호도가 높으며, 법원과 검찰청이 있는 지역은 법조인들의 교육열로 인해 학구열이 강하다.

조례호수공원은 왕지동의 핵심이다. 호수공원 인근에 트렌디한 카페와 상가들이 즐비해 평일 저녁과 주말에는 사람들로 북적인다. 왕지동의 오른쪽에는 2024년에 순천트리마제1, 2단지가 입주할 예정인데, 왕지동뿐 아니라 순천 전 지역에서 기대하는 아파트다. 입지가 조금 아쉽기는 하지만 트리마제가 위치한 순천왕지2지구가 모두 조성된다면 이러한 아쉬움은 어느 정도 해소될 전망이다.

③ 광양시: 성황도이지구·황금지구

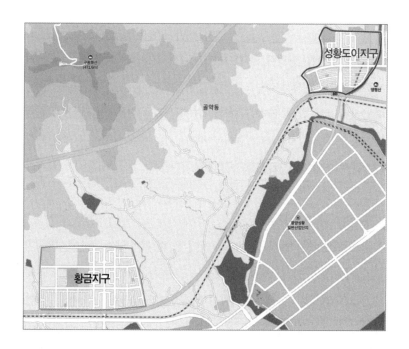

현재 광양의 최고 선호 지역은 성황동에 위치한 성황도이지구다. 도이지구는 완성까지 시간이 좀 더 필요하고, 성황지구 먼저 입주를 시작했다. 성황도이지구는 광양의 구도심인 중동과 마동을 바로 접하고 있어 구도심 인프라로의 접근이 상대적으로 용이하다. 택지지구 자체가 산으로 둘러싸인 형태여서 산단에서 불어오는 좋지 않은 공기를 산이 한 번 걸러준다는 인식도 있다.

황금지구는 성황도이지구의 서남쪽, 광양 황금동 일대에 조성 중인 신규 택지지구다. 바로 아래에 광양항과 광양성황일반산업단지가 자리를 잡고 있다. 광양만에서 가장 가까운 신규 택지이기 때문에 직주근접 측면에서 광양의 젊은 세대들에게 인기가 많다. 지구 위쪽에는 LF가 시행하는 구봉산 관광단지가 조성될 예정이며, 황금지구 오른쪽 황길지구의 위쪽에는 어린이 테마파크가 들어설 계획이다. 입주가 가장 빠른 광양푸르지오더센트럴이 2023년 11월에 들어서기 때문에 택지 완성까지는 시간이 필요하지만, 앞으로 황금지구가 성황도이지구와 함께 광양을 이끌 것이라는 의견이 지배적이다. 현재 분양을 끝낸 3단지 외에도 2개 단지가 더 들어설 예정이며, 주상복합 1개 단지와 상가가 크게 조성될 예정이다.

④ 여수시: 웅천지구

전라남도에서 가장 선호되는 지역 TOP 2는 바로 순천의 신대지구와 여수의 웅천지구다. 웅천지구는 크게 두 구역으로 나뉘는데, 하나는 2010년부터 조성되기 시작한 웅천지웰1~3차 구역이고, 다른 하나는 웅천포레나1, 2차가 위치한 구역이다. 웅천지웰이 위치한 지역은 입주를 시작한 지 10년이 넘었기 때문에 정주 인프라가 자리를

지방 아파트 황금 입지

잡았다는 장점이 있으나, 아무래도 연식에 대한 아쉬움이 있다. 그럼에도 해수욕장, 공원, 학교, 학원가 등이 잘 조성되어 있어 아이를 기르는 학부모들의 선호도가 높다.

웅천포레나1, 2단지는 2019년식 신축으로 오션뷰가 나오는 평형이 많아 바다 조망이 되는 매물과 그렇지 않은 매물의 프리미엄이 갈린다. 웅천포레나 단지 뒤쪽으로는 타운하우스가, 앞쪽으로는 롯데캐슬마리나 오피스텔이, 왼쪽으로는 웅천로를 따라 생활형 숙박시설들이 웅장하게 자리를 잡고 있어 거대한 리조트 같은 분위기를 풍긴다. 향후 위쪽의 마린파크애시앙1, 2단지의 입주가 끝나면 웅천지구의 공급은 더 이상 없기 때문에 웅천지구의 흐름을 주의 깊게 살필 필요가 있다.

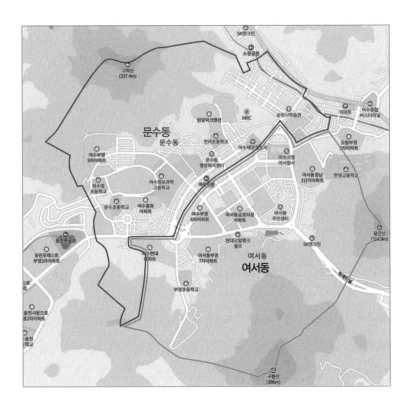

　　웅천지구에서 오른쪽으로 넘어가면 여수의 구도심 중 하나인 문수동과 여서동이 나온다. 이곳은 몇몇 단지를 제외하면 1990년대 초반 연식인 만큼 상당히 노후되어 있다. 하지만 구도심만의 인프라는 여전하며, 여수 시내에서 가장 큰 규모를 자랑하는 상권과 학원가가 조성되어 있다. 여수시립환경도서관 왼쪽에 위치한 문수중학교의 학군은 알아주며, 왼쪽의 대성베르힐이 문수동과 여서동의 시세를 선도하고 있다. 여서동의 여서주공1, 2차는 저층으로 이루어져 있어 용적률이 낮고 대지지분이 높기 때문에 중장기적으로 재건축 이슈가 꾸준히 있을 전망이다. 이밖에도 문수동, 여서동에는 공시지가 1억 원 이하 단지들이 있어 관심 있게 지켜볼 만하다.

대구광역시와 경상북도

대구광역시

인구 236만 명의 대구는 대경권(대구와 경상북도)의 최대 소비도시이자 교육도시다. 인구로만 따지면 서울, 부산, 인천에 이어 4번째로 거대한 도시인데, 전국에서 손꼽히는 철도 이용객 수를 자랑하는 동대구역과 동성로라는 유명 상권지를 품고 있다. 한 가지 아쉬운 점은 이렇다 할 대기업과 일자리가 없다는 것이다. 일자리는 부동산 가치를 판단하는 데 매우 중요한 요소다. 하지만 대구는 이러한 단점을 덮는 뛰어난 강점을 가지고 있다. 바로 '학군'이다. 대구의 대치동이라 불리는 수성구 범어4동과 만촌3동은 매년 서울대학교를 비롯해의치대를 다수 보낼 정도로 전국구 학군이 형성되어 있다. 비록 대구의 인구가 매년 줄고 있기는 하지만 순환선과 엑스코선 등 앞으로 기대되는 교통호재를 비롯해 뛰어난 학군을 지니고 있기에 지방 투자를 고려할 때 대구를 빼놓고 이야기하기는 어렵다.

지방 아파트 황금 입지

① 복현동·신암동·신천동

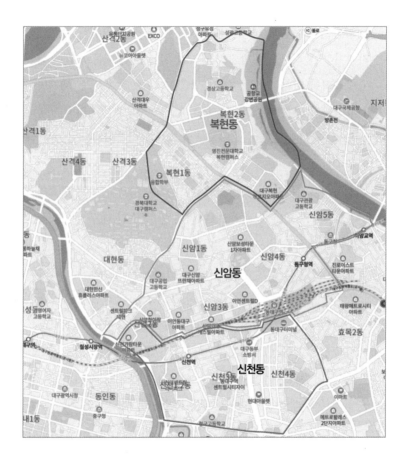

복현동은 동대구역의 위쪽에 위치한 구도심인데, 최근 신축 단지들이 들어서며 인식이 바뀌고 있다. 대구 도시철도가 지나지 않아 철도 교통의 오지였으나 엑스코선이 복현동 위쪽으로 지나갈 예정이다. 복현오거리를 중심으로 오른쪽의 신축들이 시세를 선도하고 있다. 복현동의 위쪽에는 검단산업단지와 유통단지, 뉴코아아울렛, 코스트코, EXCO, 대불공원 등이 위치하여 주거지로서의 수요도 갖추었다.

신암동은 복현동과 같이 경북대학교와 영진전문대의 영향을 받는 지역이다. 특히 경북대학교의 규모가 워낙 크기 때문에 관련 상권들이 형성되어 있다. 신암동 역시 신암뉴타운으로 재건축, 재개발이 활발히 진행되어왔으며, 그중에서도 대구 파티마병원이 위치한 파티마삼거리를 중심으로 들어설 단지들이 시세를 이끌어나갈 것으로 예상된다.

신천동의 핵심 역시 동대구역이다. 동대구역은 경부선 고속철도의 연결로 KTX, SRT가 정차하고, 현재 공사 중인 대구권 광역철도는 일자리가 부족한 대구에서 일자리가 풍부한 구미, 왜관 등으로 나갈 수 있는 핵심 노선 중 하나로 평가받고 있다. 여기에 버스터미널, 신세계백화점, 메가박스 등 쇼핑, 문화, 교통 인프라가 모두 갖추어져 있다. 그야말로 완벽한 핵심 시설이라고 할 수 있다. 따라서 동대구역에 가까울수록 부동산의 가치가 올라간다. 많은 사람이 반도유보라, 더샵센터시티, 센트럴시티자이 등을 선호하는 이유도 이 때문이다.

중앙의 동구대로에는 대구콘텐츠코리아랩, 다수의 회계법인, 대구무역회관, 한국수출입은행, 한국소비자원 대구지원 등이 소재한 동대구 벤처밸리가 형성되어 있으며, 신천동 아래쪽으로 내려갈수록 수성구 범어동과 가까운 인프라를 이용할 수 있어 또 나름의 수요가 있다. 특히 신천동 아래쪽으로 현대아울렛이 있는 것은 매우 큰 장점이며, 2024년에 입주 예정인 더샵디어엘로는 가장 기대되는 단지로 꼽히고 있다.

지방 아파트 황금 입지

② 침산지구·대구역 일대

침산지구는 대부분 1990~2000년대 초반 구축 단지로 구성되어 있다. 침산지구 왼쪽으로는 대구 도시철도 3호선을 중심으로 대구염색일반산업단지, 대구제3일반산업단지 등을 끼고 있으나 현재는 관련 산업이 많이 쇠퇴하여 일자리로서의 의미는 크지 않다. 침산지구는 칠곡지구와 함께 대구 북구에서 가장 큰 주거벨트 라인으로, 대구의 도심이라는 인식이 강하다. 대구 도시철도 1호선인 대구역을 아래에 두고 있으며, DGB대구은행파크, 대구복합스포츠타운, 대구시립

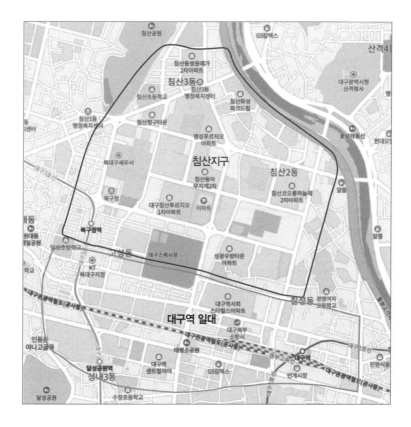

북부도서관, 대구오페라하우스, 대구삼성창조경제단지 등 문화, 행정 등의 인프라까지 훌륭하다. 현재는 침산지구의 명성푸르지오(주상복합)를 중심으로 연식이 적은 순으로 선호도가 높고, 대구역 방면으로 내려갈수록 주거지로서의 선호도가 떨어지는 편이다. 다만, 대구역을 중심으로 주상복합들이 대거 들어서고 있으며, 입주가 모두 끝난 뒤에는 태평로를 중심으로 대구역 인근에 대한 입지 평가 자체가 달라질 것으로 기대된다.

③ 청라언덕역

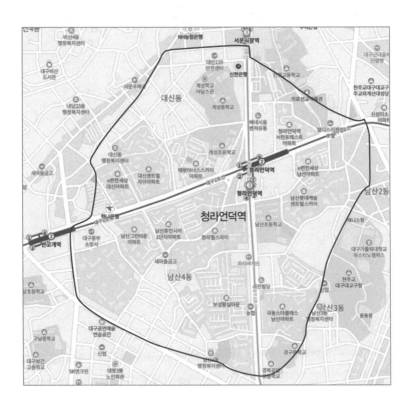

지방 아파트 황금 입지

대구 도시철도 2호선을 타면 대구 중구의 중심인 청라언덕역이 나온다. 이름을 통해 알 수 있듯 언덕이 있어 경사가 있지만 생각만큼 높지 않고, 청라언덕역에서 좀 더 오른쪽으로 가면 현대백화점과 동화백화점을 기점으로 그 유명한 동성로 상권이 시작된다. 하지만 동성로는 주거지로는 선호되지 않는다. 중구의 주거 중심지는 청라언덕역 인근이다. 롯데캐슬센트럴스카이, 청라힐스자이, 남산자이하늘채 등의 단지가 향후 청라언덕역의 시세를 선도할 전망이며, 보성황실타운은 구축이지만 대형 평수가 있어 과거 인근 지역 부자들이 살았던 단지로 유명하다. 가장 아쉬운 건 학군이다. 학원가나 학군지가 형성되지 않은 점이 이 지역의 약점으로 꼽힌다.

④ 범어4동·만촌3동·황금1동

'대구 부동산은 대구 도시철도 2호선 위주로만 투자하라'라는 말이 있다. 그 이유는 2호선이 대구의 중심인 수성구와 연결되기 때문이다. 그 수성구 안에서도 범어4동과 만촌3동은 강남 대치동, 양천구 목동과 함께 3대 학군지로 꼽힌다. 경신중·고등학교는 대구 최고의 학교로 평가받고 있으며, 이외에도 동도중학교, 정화중학교, 대륜고등학교, 대구여자고등학교, 정화여자고등학교 등 최상위권 학교가 많다. 이와 같은 학군의 우수성은 수성구청역을 중심으로 한 달구벌대로와 골목길 사이사이에 빼곡하게 들어선 학원가가 뒷받침해주고 있다. 단순히 대입만 준비하는 것이 아닌, 초등학교부터 중학교, 재수종합, 예체능까지 교육 전 범위를 커버할 수 있는 학원가 수준을 갖추고 있다.

게다가 법원과 검찰청, 수성구청, 구립도서관, 야시골공원, 범어공

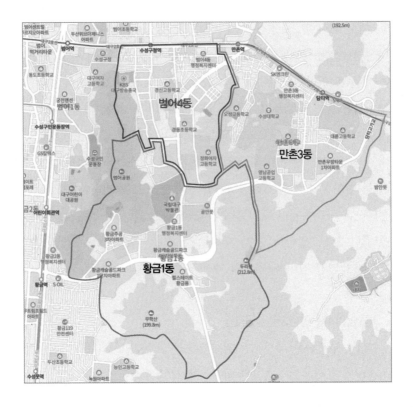

원 등 학군만 언급하기에는 아쉬울 정도로 정주 인프라가 훌륭해 2
호선 범어역은 대구의 중심으로 평가받을 정도다. 향후 엑스코선과
순환선이 개통된다면 대구 내 더 많은 수요를 빨아들일 것이다. 현재
범어4동과 만촌3동에서는 힐스테이트범어와 범어SK뷰의 선호도가
가장 높으며, 아래쪽 을지맨션과 경남타운, 범어목련 등은 재건축을
준비하는 등 재정비 사업 이슈도 충분하다. 만촌동에서는 만촌자이
르네가 대장으로서 시세를 이끌 전망이다. 이 지역은 미분양이 언제,
어떻게 해소될지가 관건이다.

황금1동은 범어4동과 만촌3동만큼은 아니지만 대구 사람들에게

지방 아파트 황금 입지

인정받는 학군지 중 하나다. 학원가가 많지는 않지만 대구 전통의 명문 경북고등학교가 있으며 정화중학교, 동도중학교로 배정이 가능해 범어4동, 만촌3동 다음 선택지로 수요가 많다.

⑤ 월성지구·월배지구

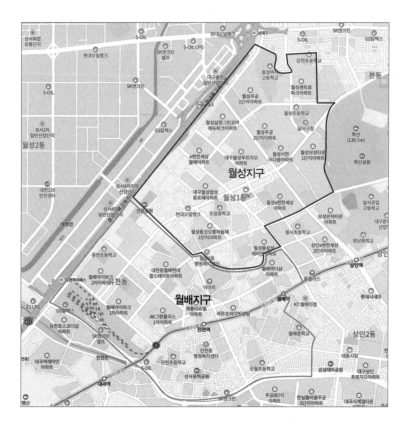

성서산업단지 아래쪽으로 월성지구와 월배지구가 크게 펼쳐져 있다. 대구 현지에서는 오른쪽의 월성동 일대를 구월배, 왼쪽의 준신

축~신축 주거벨트 라인을 신월배라고 부른다. 수성구에 이어 대구 제2의 학군지와 학원가가 형성된 곳으로, 월성지구와 월배지구 중앙의 조암로를 따라 수많은 학원이 있다. 이곳에서는 월서중학교와 조암중학교가 가장 인기가 많으며, 학군 외에도 학산공원, CGV, 홈플러스, 이마트, 롯데백화점 등 사람들이 선호할 수밖에 없는 정주여건을 갖추고 있다. 또한 바로 서북쪽에 위치한 성서산업단지, 서남쪽에 위치한 달성산업단지, 테크노폴리스, 대구국가산업단지(달성군) 등 일자리로의 접근성도 우수하다. 월성지구와 월배지구는 성서지구가 갖추지 못한 신축, 준신축의 수요까지 모두 해결할 수 있는 직주근접/학군지이므로 꼭 눈여겨볼 필요가 있다.

경상북도 ① 경산시

인구 27만 명의 경산은 작은 편에 속하지만 대구를 설명할 때 빼놓을 수 없는 도시다. 대구의 젖줄이라 할 수 있는 대구 도시철도 2호선이 경산까지 운행되는 만큼 경산은 대구의 위성도시 역할을 충실히 수행하고 있다. 최근에는 대구보다 저렴한 아파트 가격이 대구에서 경산으로의 인구 이동을 촉진했다. 경산 내에 경산일반산업단지, 진량산업단지, 경산지식산업지구 등 여러 공단이 있어 자체적인 일자리도 창출하고 있으며, 영남대학교, 대구가톨릭대학교, 대구대학교 등 대구보다 대학교가 많다. 중산동의 펜타힐즈를 비롯해 경산의 집값이 점차 대구를 따라잡는 것 아니냐는 이야기가 많은데, 베드타운의 한계로 대구를 뛰어넘지는 못할 것이다. 따라서 언제나 대구와 경산을 같이 놓고 판단하는 인사이트가 필요하다.

펜타힐즈

　펜타힐즈는 경산 중산동 일대에 들어서는 신규 택지로, 경산의 시세를 선도하는 단지들이 모여 있다. 대구 수성구와 지리적으로 굉장히 가까워 수성구에 일자리를 둔 사람들, 수성구 범어동 학원가를 이용하는 사람들의 수요가 꾸준하다. 즉, 경산에서 소득이 가장 높은 사람들이 거주하는 곳이라는 의미다. 대구 도시철도 3호선이 신서혁신도시와 경산 중에서 어디로 연장될지는 아직 결정되지 않았지만 만약 경산 일대로 연장된다면 펜타힐즈에도 호재로 작용할 것이다. 아쉬운 것은 학군으로, 행정구역상 경산시이기 때문에 수성구의 중학교나 고등학교로의 진학이 불가능하다. 향후 사월역에 인접한 3개 단지가 추가로 준공된다면 펜타힐즈는 완성된 택지지구로 경산의 대장 자리를 공고히 할 전망이다.

경상북도 ② 구미시

구미는 인구 41만 명의 제조업도시다. 1969년 박정희 전 대통령이 구미와 칠곡군 일대에 구미국가산업단지를 조성한 이래 대한민국 전자반도체 산업 중심지로 발돋움했다. 최근에는 산업구조 재편, 일부 대기업 사업장 이전으로 약간의 하락세를 보였지만 삼성전자, LG전자, LG디스플레이, LG이노텍 등 주요 대기업의 연구소와 공장들이 아직 남아 있어 수요가 쉽게 사라지지는 않을 것이다. 구미는 중앙의 낙동강을 기준으로 왼쪽을 강서, 오른쪽을 강동으로 나눈다. 강서가 우리가 흔히 말하는 구도심이며, 강동은 부도심이자 신규 택지들이 주로 자리 잡고 있는 곳이다.

① 송정동·형곡동

송정동과 형곡동은 구미의 강서지역 중에서도 원도심에 해당하는 지역이다. 현재 송정동의 대장 단지는 힐스테이트송정1~2단지이고, 왼쪽의 푸르지오캐슬A~C단지도 실수요자들의 선호도가 높다. 대단지이면서 상권에 가까운 A단지가 가장 인기가 많을 것이라고 추측하는 사람이 많은데, 실제 송정동 실거주자들은 초등학교를 품고 있으

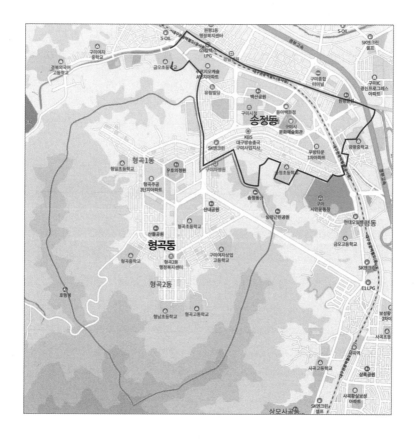

면서 철도 소음이 없는 B단지를 가장 선호한다. 이밖에도 구미시청 동북쪽에 위치한 구축 단지들은 재건축 이슈가 있어 중장기적으로 눈여겨볼 만하다.

형곡동의 시세는 형곡금호어울림포레1, 2차가 선도하고 있다. 다만, 두 단지는 송정동 생활권에도 걸쳐 있으므로 어느 정도 독립적인 판단이 필요하다. 형곡동 아파트들은 송정동보다 연식이 오래되었다. 현재 형곡주공3단지와 4단지는 재건축을 추진 중인데, 두 단지 모두 대지지분이 높아 사업성은 좋지만 이미 모두 반영된 가격으로 거래되고 있어 투자를 하기 전에 수익을 잘 따져봐야 한다. 형곡동에도 학원은 많지만 어느 한곳에 모여 있는 모양이 아니므로 학군에 대한 현지 평가는 박한 편이다.

② 옥계동·확장단지

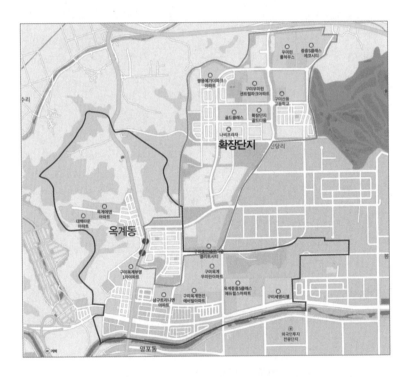

양포동이라고도 불리는 옥계동은 현재 구미에서 선호도가 높은 곳 중 하나다. 4단지(산단)를 가장 가까이에 품고 있으며, 위쪽으로 확장단지(산동읍)를 지나 하이테크밸리도 직주근접으로 가까이 하고 있다. 이곳의 시세는 삼구트리니엔과 옥계현진에버빌이 선도하고 있으며, 두 단지 주변으로 선호 상권과 학원가 등 정주 인프라가 조성되어 있다. 특히 옥계현진에버빌은 옥계동부초·중학교를 품고 있는데, 옥계동부중학교의 학업성취도는 구미 중학교 중에서 1~2위를 다툰다. 이외에도 해마루초등학교 등 학구열이 높은 학교가 많다. 옥계제2공단로 왼쪽으로 공시지가 1억 원 이하 단지들이 있다.

옥계동에서 바로 북쪽으로 넘어가면 산동읍에 위치한 확장단지가 나온다. 확장단지 역시 4단지(산단)에 초근접하며, 위쪽의 하이테크밸리도 옥계동보다 가깝다. 구미의 발전이 국가산업단지와 그 궤를 같이한 만큼 산단이 가깝다는 것은 강점이라고 할 수 있다. 확장단지에서 가장 인기가 많은 곳은 우미린센트럴파크이며, 골드클래스와 확장단지골드디움 아래로 신축 상가, 학원가, 병원, 은행 등 양질의 상권이 형성되어 있다.

경상북도 ③ 포항시

포항은 최근 인구 50만 명이 아슬아슬하게 깨졌지만, 여전히 경상북도 최대의 소비도시이자 교육도시다. 경북도청 동부청사, 포스코 본사, 포항공과대학교, 한동대학교가 있으며, 최근 방사광가속기 유치 이슈가 있었던 청주보다 먼저 방사광가속기를 설치했다. 포항은 북구와 남구로 구분되어 있는데, 북구는 주거 중심지, 남구는 일자리 중심지로 이해하면 된다. 포항 중앙의 형산강 북쪽 구도심은 점점 공동화되어가고 있으며, 이곳이 본래 담당하던 주요 역할은 동대구로 이동하고 있다. 이런 특징들로 인해 구도심 재생이 진행되는 동시에 시 외곽으로 신규 택지지구가 조성되고 있다. 이미 어느 정도 조성된 초곡지구와 이인지구, 펜타시티(경제자유구역)가 그 예다. 포항의 인구 감소, 포스코의 영향력 감소 등을 이유로 포항의 미래를 어둡게 보는 사람들이 있다. 하지만, 자사고인 포항제철고등학교, 지역 명문인 경북과학고등학교가 아직 굳건하며, 포스코 포항제철소, 현대제철, 동국제강 등 철강 관련 기업들이 국내 최대 규모 수준으로 산업단지를 형성하고 있다. 그리고 포항철강산업단지는 계속해서 확장될 예정이며, 2차 전지에 대한 포스코와 대기업, 외국계 기업들의 투자도 이어질 전망이다. 여기에 대구경북권 최대의 주거와 첨단복합시설을 결합할 계획으로 포항이 심혈을 기울인 펜타시티 사업이 있으므로 포항의 부동산 추이를 면밀히 지켜볼 필요가 있다.

① 이동·학잠동·지곡동·효자동

이동과 학잠동, 지곡동은 포항 전통의 학군지다. 특히 이동중학교는 포항 전체에서 손꼽히는 학교다. 이동의 학원가는 다른 지역 학생들이 찾을 정도로 유명하다. 대부분의 단지가 구축이라는 점이 아쉽지만 2025년 입주 예정인 삼구트리니엔시그니처와 학잠동의 포항자이애서턴, 포항퀘렌시아 등 재정비 사업으로 들어서는 단지들이 오래된 인프라를 개선해줄 것으로 기대된다.

지곡동은 포항 최대의 학군지로 이동과 함께 늘 손꼽히는 곳이다. 지곡동은 조금 동떨어진 섬과 같은 지역인데, 그만큼 생활권이 분리되어 있으며 상가, 학원가, 병원 등의 정주 인프라가 충분하지 않다. 그런데도 지곡동을 따로 떼어 소개하는 이유는 바로 학군 때문이다. 제철초등학교(혹은 지곡초등학교) → 제철중학교 → 제철고등학교(자

지방 아파트 황금 입지

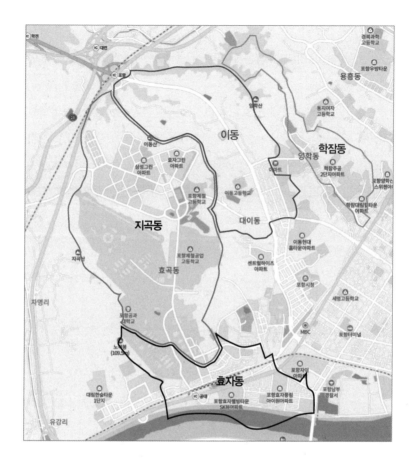

사고)로 이어지는 엘리트 코스는 모든 학부모의 꿈이다. 용흥동에 있
는 경북과학고등학교도 지곡동으로 이전할 예정이며, 전통의 이공계
명문인 포항공과대학교 역시 이곳에 있다.

지곡동의 단지들은 크게 빌라형과 아파트형으로 구분되는데, 대
지지분이 높아 재건축 기대감이 있는 빌라형이 시세를 이끌고 있다.
재건축 연한이 되지 않아 아직 재정비 이슈는 없지만, 아파트형마저
평균 대지지분이 18평에 달하는 등 상당히 높은 재건축 사업성을 가

지고 있어 중장기 전망이 나쁘지 않다. 게다가 학군지의 특성상 짧으면 6년, 최대 12년의 시간을 한곳에서 보내기 때문에 전세 수요가 언제나 충분하다.

지곡동 아래에 위치한 효자동은 형산강과 맞닿아 있다. 주거벨트라인이 크게 형성되지는 않았지만, 현재 구도심의 대장 단지로 평가받고 있는 포항자이가 있으며(행정상 대잠동이지만 생활권이 효자동에 해당), 다른 단지들 역시 실거주 수요가 받쳐주는 준신축 라인으로 아이를 키우기에 적합한 인프라를 모두 갖추고 있다.

② 장성동·양덕지구

지방 아파트 황금 입지

장성동의 대장 단지인 두산위브더제니스는 장성동과 양덕지구에서는 희소한 대형 평형이 있어 찾는 수요가 있다. 하지만 2025년에 힐스테이트환호공원1, 2블럭이 들어온다면 대장 자리를 내어줄 것으로 예상된다. 힐스테이트환호공원은 향후 많은 공급이 예정된 포항에서도 가장 마지막 단계에 입주하는 브랜드 대단지이기 때문에 많은 사람의 기대를 받고 있다. 실제로 힐스테이트환호공원 입주가 마무리될 즈음에는 장성동의 입지 인식이 변할 것이며, 포항 부동산 시장의 분위기도 반전될 것이다.

양덕지구에는 신축과 준신축 단지들이 섞여 있으며, 포항의 지방 건설사인 삼구트리니엔이 다수 소재해 있다. 중앙의 천마로를 기준으로 오른쪽을 구양덕, 왼쪽을 신양덕이라고 부른다. 구양덕에서는 양덕삼구트리니엔이 대장 역할을 하고 있으며, 그 앞으로 상권과 학원가 등의 핵심 정주 인프라가 몰려 있다. 왼쪽의 신양덕은 현재도 인프라가 형성되고 있는 중이며, 삼구트리니엔4차가 대장 단지로 시세를 이끌고 있다. 신양덕에는 법원과 검찰청이 있어 관련 수요도 존재한다. 최근 장성푸르지오가 주변에 입주했으나 아직까지는 현지 사람들의 외면을 받는 분위기다. 하지만 언제 어떻게 변화될지 모르니 주의 깊게 살펴야 한다.

③ 초곡지구·이인지구·펜타시티

포항에서 마지막으로 살펴볼 지역은 포항 외곽의 택지지구인 초곡지구, 이인지구, 펜타시티다. 세 지역 모두 포항 북구 흥해읍에 위치해 있으며 초곡지구, 이인지구, 펜타시티 순으로 조성되었다. 먼저 초곡지구는 어느 정도 조성이 완료되었으며, 2024년 힐스테이트초

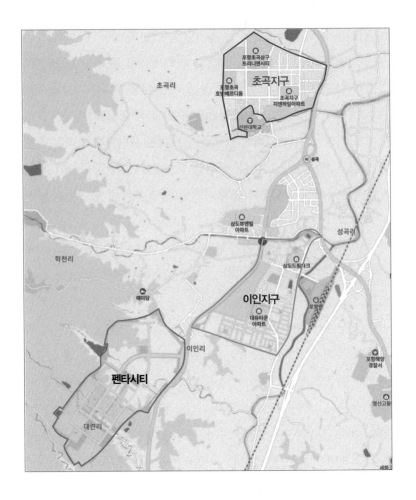

곡이 입주를 앞두고 있다. 추가적으로 2~3개 단지가 더 들어설 수 있으나 아직까지는 확정된 계획이 없고, 포항 부동산 시장에 공급이 부족해질 때를 기약하고 있다. 초곡지구의 현 대장 단지는 초곡삼구트리니엔시티다.

이인지구와 펜타시티는 포항의 미래를 책임질 신규 택지지구다. 이인지구는 오른쪽에 KTX포항역을 품고 있으며, 2023년 말 목표로 동해선전철화 사업이 진행 중이다. 이인지구에는 몇 개의 구축 단지가 있는데, 공시지가 1억 원 이하가 대부분이다. 2024년에 본격적으로 신축 단지가 입주할 예정이며, 택지지구의 규모가 크기 때문에 포항 사람들의 기대를 받고 있다.

펜타시티는 경제자유구역으로 포항이 심혈을 기울이는 곳이며, 포항융합기술산업지구라는 이름으로 개발되고 있다. 포항이 얼마나 많은 기업을 유치하느냐에 따라 펜타시티 택지지구의 성패가 갈릴 것이다. 현지 분위기는 대체로 부정적이지만 시에서 적극적으로 나서 일자리를 유치한다면 어느 정도 가능성은 있다.

부산광역시와
울산광역시, 경상남도

부산광역시

부산은 대한민국 제2의 도시이자 인구 332만 명의 국내 최대 항구도시다. 2023년 기준 컨테이너 물동량이 세계 7위 수준이며, 동남쪽으로는 동해와 남해가, 내륙 쪽으로는 수영강과 낙동강이 흐르는 천혜의 자연환경을 지녔다. 부산은 이름에 '산'이 들어가 있는 만큼 지역 곳곳에 크고 작은 산이 많고, 주거벨트 라인 역시 산을 따라 형성된 곳이 많다. 이렇게 산과 강, 바다로 나뉜 생활권은 부산을 자연스럽게 다핵도시로 만들었으며, 부산 도시철도 1~4호선, 부산김해경전철, 동해선 광역전철 등을 통해 생활권끼리 이동할 수 있다. 유일하게 6·25전쟁을 겪지 않은 도시답게 매우 오래된 구도심이 많고, 이런 구도심이 재정비된 신규 택지도 많다. 또한 마린시티와 센텀시티 같은 대한민국에서 보기 힘든 휘황찬란한 지역들도 존재한다. 부산은 해운대구, 수영구, 동래구 등 전국구 투자자들이 주목할 만한 최상

지방 아파트 황금 입지

급지는 물론이고, 1,000~2,000만 원 정도의 소액으로 투자할 수 있는 지역도 공존하는 매력적인 도시다.

① 일광신도시

일광신도시는 동부산에서 떠오르는 신규 택지다. 앞으로는 동해 바다, 뒤로는 일광산, 주변에는 크고 작은 여러 산단이 있고, 학군으로는 부산장안고등학교와 장안제일고등학교가 있다. 철도 노선인 동해선 일광역이 지나며, 오시리아 관광단지가 동해선 한 정거장 거리에 소재해 있다. 오시리아 관광단지에는 이케아, 롯데메종, 롯데아울렛, 아난티코브, 힐튼호텔, 롯데월드 등이 운영되고 있으며, 향후 아시아 최대 아쿠아월드와 메디컬 타운 등이 들어설 예정이다. 일광신도시의 대장은 자이푸르지오2단지로, 이외 다른 단지들도 호불호 없이 꾸준한 수요를 보이고 있다. 일광신도시는 일자리와 자연환경, 교통편을 갖추고 있어 그동안 신규 택지에 대한 목마름이 강했던 부산 사람들에게 상당히 매력적인 선택지로 부상하고 있다.

② 남천동·대연동·용호동

부산 도시철도 2호선인 금련산역과 남천역이 지나는 남천동은 과거 부산 최고의 부촌 중 한 곳이었다. 남천동은 부산에서도 좋은 학군을 자랑하고 있고, 남천역 인근으로 양질의 상권과 학원가가 조성되어 있다. 남천동의 상징은 1979년 간척지에 세운 당시 최고의 아파트 삼익비치다. 향후 그랑자이더비치라는 이름으로 새롭게 태어날 예정이다. 기존에도 부산에서 탑을 다투던 단지였던 만큼 재건축이 완료된다면 해운대구에 빼앗겼던 부촌의 지위를 다시 가져올 가능성도 있다.

과거 부산의 학군지를 꼽는다면 대연동과 용호동을 말하지 않을 수 없다. 이곳들은 한때 남천동과 인접해 부촌으로 인식되기도 했으나, 1990~2010년 해운대의 좌동과 마린시티, 센텀시티가 개발되면서 부촌의 지위를 넘겨주었다. 하지만 2010년부터 대연혁신지구를 비롯한 대규모 재개발 사업으로 신축 단지들이 들어섰고, 그중에서도 경성대학교 오른쪽의 대연힐스테이트푸르지오와 대연롯데캐슬이 현재 가장 선호되고 있다. 그리고 부경대학교 오른쪽에 있는 대연비

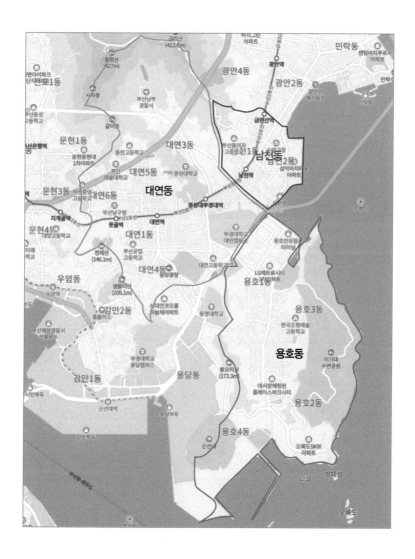

치푸르지오가 2023년에 입주하게 된다면 대연동은 다시 주목받을 것이다. 대연동에는 경성대학교, 부경대학교가 있어 대학교 연관 인프라들이 잘 갖추어져 있다. 이런 이유로 부산대학교가 있는 장전동과 함께 젊은 세대들에게 주목받고 있다.

용호동에서도 위쪽에 위치한 주거 밀집 지역을 주목해보자. 이곳에는 고급 주상복합 단지인 W를 비롯하여 GS하이츠자이, LG메트로시티1~4단지가 하나의 거대한 메가시티를 형성하고 있으며, 현재도 중산층과 부유층이 많이 거주하고 있다. 또한 부산에서도 최상위 학구열을 보여주고 있는데, 분포중학교, 용호중학교, 용문중학교, 예문여자고등학교, 분포고등학교 등이 높은 학업성취도를 기록하고 있다.

③ 좌동

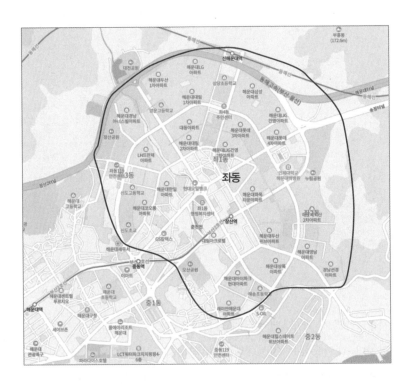

지방 아파트 황금 입지

부산에서 최상급지 주거지를 꼽으라고 한다면 단연 해운대, 그곳에서도 이미 완성된 정주 인프라를 자랑하는 좌동을 언급하지 않을 수 없다. 좌동은 부산 최초의 계획 신도시로, 중앙의 부산 도시철도 2호선 장산역을 중심으로 아파트 단지들이 원형으로 둘러싸고 있다. 1990년대 중후반부터 조성되기 시작했는데, 당시 떠오르는 부촌 중 한 곳이었기에 상권, 편의시설, 학군 등이 훌륭하다.

좌동은 위쪽의 북좌동과 아래쪽의 남좌동으로 나뉜다. 북좌동은 단지들의 집적도가 좀 더 높으며 학원가가 잘 조성되어 있고, 남좌동에는 NC백화점, 영화관 등 굵직한 기반 시설들이 위치해 있다. 래미안해운대와 해운대KCC스위첸 등 신축, 준신축 단지들이 소수 존재한다. 하지만 대부분은 1990년대식 단지들로 구성되어 있으며, 수도권의 1기 신도시인 분당, 일산 등과 유사하게 중고층 단지들로 이루어져 용적률이 높아 재건축보다는 리모델링을 추진 중인 단지들이 다수 있다. 좌동은 부산의 랜드마크인 엘시티가 위치한 중동과 마린시티, 센텀시티와도 가까운 최상급지 주거벨트 라인이기 때문에 소액으로 진입할 수 있는 타이밍이 온다면 반드시 고려해야하는 지역 중 한 곳이다.

④ 북항재개발

북항재개발은 부산 동구 부산역 일원 북항 인근 일대를 재개발하는 사업이다. 부전역이 일반철도 노선을 중심으로 복합환승센터를 조성한다면, 부산역은 고속철도 중심으로 복합환승센터를 조성할 계획이다. 이 사업과 연계하여 부산역 일대 노후된 북항이 가지고 있던 기존 물류 기능을 부산 신항으로 이전하고, 북항은 국제해양관광 거

점으로 개발한 뒤 친환경 워터프론트를 조성한다는 계획이다. 단순히 관광지로 다시 태어나는 것이 아니라 인근에 주거, 업무, 상업시설을 모두 배치하여 경제적 파급효과를 노리고 있다. 현재는 주거 퀄리티가 좋다고 말할 수 없지만 수정주거환경개선지구, 초량주거환경개선지구, 동구도시재생뉴딜사업, 영주주거환경개선지구, 대청주거환경개선지구 등 대대적인 재개발로 입지 자체를 변화시킬 준비를 하고 있다.

지방 아파트 황금 입지

⑤ 화명동

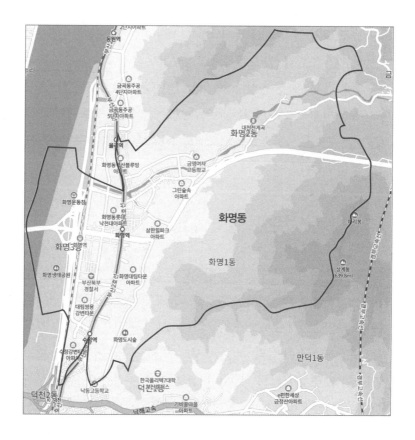

화명동은 1990년대부터 신도시로 개발되어 2010년 중반까지 계속해서 신축이 지어졌고, 계획적으로 인프라가 들어서 서부산에서 수요가 많은 주거벨트 라인 중 한 곳이 되었다. 화명신도시에는 부산 도시철도 2호선 수정역과 화명역, 경부선 화명역이 지나가고, 왼쪽으로 화명생태공원이 있다. 선호 상권, 유흥 상권, 병의원 등 수많은 정주 인프라 역시 잘 조성되어 있다. 화명역 인근에 부산 최대의 학원가가 형성되어 있는데, 학원의 수만큼 학군이 받쳐주지 못하는 점은 참으로 아쉽다. 수정역 오른편에 위치한 롯데캐슬카이저의 선호도가 가장 높고, 화명역 인근의 롯데낙천대, 대우이안, 코오롱하늘채1~2차 등도 인기가 많다. 역 오른쪽으로 올라갈수록 경사가 있어 시세가 다소 떨어진다는 특징이 있다. 하지만 그만큼 소액으로 접근할 수 있다는 장점이 있으므로 평지에 위치한 대단지들의 시세 움직임을 잘 보고 흐름투자의 일환으로 경사도 있는 단지를 선택하는 방법도 고려할 필요가 있다.

⑥ 명지신도시·오션시티

현재 선호도가 가장 높으면서 미래 발전 가능성도 높은 서부산 지역을 꼽자면 명지국제신도시를 빼놓을 수 없다. 인천 송도와 같은 콘셉트로 계획되었으며, 현재는 완성된 1단계, 앞으로 들어설 2단계로 나뉜다. 다만 2단계는 북쪽에 위치한 에코델타시티보다 더 늦을 것이라는 현장의 의견이 있다. 사상구, 사하구, 북구의 주거 수요를 모두 빨아들일 만큼 양질의 주거 퀄리티를 가졌고, 부산지방법원 서부지원과 부상지방검찰청 서부지청이 신설 입주하여 이 인근으로 들어선 고층 주상복합이 랜드마크 역할을 하고 있다. 교통편이 약점으로 꼽히는데, 부산 도시철도 5호선이 오른쪽 사하구 하단역에서 출발하여 명지신도시와 아래쪽 오션시티를 지나 같은 강서구의 녹산지구를 비롯, 진해까지 이어지는 노선으로 개통될 예정이다.

명지신도시를 이야기하려면 에코델타시티도 함께 살펴보아야 한다. 에코델타시티는 2010년부터 계획되어 현재는 부지공사 중이다. 문화·상업시설, 교통편, 일자리, 자연환경 등 양질의 정주 인프라를

구성했으며, 총 33개의 아파트 단지가 들어설 예정인 만큼 서부산 생활권 사람들뿐 아니라 부산 왼편의 김해, 창원에서도 관심이 많다. 에코델타시티 입주 시 명지신도시는 분명 크게 흔들릴 것이다. 따라서 명지신도시나 오션시티에 살고 있다면 에코델타시티 입주가 마무리되기 전에 에코델타시티로 옮겨 타는 것을 고려해볼 필요가 있다.

2008년부터 조성된 오션시티는 르노삼성대로를 기준으로 명지신도시 아래쪽에 위치해 있다. 인근 김해공항의 영향으로 고도제한

이 걸려 고층 아파트가 없으며, 중저층 단지들이 집적하여 만들어내는 특유의 분위기가 있다. 상권과 학원가 등 정주 인프라는 중앙의 상업지역에 몰려 있으며, 오션시티라는 이름답게 남쪽의 바다뷰가 나오는 매물들은 프리미엄을 형성하고 있다.

⑦ 온천동·명륜동

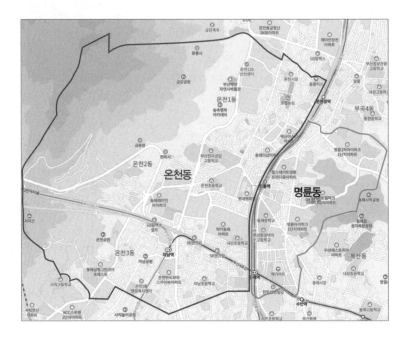

　　부산 동래구에 위치한 온천동과 명륜동은 조선시대 때부터 부산의 중심이었다. 그만큼 구도심 인프라가 훌륭하며, 부산 도시철도 3개 노선이 지나갈 정도로 교통의 중심지다. 부산 도시철도 1호선 온천장역과 명륜역, 동래역, 부산 도시철도 3호선 미남역, 부산 도시철도 4호선 미남역과 동래역이 있다. 온천동의 북쪽에는 2024년 9월 입주 예정인 4,043세대 대단지 래미안포레스티지가 기대를 모으고 있다. 기존의 낙후된 주거지를 정비하여 들어서는 신축인만큼 입지 변화를 기대해볼 만하다. 동래역, 미남역 위쪽으로는 부산 재건축 대장 아파트 3곳(대우마리나, 삼익비치, 동래럭키) 중 하나인 동래럭키가 있다. 동래럭키 왼쪽에 온천2주택재개발로 들어선 동래래미안아이파크 역시 최신축으로 선호도가 높다.

명륜동은 왼쪽으로는 온천동, 위로는 금정구 부곡동과 맞닿아 있다. 동래역 인근에 상당한 규모의 먹자골목 상권이 형성되어 있으며, 명륜자이, 명륜아이파크, 명륜쌍용예가, 동래센트럴파크하이츠, 명륜힐스테이트, 힐스테이트명륜트라디움 등 부산 사람들이 선호하는 신축, 준신축 단지가 다수 밀집해 있어 정주 인프라 역시 훌륭하다. 또한 명륜역 오른쪽으로 삼창, 세창, 명륜한신, 명륜대진이 명륜제2구역으로 소규모 재정비 사업을 추진 중이다.

울산광역시

인구 111만 명의 울산은 대한민국 제3의 항구도시다. 면적은 광역시 중에서 가장 크지만 인구가 가장 적고, 인구 감소 속도가 전국에서 가장 가파르다. 이렇게만 보면 울산은 투자하면 안 될 도시처럼 느껴진다. 그러나 울산은 현대중공업, 현대자동차, 현대제철과 같은 현대그룹은 물론 SK이노베이션, S-OIL, 한화솔루션, LG화학, 롯데케미칼, 금호석유화학, 바스프 등 국내외 대기업이 자리 잡은 제조업의

산지다. 다만 도시가 석유화학, 중공업, 조선업 등의 경기에 많은 영향을 받아 해당 산업이 어려울 땐 울산의 부동산 가격도 수요·공급과 상관없이 어려워진다. 울산의 미래를 어둡게 보는 사람이 많지만 인구로 보나 일자리로 보나 저력을 지닌 도시임은 분명하다.

① 매곡동·천곡동

매곡동과 천곡동은 울산 북구에서도 최북단에 있는 지역이다. 보통 북구에서는 송정동과 화봉동에 걸쳐 있는 송정지구만 언급하는데, 지방 소액 투자 관점에서 송정지구 위에 있는 매곡동과 천곡동을 빼놓을 수 없다. 주변에 매곡일반산단, 중산일반산단, 달천농공단지, 문산일반산단, 외동일반산단, 석계일반산단, 모화일반산단 등 작은 규모의 산단이 있으며, 아래로 울산공항을 비롯해 현대자동차 등 굵

지방 아파트 황금 입지

직한 일자리들이 존재한다. 매곡동에서는 매곡중학교, 달천동에서는 상안중학교가 학업성취도가 높은 학교로 꼽힌다. 두 지역 모두 아이들이 많이 보이며 가족 단위 정주 인프라가 작게나마 잘 조성되어 있는 것이 특징이다.

② 송정지구

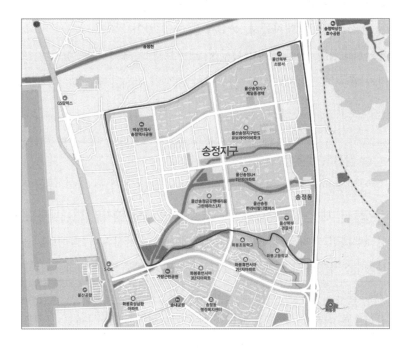

송정지구는 울산 북구의 대장지역이다. 위쪽의 신축 일반 브랜드 단지와 아래쪽의 구축~준신축 주공, 일반 브랜드 단지가 혼합된 것이 특징이다. 위쪽 신축 단지들은 2019년식이라 아래쪽 휴먼시아 단지와 수요가 다르며, 특히 반도유보라아이비파크 맞은편에 자리 잡은 상권과 학원가가 잘 발달되어 있다. 금강펜테리움그린테라스1차와 한라비발디캠퍼스 아래쪽에 발달된 정주 인프라들을 휴먼시아 1~3단지, 쌍용예가 등도 함께 공유한다는 위치상 장점이 있다. 그 아래쪽의 대우, 동아, 청구 등은 앞서 언급한 단지들이 오를 때 시차를 두고 따라 오를 가능성이 있다. 또한 대우, 동아, 청구는 울산공항으로 인해 중저층으로 지어졌으나, 최근 송정지구가 중고층으로 지어진 사례를 토대로 향후 재건축을 기대해볼 수 있다. 송정지구는 주변에 중소 산단, 현대자동차, 울산공항 등이 있어 일자리가 충분하고, 울산시티병원, 울산광역시 북구청, 코스트코, 롯데마트 등 정주 인프라가 훌륭하므로 앞으로도 북구에서 대장의 입지를 공고히 할 것으로 전망된다.

③ 삼산동·야음동

삼산동은 울산의 핵심 지역 중 한 곳이라 할 수 있다. 신축 대단지 아파트도, 랜드마크 주상복합도, 명문 학원가도 없지만 현대백화점, 롯데백화점, 롯데호텔, 울산고속버스터미널, 울산시외버스터미널, 울산농수산물도매시장, 이마트 등 울산 상권의 젖줄 역할을 하고 있다. 특히 삼산동의 위쪽 아파트 단지들은 태화강과 강변 산책로 등을 직접적으로 이용할 수 있는 프리미엄이 있으며, 아래쪽 아파트 단지들은 중심 상권과 가깝다는 장점이 있다. 대부분의 단지가 1990년대식 구축이라는 점은 분명 단점이지만, 입지가 워낙 좋아 향후 1:1 재건축이나 리모델링을 기대할 수 있다.

야음동은 남구에서도 가장 남동쪽에 위치한 지역으로, 이곳 역시 양질의 주거벨트 라인을 형성하고 있다. 과거에는 1990년대식 구축

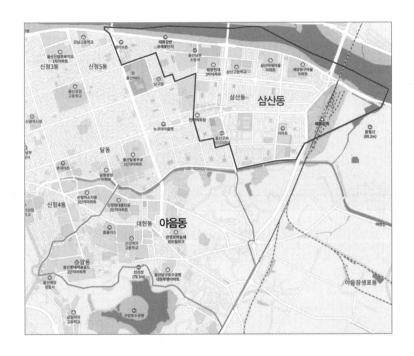

단지들이 주로 자리 잡고 있었지만 재건축, 재개발 등을 통해 현재는 신축, 준신축이 다수 들어섰다. 앞으로 입주할 더샵번영센트로, 번영로하늘채센트럴파크 등이 큰 기대를 모으고 있다. 현재는 울산대현 더샵1~2단지가 대장 역할을 하고 있고, 인근의 신선여자고등학교, 대현고등학교 등 학군 측면에서도 강세를 보이고 있다. 위쪽 여천천 인근 단지들의 수요와 선호도가 높으며, 야음동 오른편에 공공지원 민간임대촉진지구, 야음지구단위계획구역 등이 계획되어 있어 입지 향상도 기대해볼 만하다. 울산의 최대 일자리 지역 중 하나인 울산미포국가산단도 인근에 있어 직주근접 측면에서도 강점이 있다.

④ 옥동·신정동

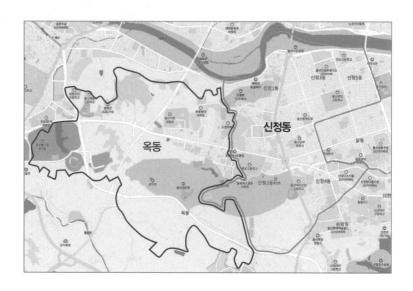

　옥동과 신정동은 울산의 대장 입지라고 할 수 있다. 특히 옥동은 울산 최고, 최대 학원가를 비롯하여 학군지를 형성하고 있으며, 신정동의 문수로아이파크1~2차는 이런 학군지 수혜를 직접적으로 받고 있다. 먼저 옥동은 지도상으로는 산과 가깝고 아파트 단지들도 많지 않으며 경사도가 있어 도저히 1급지라고 상상하기 어렵다. 그러나 직접 임장을 해보면 중앙의 문수로를 기준으로 양옆으로 엄청난 학원가가 들어서 있는 것을 확인할 수 있다. 골목 사이사이에도 중소형 학원이 가득해 대구 수성구 범어동을 떠올리게 한다. 또한 울산지방법원, 울산지방검찰청 등이 있어 크진 않지만 법조타운이 형성되어 있고, 남쪽으로는 신정동과 울산대공원을 공유하여 자연환경 측면에서도 좋다. 특히 한가운데에 있는 군부대 이전이 확정되었는데, 향후 신

지방 아파트 황금 입지

축 단지와 도서관이 들어설 것이라는 이야기가 돌고 있다. 그것이 현실이 된다면 옥동은 장기적으로 더욱 좋아질 전망이다.

옥동의 오른쪽에 위치한 신정동은 현재 울산 전체 대장급 아파트들이 다수 소재해 있는 지역이다. 문수로아이파크1차1~2단지, 문수로아이파크2차1~2단지가 대장 아파트에 해당하며, 1차는 20년 차에 들어서는 구축, 2차는 10년 차에 들어서는 준신축이지만 아직도 선호도가 상당하다. 아이파크 서북쪽의 구축 단지들은 모두 재건축 이슈가 있는데, 실제로 시행되기까지는 시간이 조금 더 필요할 것으로 보인다. 2023년 4월 문수로대공원에일린의뜰이 입주할 예정이며, 롯데인벤스가, 올림푸스골든 등은 울산의 전문직, 고소득자들이 모여 사는 곳으로 유명하다. 신정동은 밑으로는 울산대공원의 인프라를 직접적으로 누리면서, 왼쪽의 옥동과 함께 옥동초등학교, 남산초등학교, 학성중학교, 울산서여자중학교, 선정고등학교, 학성고등학교 등 학군 측면에서도 어디 하나 빠지는 곳이 없는 명문 학군지다.

⑤ 무거동

무거동에는 울산대학교가 있어 관련 상권과 생활권이 형성되어 있다. 또 남쪽의 문수월드컵경기장, 옥동저수지, 울산체육공원, 북쪽의 태화강, 수변 산책로 등 자연·문화 인프라도 훌륭하다. 문수중학교, 무거중·고등학교, 옥현중학교, 성광여자고등학교, 우신고등학교 등 학업성취도에서 상위권을 차지하는 중·고등학교가 다수 소재해 있는 것도 큰 장점이다. 생활권은 크게 3구역으로 나누어 살펴볼 수 있는데, 옥현주공1~3단지가 있는 지역과 문수산더샵이 있는 지역, 태화강 아래쪽의 무거위브자이가 있는 지역이다. 각 생활권 모두 나

름의 정주 인프라를 잘 구성하고 있다. 소액 투자로 접근하고자 한다면 옥현주공1~3단지를 좀 더 주목할 것을 추천한다.

경상남도 ① 창원특례시

창원은 인구 102만 명의 비수도권 유일의 특례시로, 최초의 계획도시가 생긴 지역이자 임해공업벨트의 경제 중심지다. 창원, 마산, 진해는 행정통합으로 운영되고 있지만 생활권이 분명하게 구별되어 '하나의 창원'에 산다는 느낌이 덜하다. 현대위아, 현대로템, 현대모비스, 현대비앤지스틸 등의 현대자동차그룹은 물론, LG전자, 한화, 두산중공업, 효성중공업 등 많은 대기업이 창원에 공장을 두고 있어 대한민국 제조업의 과거와 현재를 상징한다. 게다가 창원은 교육도시로 유명한 만큼 명문 중·고등학교는 물론 학원가도 즐비하다. 또한 성산구의 상남동과 중앙동 일대에 위치한 상업지는 경상남도 최대 상업

지방 아파트 황금 입지

지역이라 해도 무방할 정도이며, 행정, 문화, 상업, 유흥의 중심지라고
도 할 수 있다. 최근 인구 감소 등의 이유로 창원을 부정적으로 보는
시선이 많다. 하지만 창원은 여전히 대한민국 최대 일자리 지역 중 하
나이며, 소액 투자를 고려한다면 반드시 검토해야 하는 지역이다.

① 상남동·가음동·남양동·대방동

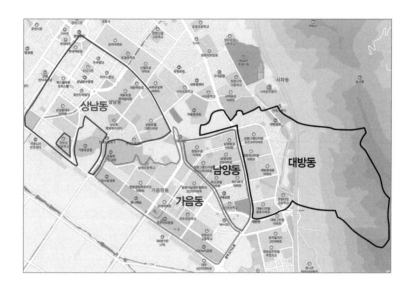

　상남동은 경상남도 최대 상업지구인 상남상업지구를 끼고 있으
며, 중앙의 창원광장 인근에 창원시청, 이마트, 롯데마트, 롯데백화점
등 행정·문화·상업 인프라가 훌륭하게 조성되어 있다. 학원가도 상
당히 훌륭한데, 유흥 상권과 학원가가 섞여 있는 점은 조금 아쉽다.
상남동은 신월동, 사파동과 함께 봐야 하며, 대부분의 아파트가 1980
년대식이라 재건축, 리모델링이 활발하게 추진 중이다. 특히 창원은

시 자체적으로 리모델링에 긍정적이며, 대동토월과 성원토월이 가장 적극적으로 움직이고 있다. 맞은편 신월동과 사파동의 단지들은 주로 재건축을 추진 중이며, 중장기적으로 이 일대에 신축이 들어선다면 창원 최대의 부촌이 새롭게 정립될 가능성이 크다.

가음동과 남양동, 대방동은 창원에서 가장 많은 아파트 단지가 모여 집적효과를 내는 곳이다. 가음동에는 비교적 신축이 많으며, 센트럴사원, 은아, 삼선, 상록 등 재건축을 추진 중인 단지가 많다. 남쪽으로 공단 사이에 습지공원을 포함한 공원들이 일자로 자리 잡아 자연환경 측면에서도 장점이 있다.

남양동과 대방동은 구축들로 이루어진 지역이며, 단지들 사이사이에 자리 잡은 콤팩트한 학원가가 장점이다. 특히 창원우성과 창원롯데남양 사이에 있는 학원가, 대동황토방1차 왼쪽에 있는 학원가는 규모가 상당하다. 무엇보다 남양동과 대방동은 리모델링을 주목해야 한다. 피오르빌, 대방대동, 대방그린빌, 대방덕산타운2차, 대방동성, 사파동성, 벽산블루밍, 대동중앙 등은 상남동의 대동토월, 성원토월과 함께 창원의 대표적인 리모델링 추진 단지들이다. 물론 시간은 필요하겠지만 소위 '구축밭'이 리모델링으로 새롭게 태어난다는 것은 분명한 호재다.

② 반림동·용호동

창원의 1급지라 불리는 반림동과 용호동은 창원 성산구의 중심 입지다. 위로는 반송공원, 창원대학교, 경남도청, 아래로는 주경기장, 오른쪽으로는 용지공원, 성산아트홀, 창원시청, 이마트, 롯데마트, 롯데백화점, 경남지방병무청, 창원고용노동지청, 창원교육지원청, 경남

지방 아파트 황금 입지

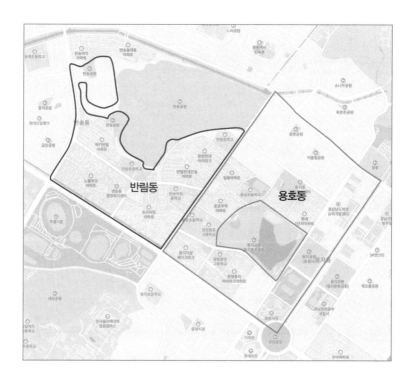

지방조달청, 경남지방중소벤처기업청 등이 있다. 게다가 용호동의 한 가운데에 용지공원과 창원중앙도서관이 있어 자연·문화·상업·행정·교육 등 창원의 모든 인프라가 집약되어 있다.

반림동에서는 노블파크와 트리비앙이 실수요가 가장 많고, 반림 럭키, 현대, 현대2차는 재건축을 추진하고 있다. 용호동의 일동, 용지 무학, 롯데맨션1, 2단지도 재건축 이슈가 있으며, 용지더샵레이크파크와 용지아이파크는 창원의 전체 대장으로 시세를 선도하고 있다.

③ 양덕동

마산의 대장 입지, 상권과 학원가의 중심지는 바로 양덕동이다. 비

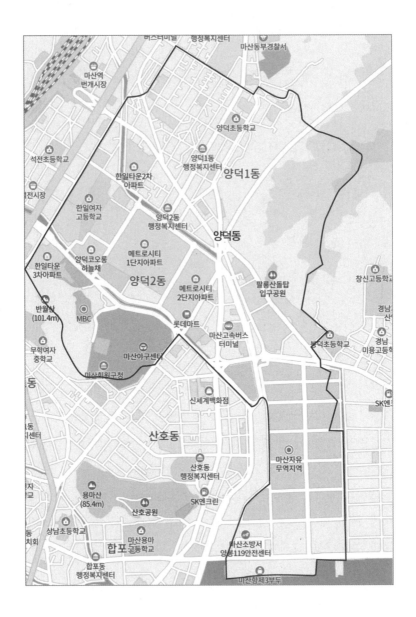

록 최고의 학업성취도를 보이는 학교는 바로 왼쪽 내서읍에 있지만,
실거주 만족도가 가장 높은 곳은 양덕동이라 할 수 있다. 3.15아트센

터, 창원NC파크, 홈플러스, 롯데마트 그리고 시내 곳곳을 흐르는 하천까지 훌륭한 인프라를 갖추었다. 또한 KTX마산역이 있으며, 마산역 관련 상권도 발달되었다. 메트로시티1~2단지가 시세를 이끌고 있는데, 단지 안에 롯데마트를 품고 있는 2단지가 좀 더 인기가 많다. 이외에도 구축 모두 선호도가 높고 한일타운1~4차는 많은 투자자가 진입했던 단지다. 메트로시티 동남쪽으로 롯데캐슬센텀골드와 양덕 4구역이 들어설 예정인데, 신축 프리미엄으로 메트로시티 인근의 투자, 실거주 수요를 가져올 수 있을지 지켜볼 필요가 있다.

④ 석동·자은동

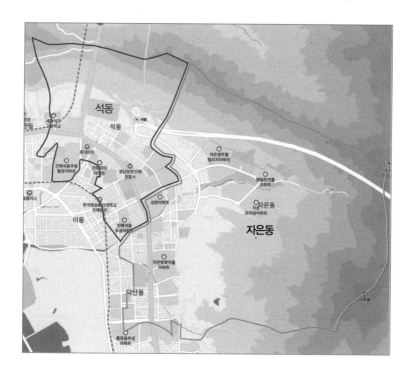

창원 진해구에서 전통 주거벨트 라인을 꼽으라고 한다면 단연 석동이다. 바로 위 안민터널을 통해 창원 시내로 이동이 편리해 창원국가산단으로의 출퇴근 수요가 많으며, 향후 제2안민터널이 개통된다면 직간접적 수혜를 받을 수 있다. 중앙의 3호 광장거리를 기준으로 롯데시네마, 롯데마트, 하나로마트 등 상업·문화 인프라가 몰려 있다. 이곳의 시세는 진해석동우림필유와 진해GS자이가 선도하고 있으며, 진해이동미소지움1~2단지는 세대수는 적지만 중대형 평형이 있어 희소성이 있다.

자은동은 1990~2000년대 초반 아래쪽 평지에 지어진 구축들이 있는 지역과 동쪽의 산 구릉지에 지어진 자은지구 지역으로 나뉜다. 구축들이 있는 지역은 사이사이에 상가, 학원가, 병원들이 있어 실거주 수요가 많다. 자은지구는 2015년부터 조성되기 시작한 신규 택지로, 진해뿐 아니라 창원 내 타 지역의 신축 수요를 빨아들이고 있다. 자은지구는 제2안민터널이 개통된다면 가장 직접적인 수혜를 받을 전망이다. 무엇보다 산으로 둘러싸여 있고, 높은 지대의 고층인 경우 저 멀리 진해 바다 조망도 가능하다. 한 가지 아쉬운 점은 상당히 높은 경사에 조성된 만큼 이동 등 생활의 불편함을 어느 정도 감수해야 한다는 것이다.

경상남도 ② 김해시

인구 53만 명의 김해는 동쪽으로 부산, 서쪽으로 창원과 맞닿아 있으며, 지리적인 이유로 부산과 창원의 대표적인 베드타운이다. 부산의 영향을 많이 받는지, 창원의 영향을 많이 받는지에 따라 생활권이 나뉘며, 대표적으로 남쪽의 장유, 율하 생활권은 창원과 밀접한 관계를, 북쪽의 내외동 생활권은 서부산과 밀접한 관계를 가지고 있다. 크고 작은 공장들은 있지만 이렇다 할 대기업이 없는 것이 김해의 약점이며, 신축 아파트의 수요와 공급 역시 주변 큰 도시들에 많은 영향을 받는다. 일자리가 부족하고 주변 도시들에 영향을 많이 받는 것은 분명 단점이지만, 투자를 할 때는 오히려 장점으로 작용할 수 있다. 주변 메가시티인 부산과 창원의 공급량과 일자리 변화에만 주목하면 좀 더 손쉽게 투자 결정을 내릴 수 있기 때문이다.

① 장유동·율하동

장유동과 율하동은 김해에서 1, 2등을 다툴 정도로 입지가 좋은 주거벨트 라인이다. 2018년부터 입주한 장유동은 정주 인프라만 따

진다면 율하동보다는 못하지만 중앙에 위치한 상업지역에 상가와 학원가가 모여 있고, 사람들의 실거주 만족도가 높다. 위쪽 신문동에 위치한 김해롯데워터파크, 롯데아울렛, 농협하나로마트 등 쇼핑·문화시설로의 접근성도 좋다. 다만, 신문지구가 개발되면 중장기적으로 흔들릴 수도 있다.

장유동 왼쪽에 위치한 율하동은 조성된 지 10~13년 정도 된 준신축 단지가 많다. 오래된 만큼 상가, 학원가, 병원, 영화관, 은행 등 생활 편의 인프라가 잘 갖추어져 있다. 장유동이 신축으로 시세를 이끌고 있다면, 율하동은 뛰어난 정주 인프라와 학원가로 입지를 다지고 있다. 율하동은 장유동과 마찬가지로 신문동의 롯데아울렛 등을 이용하기 편리하며, 신문지구 개발에 많은 영향을 받을 전망이다.

② 내동·외동

서부산의 영향을 받는 북쪽 생활권의 1급지는 내동과 외동이다. 이곳에는 부산 사상구 사상역까지 이어지는 부산김해선 박물관역과 수로왕릉역이 있으며 홈플러스, 이마트, 신세계백화점, 김해여객터미널, 김해문화의전당, 연지공원이 소재하여 쇼핑·문화·자연환경 인프라가 잘 갖추어져 있다. 이곳의 대장은 2022년 3월에 입주한 연지공원푸르지오다. 인근 인프라가 아쉽다는 평이 있지만 김해 북부 사람들에게는 '연지공원 인근의 신축'이라는 키워드가 부촌의 이미지를 주기 때문에 한동안 수요가 몰릴 것으로 전망된다. 박물관역과 수로왕릉역 왼쪽의 단지들은 대부분 1990년대 초반 연식의 구축 단지인데, 공시지가 1억 원 이하라는 장점이 있으면서도 정주 인프라가 매우 훌륭해 실거주 수요는 물론 투자 수요 역시 많이 몰리고 있다.

지방 아파트 황금 입지

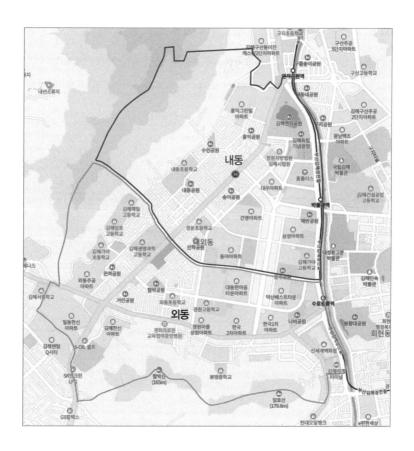

경상남도 ③ 양산시

인구 35만 명의 양산은 부산의 대표적인 위성도시이자 베드타운이다. 부산 도시철도 2호선이 양산역으로 들어올 만큼 서부산과 생활권을 공유하며, 향후 부산 노포역에서 사송신도시를 지나 양산 북정역을 잇는 양산선이 개통하면 부산의 도시철도 1, 2호선과 연계되어 부산과의 교류가 더욱 커질 전망이다. 양산은 베드타운임에도 불구하고 일자리가 많은 편으로, 고려제강, 고려특수선재, 넥센타이어, 화승알앤에이, 성우하이텍, 쿠쿠전자, 코카콜라, LF, 진주햄, 필립모리스, 롯데제과 양산공장, 롯데칠성음료, CJ제일제당 등이 소재해 있다.

① 물금신도시

물금신도시는 양산시 물금읍 일대에 조성된 신도시로, 양산의 최상급지 주거벨트 라인이다. 부산대학교 양산캠퍼스를 기준으로 동쪽

지방 아파트 황금 입지

과 서쪽 생활권으로 나뉘며, 아파트 단지들의 연식도 차이가 있다. 동쪽에 위치한 물금신도시 1단계에 해당하는 단지들은 주로 2000년대 중후반 이후 연식을 가지고 있으며, 조성된 지 10년이 넘은 만큼 해당 단지들부터 부산 도시철도 2호선 남양산역까지 형성된 상권이 상당히 훌륭하다. 서쪽의 물금신도시 2단계는 1단계보다 상대적으로 신축 단지들이 다수 형성되어 있으며, 이런 이유로 신축에 대한 선호 수요가 많이 몰린다. 다만, 아직 정주 인프라가 완벽하게 형성되지 않아 일부 단지들이 상권 이용에 불편함을 겪고 있다. 그로 인해 부산 도시철도 2호선 증산역 위쪽 상가들을 이용하기에 편리한 단지들이 인기가 많다. 또한 부산 도시철도 2호선 이용량이 적지 않아 지방임에도 불구하고 역세권이라는 의미가 많이 부각되어 있다.

② 중부동·남부동

중부동과 남부동은 최초의 양산신도시라고 봐도 무방하며, 부산 도시철도 2호선 양산역이 지나가는 양산 최고의 인프라를 갖춘 지역이다. 양산역 인근으로 메가박스, 이마트, 양산시외버스터미널이 소재해 있으며, 인근에 양산시청과 양산문화예술회관, 양산종합운동장 등 물금신도시가 갖추지 못한 쇼핑·문화·행정 인프라를 갖추었다. 단지들의 연식은 대부분 2000년대 초중반이며, 지역 자체가 크지 않아 어느 단지든 상권과 학원가 등의 인프라를 이용하는 데 어려움이 없다. 중소형 평형부터 중대형 평형을 갖춘 양산e-편한세상1차가 가장 인기가 많으며, 다른 단지들 역시 매전갭이 크지 않고 절대가격 자체가 저렴한 편이어서 실수요자와 투자자 모두 선호하는 지역이다.

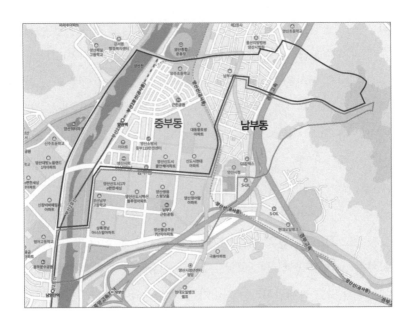

경상남도 ④ 진주시

인구 34만 명의 진주는 경상남도 서부권의 거점도시이자 소비도 시다. 특히 4년제 대학이 부울경(부산과 울산, 경상남도가 함께하는 전국 최초의 특별지방자치단체) 중에서 부산 다음으로 많으며, 경남과학고등 학교를 필두로 삼현여자고등학교, 경해여자고등학교, 대아고등학교 등 학업성취도가 높은 학교가 많다. 게다가 도시의 규모에 비해 종합 병원이 많은 만큼 부동산의 가치를 끌어올리고 유지시켜줄 인프라가 충분하다. 진주의 중앙에는 작은 공장들이 있어 주거지로는 선호되 지 않는다. 오히려 시의 외곽쪽에 위치한 평거동, 초전동, 가좌동, 충 무공동이 주거벨트 라인을 형성하고 있다.

지방 아파트 황금 입지

① 평거동·신안동

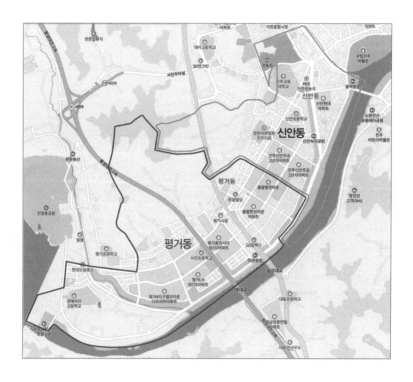

평거동과 신안동은 진주의 강남이라 불리는 곳이다. 그중에서도 평거동은 신축과 준신축이 어우러져 신축 아파트에 대한 수요를 소화했고, 1990년대 초반 연식 단지가 많아 서민과 중산층의 주거 선호도가 높다. 신축 중에서는 평거동 왼쪽에 위치한 엠코타운더프라하가 가장 인기가 많으며, 구축 중에서는 평거동 오른쪽에 위치한 들말한보와 인근 단지가 인기가 많다. 위쪽 신안동의 주공 아파트와 평거현대1~2차, 신안흥한타운1~2차 등은 공시지가 1억 원 이하 매물이 있어 투자자들의 많은 관심을 받았다. 대부분의 정주 인프라가 중앙의 10호광장 교차로를 기준으로 형성되어 있고, 신안동에는 창원 지방법원 진주지원, 창원지방검찰청 진주지청이 있는 만큼 법조 계열의 영향으로 교육열이 탄탄하다는 특징이 있다. 이런 이유로 평거동과 신안동에는 진주 최고, 최대 학원가가 형성되어 있다.

② 충무공동

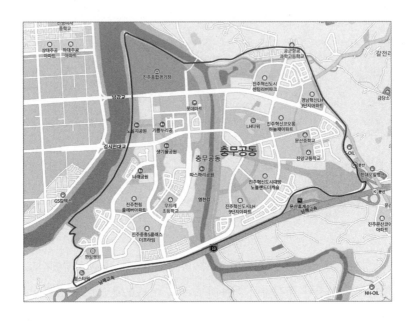

충무공동은 경남진주혁신도시로 인해 진주혁신도시라고도 불린다. 혁신도시로 지정되어 개발된 경우는 많지만 성공한 케이스는 생각보다 많지 않은데, 가장 성공한 케이스가 바로 충무공동의 경남진주혁신도시다. 이곳에는 한국토지주택공사, 주택관리공단, 국토안전관리원, 중소벤처기업진흥공단, 한국세라믹기술원, 한국산업기술시

지방 아파트 황금 입지

험원, 한국남동발전, 코엔서비스, 국방기술품질원, 한국승강기안전공단, 한국저작권위원회 등의 공공기관들이 자리 잡고 있으며, 롯데몰, 롯데시네마, CGV, 진주종합경기장 등 일자리는 물론이고 쇼핑·문화 인프라가 훌륭하다. 중앙의 영천강을 중심으로 생활권이 나뉘는데, 오른쪽에 단지들이 훨씬 많이 모여 있어 집적효과를 내며, 진주혁신도시의 대장인 진주혁신도시대방노블랜드더캐슬도 이곳에 있다. 상권 역시 어느 한 곳만 발달한 게 아니라 단지들 사이사이에 잘 자리 잡아 어느 단지든 상권을 이용하기에 부족함이 없는 입지를 가지고 있다.

CHAPTER

4

부동산 시장 전망과
대응 방법

혼돈의 부동산 시장,
그 미래는?

전문가에게 의존하지 말고 자신만의 기준을 세워라

이제 사람들에게 부동산 투자는 주식 투자처럼 여겨지고 있다. 10~20년 전에는 부동산 투자를 하려면 직접 현장을 뛰어다니며 정보를 모아야 했다. 하지만 이제는 너무나도 쉽게 좋은 정보들을 구할 수 있다. 네이버부동산에서 기본적인 매물에 대한 정보를 얻을 수 있고, 부동산지인, 아실, 호갱노노, 리치고^{m.richgo.ai} 등 훌륭한 프롭테크들이 무료로 좋은 데이터를 제공하고 있다. 뿐만 아니라 네이버 블로그를 통해 생생한 임장기를 들려주는 사람도 많고, 단톡방, 네이버밴드, 카페 등 각종 부동산 관련 커뮤니티에서도 생생한 정보를 빠르게 접할 수 있다.

여기에 뛰어난 인사이트와 투자 경험담으로 무장한 전문가들이 유튜브와 각종 SNS를 통해 사람들과 소통하면서 돈을 들이지 않고도 전문가들의 의견을 쉽게 접할 수 있는 시대가 되었다(내가 운영하는 유튜브 채널 '5분임장' 역시 나의 투자 경험담과 인사이트를 전달하는 플랫폼 역할을 하고 있다).

이러한 이유로 최근 부동산 투자를 한 사람들 혹은 부동산 투자를 위해 공부를 한 사람들 중에는 현장에 한 번도 가보지 않은 사람도 있다. 군이 현장에 가지 않아도 원하는 정보를 손쉽게 얻을 수 있기 때문이다.

이렇게 부동산 데이터와 전문가가 늘어난 가운데 요즘처럼 부동산 시장이 좋지 않은 상황에서 미래를 전망한다는 것은 상당히 부담스러운 일이다. 부동산이 마냥 상승할 땐 어느 지역을 찍어도 오르니 대부분 맞는 말이 된다. 하지만 조정장이나 하락장에서는 상승이 예측되어도 전문가로서 발언하기가 쉽지 않다.

데이터가 침체나 하락을 나타내면 일부 전문가들은 "이런 시기에는 반드시 투자를 조심해야 합니다"와 같이 원론적인 이야기만 한다. 물론 투자는 조심해야 한다. 하지만 진짜 투자자라면, 진짜 전문가라면 비록 틀리더라도 미래를 말할 수 있어야 한다. 만약 본인의 예측에 영향을 미치는 변수들이 나타난다면 그때마다 의견을 수정하면 되는 것이다.

이런 취지에서 조심스럽게 부동산 시장을 예측하고, 그에 따른 대응 방법을 말하고자 한다. 먼저 앞으로의 부동산 시장에 영향을 미칠 수 있는 요소를 금리, 정책, 공급, 인구, 심리로 나누어 살펴보고, 수도권과 지방 부동산에 대한 대응 방법을 이야기하도록 하겠다. 여러분 역시 본인만의 뷰view와 기준을 가지고 대중과 반대로 움직이기 위해 노력해야 한다는 것을 명심하기 바란다.

미래 부동산 시장을 바꿀 5가지 요소

금리

가까운 미래를 전망할 때 빼놓을 수 없는 첫 번째 요소는 금리다. 우리는 이 금리를 '돈의 가격'으로 이해할 수 있다. 즉, 금리가 높다는 것은 돈의 값어치가 높다는 뜻이며, 금리가 낮다는 것은 돈의 값어치가 낮다는 뜻이다. 부동산 역시 자산의 한 종류이므로 금리의 영향을 받는다. 금리가 높다면 비용을 조달하는 데 기존보다 더 많은 돈이 필요하므로 부동산 가격이 오르기 어렵다. 반대로 금리가 낮다면 비용을 조달하는 데 상대적으로 적은 돈이 필요하므로 부동산 가격이 오르기 쉽다. 그렇다면 과연 지금은 위기일까, 기회일까?

2023년 3월 기준 대한민국의 금리는 3.5%, 미국의 금리는 5.0%에 달한다. 돈의 값어치를 따지자면 금리가 높은 미국 돈이 더욱 가치가 있다. 미국은 우리나라보다 훨씬 큰 경제 규모와 자산가치를 가지고 있기 때문에 미국의 금리가 우리나라의 금리보다 높다면 우리나라로부터 미국으로의 자금 유출이 심각하게 발생할 수도 있다. 우리나라는 이를 방지하기 위해 통상적으로 미국보다 높은 금리를 유지하거나 최소한 비슷한 수준으로 맞춰왔다. 따라서 현재 우리나라는 미국의 금리 수준을 쫓아 금리를 더 올려야 한다. 하지만 경제 규모에 따라 견딜 수 있는 금리 수준은 정해져 있다. 우리나라는 3~3.5%를 그 한계로 보고 있다.

하지만 미국은 당분간 금리를 인상할 것으로 보인다. 2022년 12

2022년 12월 연준의 금리 점도표

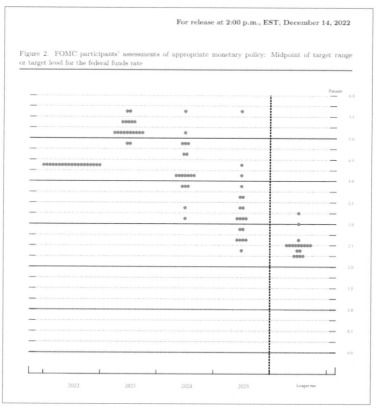

월 미국의 연방준비제도^{Fed}, 연준이 공개한 금리 점도표를 보면, 금리의 상단이 5.75% 수준인 것을 알 수 있다. 현재 미국의 금리가 5.0%이기 때문에 앞으로 0.75%는 더 올라갈 수 있다는 것이다. 물론 최종 금리 수준이 낮아질 수도 있으며, 전쟁과 인플레이션 등이 해소된다면 지금의 금리 수준에서 멈출 수도 있다. 그러나 우리는 보수적인 관점에서 미국의 금리가 최소 6%까지는 올라갈 것이라 가정하고 움직여야 한다. 그렇게 된다면 우리나라의 금리 역시 3.5~4% 수준에 도달할 것이다. 2020~2021년에 비하면 2배 수준의 이자를 감당해야 하기 때문에 투자자든 실수요자든 부담스러울 수밖에 없는 상황이다.

그러나 금리가 상승한다고 해서 부동산 가격이 무조건 하락하는 것은 아니며, 반대로 금리가 하락한다고 해서 부동산 가격이 무조건 상승하는 것도 아니다. 금리가 상승할 때 부동산 가격도 함께 상승한 경우도 있었고, 금리가 하락할 때 부동산 가격도 함께 하락한 경우도 있었다. 따라서 금리와 부동산 가격은 정비례나 반비례의 관계가 아니다. 이를 파악하기 위해서는 금리 인상과 인하를 '이유'와 '속도' 측면에서 본질적으로 접근해야 한다.

먼저 금리를 인상하거나 인하하는 이유는 무엇일까? 통상적으로 중앙은행의 금리 인상은 '물가 안정'을 목표로 한다. 따라서 경기가 과열되고 물가가 상승하면 이를 안정시키기 위해 금리를 인상하여 물가를 조정한다. 반대로 경기가 침체되고 사람들이 소비를 하지 않으면 중앙은행은 금리를 인하하여 돈을 쓰도록 유도한다. 또 급격한 금리 변화는 시장에 부작용을 만들어낼 수 있기 때문에 보통 베이비스텝(0.25%포인트) 정도로 변화를 주며, 경기의 심한 과열과 과한 침체의 경우에만 0.5%포인트(빅스텝), 0.75%포인트(자이언트스텝)씩 올리고 내린다.

그런데 최근 미국의 금리 인상은 정상적이지 않다. 러시아-우크라이나 전쟁으로 촉발된 전 세계적인 인플레이션으로 인해 경기가 과열되지 않았음에도 금리를 인상했다는 점과 금리를 0.75%포인트씩 4차례 연속 올린 점이 그러하다. 즉, 금리 인상의 이유와 속도가 모두 일반적이지 않았다. 이런 비정상이 정상으로 회귀할 때의 반동은 강력할 수 있다.

결론을 내리면 다음과 같다. 금리 인상 때문에 부동산 가격이 하락하는 것이 아니라, 경기가 과열되어 물가를 안정시키기 위해 금리를 인상하는 것이다. 그리고 그 과정에서 주택 공급이 누적되어 부동산 가격도 안정되는 것이다. 이런 주택 공급이 '과잉'될 때 주택 가격 안정이 아닌 주택 가격 하락이 된다. 즉, 금리 인상은 부동산 가격의 하락, 금리 인하는 부동산 가격의 상승이라는 공식으로 연결되지 않는다. 그러나 속도는 부동산 가격에 많은 영향을 미치기 때문에 과격한 금리 인상은 부동산 가격의 조정이나 하락을 불러오는 직접적 요인이 되기도 한다. 따라서 우리는 금리의 움직임을 잘 지켜보면서 고금리일 때 급매를 선점할지, 금리가 인하할 때 시장에 진입할지 미리 전략을 짜두어야 한다.

정책

두 번째 요소는 바로 정책이다. 특히 아파트로 대변되는 주거용 부동산은 사람들의 주거 복지와 연관이 있는 만큼, 정부가 개입할 수밖에 없는 영역이다. 따라서 부동산 시장이 과열되면 정부는 부동산 시장을 안정시키기 위한 정책을 내놓고, 반대로 부동산 시장이 침체되면 부동산 시장을 활성화시키기 위한 정책을 내놓는 것이다. 부동산 시장에 영향을 줄 수 있는 정책은 크게 규제지역의 지정과 해제, 다주택자 규제와 완화로 정리할 수 있다.

① 규제지역의 지정과 해제

규제지역에는 조정대상지역, 투기과열지구가 있으며, 국토교통부 장관이 주거정책심의위원회를 통해 지정할 수 있다. 먼저 조정대상지역으로 지정되면 주택담보대출 시 담보인정비율인 LTV가 50%, 총부채상환비율인 DTI가 50%로 제한되며, 다주택의 양도소득세가 중과됨과 동시에 장기보유특별공제가 배제된다. 또한 분양권 전매 시 50%로 단일세율이 적용되며, 1순위 청약 자격 강화, 주택취득자금 조달 및 입주계획서 제출 의무 등 각종 부동산 취득·처분 규제가 붙는다.

투기과열지구는 조정대상지역의 상위 개념이다. 조정대상지역이 갖고 있는 부동산 규제를 모두 포함하며, 분양 주택 청약 시 1순위 자격이 제한되고, 주택담보대출 시 LTV와 DTI가 40%로 제한된다. 또한 재건축 조합원은 조합원 지위 양도와 조합원 분양권 전매가 제한되며, 재개발 조합원은 관리처분인가부터 양도 금지 등 새로운 규제가 적용된다.

과거 정부는 부동산 시장의 안정화 또는 활성화를 목적으로 규제지역의 지정과 해제를 반복해왔다. 지난 2021년까지 이어진 부동산

지방 아파트 황금 입지

상승장에서는 이 정책을 경시하는 경향이 짙었다. 특히 규제지역을 발표하면 오히려 '정부가 인정한 좋은 입지'라는 식의 이야기가 돌았다. 하지만 규제지역 지정은 좋은 입지에서부터 나쁜 입지 순이며, 해제는 나쁜 입지에서부터 좋은 입지 순이므로 규제지역으로 지정되었다고 해서 모두 입지가 좋은 지역은 아니라는 것을 염두에 두어야 한다.

반드시 알아야 할 것은 정부가 규제지역 지정을 시작한다면 분명한 매도 시그널이라는 사실이다. 투자의 기본은 쌀 때 사서 비쌀 때 파는 것이다. 그러기 위해선 공포장에 매수하여 환호장에 매도해야 한다. 정부가 규제지역을 지정하기 시작했다는 것은 시장이 과열됐음을 정부도 인지했다는 것이다. 그렇게 규제지역이 점점 늘어나면 풍선효과로 비선호지역마저 매수세가 유입되어 가격이 올라 부동산 시장의 왜곡이 펼쳐진다. 이때는 비우량 부동산마저 가격이 상승하기 때문에 매수세가 들어올 때 적당히 수익을 보고 파는 전략이 필요하다. 특히 현재 소액으로 접근할 수 있는 지방은 규제지역의 지정과 해제, 그 외 정부 정책에 많은 영향을 받기 때문에 정부의 부동산 정책 기조를 잘 살필 필요가 있다.

② 다주택자 규제와 완화

다주택자는 시장 상황에 따라 은인이 되기도 하고, 역적이 되기도 한다. 하락장에서는 미분양을 해소하고 팔리지 않는 구축을 매수해주는 은인이지만, 상승장에서는 주택 가격을 올리는 투기꾼 취급을 받기 때문이다. 실제로 다주택자는 대한민국 내수경기의 많은 부분을 차지하는 부동산 시장을 떠받치는 역할을 한다. 그래서 정부는 부동산이 과열될 때 다주택자들을 먼저 규제하여 더 이상 시장에 진입하지 못하도록 막고, 반대로 부동산이 침체될 때는 다주택자들에게 힘을 실어주어 시장을 다시 활성화시키도록 유도한다.

2022년부터 시작된 조정장에서 지난 정부에서부터 쌓여온 규제들이 드디어 효력을 발휘하기 시작했고, 현재 윤석열 정부는 부동산 규제 완화 혹은 폐지를 내세우고 있다. 모든 부동산 정책을 외울 필요는 없지만 앞으로 규제가 점점 완화된다면 그때가 매수 기회이며, 다시 규제가 강화될 때가 매도 타이밍이라는 사실을 기억하자.

공급

세 번째 요소는 공급이다. 앞서 수요를 정확하게 예측하는 것은 매우 어려운 일이라고 언급했다. 미분양, 거래량, 매수 심리 등을 통해 시장의 수요를 어느 정도 가늠해볼 수 있지만, 이 지표들을 분석한다고 해서 수요를 정확하게 파악할 수 있는 것은 아니다. 또 이런 지표들 자체가 후행적이다 보니 시장 상황에 빠르게 대처하기에는 어려움이 있다.

그러나 공급은 아니다. 적어도 현시점을 기준으로 3년 후까지의 공급량을 여러 프롭테크 플랫폼에서 확인할 수 있다. 물론 인허가 물량까지 추가로 파악한다면 좋겠지만, 모든 인허가 물량이 확정 공급 물량이 되는 것이 아니며, 오히려 인허가가 났음에도 실제 공급으로 이어지지 않는 경우도 많다. 따라서 우리가 현실적으로 대처할 수 있는 부분은 향후 3년까지의 공급량이다.

여기서의 공급은 당연히 신축 아파트의 공급을 말하는데, 이런 공급은 앞서 다룬 규제와 어느 정도 일맥상통하는 지점이 있다. 바로 상승장에서는 공급의 리스크가 크지 않지만 지금 같은 조정장에서는 공급이 갖는 리스크가 훨씬 크다는 것이다. 다음 예시들을 보자.

① 대구광역시

대구는 이미 2021년부터 과공급 구간에 진입했음에도 2021년 말까지 엄청난 상승을 기록했다. 하지만 2022년에도 공급이 넘쳤고, 2023년에는 수요 대비 3배, 2024년에는 수요 대비 2배에 달하는 공급량이 기다리고 있다. 여기에 급격한 금리 인상과 고점을 찍은 집값에 대한 부담으로 대구의 매매지수는 큰 폭으로 꺾이고 있다. 2023~2025년까지 계속 공급이 예정되어 있기 때문에 향후 대구 부동산 시장은 지금보다 더욱 나빠질 가능성이 크다. 게다가 요즘에는 이런 공급 데이터를 누구나 쉽게 볼 수 있어 투자자뿐 아니라 내 집 마련을 고민하는 사람들조차 대구의 공급량에 겁을 먹을 수 있다. 즉, 예전에는 공급이 많아도 내 집 마련을 위해 과감하게 움직이는 사람들이 있었는데, 이제는 변수들(고금리, 부동산 정책 등)이 해소될 때까지 실수요자들도 움직이지 않을 수 있다는 것이다. 따라서 시장이 상승에서 하락으로 반전된다면 공급물량에 더더욱 촉각을 곤두세워야 한다.

대구광역시의 수요 · 입주량

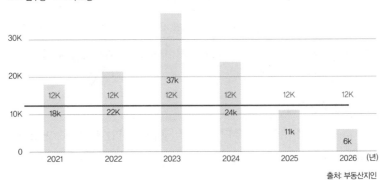

출처: 부동산지인

대구광역시의 매매가 변화 추이

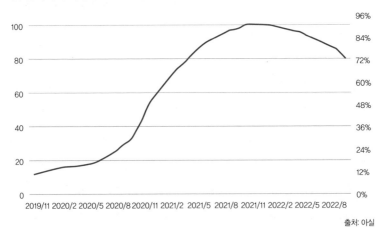

출처: 아실

② 경기도 김포시

이번에는 반대의 예시를 살펴보자. 2020년 김포는 수요 대비 8배에 달할 정도로 역대급 입주 폭탄이 퍼부어졌다. 그러나 아이러니하게도 2020년부터 2021년까지 김포의 상승률은 타 경기도 도시보

지방 아파트 황금 입지

김포시의 수요 · 입주량

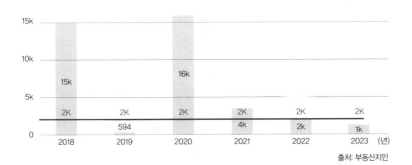

출처: 부동산지인

김포시의 매매가 변화 추이

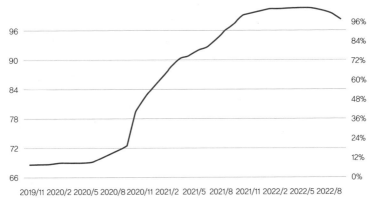

출처: 아실

다 월등한 수치를 보였다. 대체 왜 엄청난 공급량에도 불구하고 높은 상승이 나타난 것일까? 이에 대한 궁금증을 해소하고 싶다면 당시 김포의 상황을 살펴봐야 한다.

당시 김포를 제외한 대부분의 수도권 지역이 규제지역으로 묶여 있던 상황에서 전국의 부동산에 투자 유동성이 흘러넘쳤다. 지방 소도시조차 원정 투자자들이 집도 보지 않고 계약할 정도였는데, 수도권에서도 선호 지역인 김포는 어땠을까? 당연히 투자 유동성이 지방보다 훨씬 크게 들어가기 시작했고, 이는 실수요자들까지 자극하기에 충분했다. 상황이 이렇다 보니 수요 대비 8배에 달하는 공급량을 뚫어내고 기존 가격 대비 2~3배에 달하는 상승을 만들어낸 것이다.

대구는 하락장에서 공급물량이 많다는 것이 얼마나 공포스러울 수 있는지를 보여주는 사례이고, 김포는 상승장에서 공급물량이라는 것이 얼마나 과소평가될 수 있는지를 보여주는 사례다. 그렇다면 현재는 어떻게 보아야 할까? 향후 1~2년간은 고금리 기조, 전 세계의 긴축 사이클, 경기 침체 우려 등으로 그동안 풀린 화폐가 시중에서 돌지 못하고 상당히 경색될 것이다. 지역에 따라 다르겠지만 2019~2021년과 달리 2023년부터는 공급물량이 치명적으로 다가올 수 있다. 이런 시기에는 공급물량이 없는 지역의 물건을 선점해놓은 뒤 투자 유동성이 돌기 시작할 때 수익을 보는 전략이 적합하다.

인구

네 번째 요소는 인구다. 부동산에서 인구는 언제나 중요한 기준 중 하나였고, 향후 부동산 시장을 판가름하는 데도 주요 요인이 될 것이다. 앞서 언급했듯 도시를 선정할 때 가장 먼저 보는 것이 바로 도시의 규모이며, 도시의 규모 중에서도 인구가 가장 중요하다. 사람이 얼마나 많은지가 부동산 시장의 규모를 결정하기 때문이다. 예를 들어 인구 5,000만 명의 대한민국에서 사업을 하는 것과 인구 14억 명의 중국에서 사업을 하는 것은 확장성 측면에서 분명 차이가 있다. 따라서 부동산 시장의 규모가 클수록 가격 상승의 확장성이 넓어진다.

그러나 인구에 관해 한 가지 짚고 넘어가야 할 것이 있다. 바로 대한민국의 인구가 감소하고 있다는 점이다. 하지만 대한민국의 모든 도시에서 인구 감소가 일어나는 것은 아니다. 인구가 줄어드는 도시도 있을 것이고, 반대로 인구가 늘어나는 도시도 있을 것이다. 따라서

2040년 대한민국의 인구 변화율

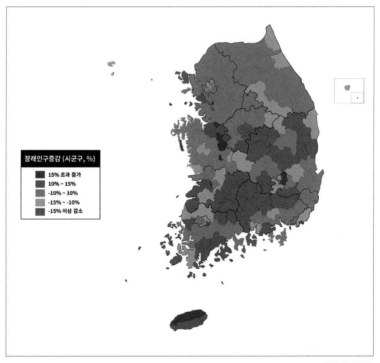

출처: 국토연구원

인구가 늘어날 지역, 최소한 인구가 유지될 지역을 선택하는 것이 향후 부동산 투자에 있어 중요한 척도가 될 것이다.

앞의 지도는 2040년 우리나라의 도시별 인구 변화율을 색깔로 표시한 것이다. 어두울수록 인구 감소율이 높음을, 푸를수록 인구 증가율이 높음을 의미한다. 지방 도시 중 눈에 띄게 푸른 지역은 천안, 아산, 세종, 청주다. 이곳에는 전 세계 미래 먹거리 산업인 반도체, 2차전지, 바이오 등 대한민국의 핵심 사업장들이 모여 있다. 이런 지역은 소액 투자는 물론이고, 장기적 비전을 바라보는 부동산 투자도 긍정적으로 검토하는 것이 좋다. 이렇게 인구가 유지되거나 증가할 확실한 '키워드'가 있는 지방 도시를 선택해야 향후 부동산 투자에서 안전한 흐름에 올라탈 수 있다.

그럼에도 분명 인구 감소에 불안함을 느끼는 사람이 많을 것이다. 일본에 빗대어 '잃어버린 20년'과 같은 장기 불황이 대한민국을 덮치지 않을까 걱정하는 사람도 적지 않다. 나는 단호하게 그럴 일은 없다고 말하고 싶다. 2015년에도 한국 경제는 일본 경제와 닮아갈 것이라는 우려가 있었다. 그리고 일본 경제 불황의 시발점이 부동산 거품 붕괴였듯 대한민국도 부동산 거품이 꺼지면서 장기 불황에 접어들 것이라고 주장하는 사람도 있었다. 하지만 2015년의 부동산 가격은 거품이 아니었다. 2015년은 오히려 이번 부동산 상승기의 가장 저점이었다. 서울 일부 지역의 경우 2015년 대비 최대 5배까지 상승한 아파트 단지도 있었다. 또 대한민국 정부가 국가의 존폐를 위협하는 인구 감소 문제를 가만히 지켜보고만 있을 리 없다.

우리 주변에는 언제나 '종말론'과 같은 비관이 존재한다. "부동산은 끝났다", "대한민국은 소멸할 것이다", "장기 불황이 시작될 것이

지방 아파트 황금 입지

다"와 같이 주장하며 목소리를 높이는 사람이 많다. 하지만 언제나 이것만 기억하자. 긍정론자는 수익을 얻지만 부정론자는 아무것도 얻지 못한다.

심리

심리는 앞서 언급한 요소들과 달리 데이터로 표현하기 어려운 항목이다. 하지만 심리는 부동산 가격을 움직이는 데 가장 중요한 지표가 되기도 하며, 이는 시기에 따라 다르게 나타난다. 예를 들어 과잉공급이 예고되어 있으면 실제 공급이 되는 시기보다 먼저 사람들의 심리가 죽는 것을 자주 볼 수 있다. 대구의 부동산 시장이 그런 경우다. 반면, 김포의 경우 2020년 당해 공급물량이 적정 수요 대비 8배에 달할 만큼 많았음에도 역대급 상승을 만들어냈다. 공급물량이 엄청났음에도 수도권의 몇 안 되는 비규제지역, 갈 곳 없는 투자 유동성 등 김포가 오를 수밖에 없다는 사람들의 심리가 무서운 상승세를 만들어낸 것이다. 그렇다면 현재 무주택자, 1주택자, 다주택자들의 심리는 어떻고, 앞으로 어떻게 움직일까?

① 무주택자
현재 무주택자는 크게 2가지 경우로 나뉜다. 하나는 이번 상승장에 매수 타이밍을 놓쳤거나 이미 너무 올랐다고 판단하여 하락을 기다리는 경우이고, 다른 하나는 이제 막 사회에 진출하여 주택을 매수하기에는 경제적으로 무리가 있는 경우다. 이들이 시장에 참여할 때는 전세가율이 높아졌을 때다. 하락장이 한창 진행되어 모두가 매수보다 전세를 선호할 때 전세가는 꾸준히 올라간다. 즉, 매전갭이 상당히 적은 상태가 된다. 이때 일부 무주택자들이 남의 집에 사느니 돈을 조금 더 주고서라도 내 집 마련을 하게 되는데, 이를 하나의 시그널로 받아들인 투자자들이 시장에 진입하여 저가 매물부터 공략한다. 이런 이유로 무주택자들의 심리를 예측하려면 전세가율을 보면 된다. 여기에 최근에는 대부분 전세 대출을 받기 때문에 금리의 향방까지 고려해야 무주택자들의 심리를 더욱 자세히 파악할 수 있다.

② 1주택자

1주택자의 심리는 좀 더 복잡하다. 더 상급지로 갈아타기를 꿈꾸는 사람도 있고, 주택 수를 늘려 다주택자가 되려는 사람도 있으며, 반대로 주택을 매도하여 무주택자가 되려는 사람도 있다. 하지만 대부분의 1주택자는 1주택을 유지한 채 상급지로 갈아타기를 시도한다.

주택을 매도해 무주택자가 되려는 사람들은 본인이 매수한 가격보다 더 떨어질 수도 있다는 공포에 휩싸인 경우가 아니라면 쉽게 팔지 않는다. 적어도 실거주의 가치가 있기 때문이다. 상급지로 갈아타려는 사람들, 다주택자를 꿈꾸는 사람들은 대한민국의 부동산 우상향을 믿는 사람들이다. 따라서 여건만 된다면 이들은 언제든지 움직일 수 있다.

상급지로 갈아타려는 사람들에게는 '거래량'이 관건이다. 2022년 하반기 기준 통계 작성 이래로 역대 최저의 거래량을 기록했다. 이들이 상급지로 갈아타기 위해서는 2가지 과정이 필요한데, 하나는 상급지에 있는 아파트를 매수하는 것이고, 다른 하나는 본인이 살고 있는 아파트를 매도하는 것이다. 현재 매수는 가능하지만 매도는 쉽지 않은 상황이다. 사람들의 매수 심리가 얼어 있기 때문이다. 따라서 거래량이 충분히 받쳐준다면 1주택자들의 매수·매도는 어느 정도 활성화될 가능성이 크다.

주택을 추가 매수하여 다주택자가 되고자 하는 사람들에게 가장 중요한 것은 '전세 수요'다. 추가 매수를 할 때 대부분 갭투자로 접근하기 때문에 전세를 맞추기 어렵다면 다주택자가 되기 어렵다. 하지만 최근 전세 수요가 예전보다 많이 떨어졌다. 금리가 상승하면서 전세 대출 이자에 대한 부담감이 늘어났고, 전세보다는 월세를 찾는 사람들이 많아졌다. 전세를 맞추려는 집주인들이 전세가를 점점 낮추면서 결과적으로 투자금(매전갭)이 늘어나는 상황이 벌어졌기 때문이다. 즉, 이 역시 금리가 안정되고 임차인들이 다시 월세보다 전세를 선호하는 상황이 일어나지 않으면, 1주택자가 다주택자가 되기 어려운 상황임을 이해해야 한다.

③ 다주택자

다주택자들의 심리는 비교적 파악하기 쉽다. 그들은 돈이 되면 매수하고, 돈이 되지 않으면 매수하지 않는다. 요즘 같은 조정기에는 일부를 매도하여 여유 현금을 가지고 있으려는 사람도 있다. 따라서 다주택자도 2가지 경우로 나누어 심리 상태를 파악해볼 수 있다.

먼저 공격적인 다주택자들이다. 이들은 대부분 현금 여력이 있고, 입주물량이 정점이면서 그와 동시에 사람들의 공포가 절정일 때 매수하는 것을 꺼리지 않는다. 이때는 부동산 절대가격이 낮지만 투자금이 많이 들어가므로 여유자금이 많은 공격적인 투자자들만 접근할 수 있는 시기이기 때문이다. 이들은 무주택자, 1주택자 그리고 보수적인 다주택자보다 먼저 투자에 나서며, 이들이 침체장에서 미분양을 해소시켜주는 것만으로도 다시 상승장이 시작되기도 한다. 따라서 이들의 매수 심리가 움직이기 시작한다는 것은 조만간 무주택자와 1주택자들도 매수에 나설 것이라는 신호이기도 하다.

다음은 보수적인 다주택자들이다. 이들은 공포장에서 미분양 물량을 공격적으로 투자하기보다는 상승 회복 신호를 확인한 뒤 투자에 나선다. 이들은 현재 시장을 관망하고 있다고 보는 것이 맞다. 대내외적인 위험 요인이 어떻게 해결되는지를 주시하면서 2023~2024년의 부동산 공포 분위기가 또 하나의 매수 타이밍이 될지 가늠하고 있다. 앞서 언급한 공격적인 다주택자들이 2023~2024년에 매수에 나선다면, 보수적인 다주택자들의 심리 역시 매수로 기울 가능성이 크다. 이때는 부동산 시장이 급한 기울기로 빠르게 상승하거나 회복될 수 있다.

지금까지 무주택자, 1주택자, 다주택자로 나누어 그들은 어떤 심리 상태를 가지고 있는지 그리고 향후 어떻게 움직일지를 예측해보았다. 하지만 심리라는 건 정량적으로 나타낼 수 있는 것이 아니기에 여러 가지 변수를 꾸준히 확인해야 한다. 금리, 정책, 공급물량 등 기타 요인들이 동시에 맞아떨어지면 심리는 급하게 반전될 수 있다는 사실을 기억하자.

지방 아파트 황금 입지

18

향후 부동산 시장
대응 방법

대한민국의 국토는 크게 수도권과 지방으로 나눌 수 있다. 수도권은 서울, 경기도, 인천으로 나눌 수 있으며, 지방은 광역시와 기타 소도시로 나눌 수 있다. 부동산은 움직이지 않는다는 특성이 있으므로 한 지역에만 국한된다는 특수성을 고려하자. 서울에 아파트가 많이 공급된다고 해서 부산의 아파트 가격이 내려갈까? 구미의 전세가가 올라간다고 해서 과천의 아파트 가격이 오를까? 그렇지 않다. 모두 각 지역의 주택 상황에 따라 결과가 달라지는 것이다.

하지만 최근 급격한 금리 인상과 언론, 유튜브, SNS의 지원 사격으로 인해 전국의 매수, 전세 심리가 한꺼번에 얼어붙는 기현상이 나타났다. 앞서 말한 사례와 유사하게, 대구에 신규 아파트 공급이 쏟아진다 하더라도 전주의 부동산 시장이 침체될 이유는 없다. 전주는 현재 공급량이 상당히 부족한 지역이기 때문이다. 그런데 왜 전주 부동산 시장은 2023년 상반기에 전혀 힘을 쓰지 못한 걸까? 바로 사람들의 심리가 전국적으로 침체되어 있기 때문이다.

우리는 부동산 시장은 지역별로 저마다의 사이클을 가지고 있으며, 현재와 같이 모든 지역이 침체되는 것이 특수한 상황이라는 사실을 기억해야 한다. 러시아-우크라이나 전쟁, 급격한 금리 인상, 경기 침체 등 현재의 자산 시장에 위기감을 불어넣는 변수들이 해소되면 부동산 시장도 회복될 것이다. 그때 다시 사람들의 눈에 '공급이 부족한 지역'이 들어오기 시작할 것이다.

인간은 본능적으로 현재를 기준으로 미래를 판단하는 버릇이 있다. 현재 전국의 부동산 하락세가 앞으로도 계속될 것이므로 지방의 부동산은 인구 소멸과 맞물려 장기 불황에 빠질 것이라고 생각하는 사람이 많다. 지금부터 여러 지점을 함께 짚어보며 향후 부동산이 어떻게 움직일지 예측해보고 현명한 결정을 내리도록 하자.

집값 폭락은 한국 경제의 붕괴다

현재 대한민국 부동산은 전국이 조정장을 겪고 있으며, 특히 인천과 대구는 큰 폭의 하락을 경험하고 있다. 2023년 상반기 기준 지금의 하락폭은 최근 2~3년간 올랐던 상승폭을 어느 정도 반납하는 수준이다. 그러나 이에 만족하지 않고 폭락을 원하는 사람들도 분명 있다. 최고점 대비 최소 50% 수준의 하락을 원하는 것이다. 그러나 이는 우리나라가 제2의 IMF 사태를 겪는 것을 의미한다. 즉, IMF 수준의 경제위기가 발생해야만 50%에 가까운 폭락이 가능하다.

미국인들은 대부분의 자산을 주식에 투자하는 것과 달리 우리나라 사람들의 자산은 대부분 부동산에 묶여 있다. 이는 부동산을 좋아하는 동아시아 사람들의 특성 때문이기도 하지만, 전세라는 대한민국의 독특한 주거 형태에서 비롯된 것이기도 하다. 전세금은 다시 돌려받는 돈이라는 생각에 매매나 월세 대신 본인이 가지고 있는 현금자산으로 전세를 선택하는 사람이 많다. 그런데 주택 가격이 폭락하여 50%가 떨어지면 전세가는 그 이하로 떨어져 보증금을 돌려받지 못하는 경우가 생기고, 이런 물건들이 경매로 넘어가는 상황이 비일비재해질 것이다. 다시 말해, 50%가 넘는 수준의 집값 폭락은 대한민국 경제가 다시 일어나기 힘들 정도의 타격을 의미한다.

이는 우리보다 대한민국 정부가 더욱 경계하는 상황이다. 그래서 부동산 시장이 침체되면 이를 살리기 위해 온갖 부동산 부양책을 발표하는 것이다. 2021년 말부터 시작된 부동산 조정은 현재까지 꽤 오랜 기간 이어지고 있다. 적게는 10%, 많게는 30~40%까지 조정된 지역들이 있다. 여기서 더 떨어지는 것은 분명 쉽지 않을 것이다. 정부가 대한민국의 경제위기를 원하지 않기 때문이다.

결국 금리가 부동산 시장의 향방을 가를 것이다

앞서 향후 부동산 시장을 결정할 첫 번째 요소로 금리를 꼽았다. 그만큼 금리는 수도권과 지방을 가리지 않고 영향을 미친다. 그러나 부동산은 주식과 달리 실거주라는 가치가 있기 때문에 상대적으로 금리의 영향을 덜 받는다. 금리가 오르거나 집값이 떨어지더라도 일단 실거주할 집은 있어야 하므로 내 집에 살면서 힘든 시기를 견뎌낼 수 있다. 게다가 환금성도 떨어지기 때문에 본인이 팔고 싶어도 시장에 매수자가 없어 팔지 못하는 경우가 많다.

여기까지가 부동산과 금리의 일반적인 관계다. 최근의 금리 인상 속도는 역사상 유례를 찾기 힘들 정도로 가팔라 시장의 유동성이 평소보다 더욱 빠르게 굳어갔다. 즉, 2022년은 부동산 시장 참여자들의 공포 심리가 더해져 매수를 멈추고 본격적으로 매도를 시도한 해다. 하지만 2023년 상반기가 금리 피크일 가능성이 높고, 적어도 2023년 말, 좀 더 길게는 2024년 상반기까지 피크 수준의 금리가 유지될 가능성이 있다. 그리고 빠르면 2024년 상반기, 늦으면 2024년 하반기부터 금리 인하가 시작될 것이다. 자산 시장은 선반영되는 경향이 짙기 때문에 금리가 피크를 찍었다는 인식이 사람들 사이에 퍼지기 시작하면 환금성이 빠른 자산들(주식, 채권, 코인 등)이 가장 먼저 움직일 것이다. 또 금리가 인하되면 상대적으로 움직임이 느린 부동산 거래량이 증가할 가능성이 농후하다.

따라서 남들보다 빠르게 부동산을 선점하고자 한다면 2023년이 그 타이밍일 수 있다. 2024년은 거래량의 움직임을 확인하고 들어가는 안전한 투자가 될 수도 있다. 다만, 부동산은 최소 2년은 보유해야 한다는 것 그리고 소액으로 투자하려면 다른 사람들보다 훨씬 빠르게 움직여야 한다는 것을 잊지 말자. 부동산 투자는 누구보다 빠르게 좋은 물건을 취득하는 것이 관건이다.

인구 그리고 수요와 공급

대한민국은 빠르게 선진화되고 있으며, 이것이 가장 단적으로 드러나는 부분이 바로 인구수다. 대한민국의 인구는 갈수록 줄어들 예정이며, 국가의 생산성을 책임지는 경제 인구는 낮은 출산율로 인해 더욱 빠르게 줄어들고 있다. 물론 대한민국 정부는 국가 소멸을 막기 위해 난민과 이민자들을 흡수하고 출산 정책을 다각도로 장려하는 등 많은 노력을 기울일 것이다. 하지만 부동산 투자를 하는 투자자 입장에서는 가장 안전하고 확실한 선택지를 골라야 한다. 인구가 늘어날 지역, 최소한 유지가 될 지역을 선택해야 하는 것이다.

그렇다면 향후 10년, 20년 뒤에도 인구가 유지되거나 늘어날 지역을 어떻게 알 수 있을까? 바로 수급, 수요와 공급이다. 여기서 수급은 단순히 인구 대비 적정 수요를 정량적으로 뽑아낸 수치도 아니고, 프롭테크에서 제공하는 3년 뒤까지의 공급량을 말하는 것도 아니다. 대한민국은 어떤 분야를 미래 핵심 산업으로 생각할까? 그 분야의 일자리가 과연 늘어날까? 스스로 판단하기에 단순히 정치적 표심을 위해서가 아니라 객관적으로 대한민국의 미래 먹거리 산업이 될 것 같다면, 해당 산업과 관련된 기업이 자리 잡는 지역으로 대한민국의 수요가 몰릴 것이다. 수요가 몰리면 당연히 공급도 몰린다.

이때 오해하면 안 되는 것이 있다. 신축 아파트 공급이 많다는 것이 부동산에 부정적인 영향만 미치는 것은 아니라는 점이다. 신축 아파트 공급이 많다는 것은 단기적으로는 부동산 가격(매매, 전세 모두)의 부침을 말할 수 있지만, 장기적으로는 지역의 발전을 의미한다. 저렴한 신규 주택이 쏟아지면 외부 지역에서 해당 지역으로 인구가 유입되기 때문에 인구와 수급이 연결된다는 의미다.

향후 2~4년 동안 공급이 많은 지역이 단순히 '공급만 많은 지역'인지, 아니면 '일자리 등 향후 수요가 많아 공급이 많은 지역'인지를 파악하는 것이 중장기적인 투자 관점에서 매우 중요해질 것이다. 이런 관점에서 본다면 수도권에서는 평택, 동탄(화성), 영통(수원), 송도가 조정폭이 크기 때문에 단기적으로는 매수 타이밍이 될 수 있다. 또한 지방을 중심으로 보자면 춘천, 원주, 부산, 창원과 같이 인근 생활권의 중심 지역이라 온갖 인프라가 몰릴 지역이나, 청주, 천안, 아산, 전주와 같이 일자리 측면에서 유망한 지역이 투자에 유리하다.

부동산 상승 신호는 전세 혹은 투자 유동성부터

그렇다면 수도권이든 지방이든 부동산은 어디부터 움직일까? 필시 전세 또는 투자 유동성, 둘 중 하나다. 물론 지금도 전세가가 유지, 선호되는 지역이 있고 공시지가 1억 원 이하 투자가 진행되는 곳이 있다. 하지만 이는 일부 지역에 해당하는 이야기이며, 앞서 언급한 요인들(금리 인상, 전쟁, 경기 침체 등)이 완화되면 다시 전세를 찾는 임차인들이 늘어날 것이다.

그렇다면 우리는 왜 전세를 예의주시해야 하는 걸까? 소액 투자는 내 돈을 최소화하고 임차 보증금 레버리지를 최대화하는 것이 핵심이기에 필연적으로 전세를 마주해야 한다. 과거에는 임차인의 전세보증금 전액이 임차인이 가지고 있던 현금인 경우가 대부분이었다. 그래서 대출 금리와 관계없이 전세가는 일정 부분 유지되거나 물가 수준으로 우상향해왔다. 그러나 현재의 전세 시장은 전세 임차인이 전세 대출을 받아 들어오는 경우가 많다. 따라서 지금과 같은 급격한 금리 인상, 고금리 기조에서는 전세 대출 금리가 덩달아 오르는 상

지방 아파트 황금 입지

황을 맞이하게 된다.

결국 임차인들은 높은 전세 대출 이자를 감당하기 어려워 전세가가 낮은 매물을 찾거나 월세로 눈을 돌리게 되고, 전세 수요가 줄어들면서 전세가가 낮아져 매매가와 전세가의 갭이 벌어지는, 즉 투자금액이 많이 필요해지는 상황이 벌어진다. 이러한 상황은 결국 투자 유동성과 맞물린다. 매전갭이 벌어진다는 것은 전국의 갭투자자가 움직이기 어려운 상황을 만들어내고, 갭투자자의 유동성이 시장에 흘러 들어가지 않아 매매가가 하락한다는 것을 의미한다.

이렇게 매매가와 전세가가 금리, 투자 유동성 때문에 하락하는 상황이 현재의 부동산 시장이며, 이런 흐름은 2023년 상반기까지 계속될 것이다. 만약 전세 대출 금리가 높은 상태로 유지되거나, 투자 유동성이 돌지 않으면 하락세가 더 지속될 수 있다. 결국 앞서 말했듯 2023년 상반기 이후 금리 인하에 대한 기대감이 실수요자들(전세)과 투자자들(투자 유동성) 사이에서 생겨날 수 있을지, 그로 인해 시장에 유동성이 돌며 거래량이 터질 수 있을지가 관건이다.

움직임에도 순서가 있다

앞서 부동산 시장이 현재와 같이 전국이 동시에 움직이는 모습은 비정상적이라고 이야기했다. 각 지역의 수급이 서로 다르므로 같은 움직임을 보일 수 없기 때문이다. 그렇다면 부동산 시장이 다시 정상화되면 어떤 순서로 움직이게 될까?

사람들이 가장 선호하는 지역은 누가 뭐라 해도 수도권, 그중에서도 서울이다. 2023년 3월 기준 경기도의 빅4라고 할 수 있는 과천, 광명, 하남, 성남과 같은 지역은 모두 규제가 해제되었지만, 강남3구를 비롯한 서울의 핵심지는 언제 모든 규제가 완화될지 확실하지 않다. 과거에도 2008년 리먼 사태 이후 하락장이 시작되었고(정확하게는 2009~2010년 잠깐의 반등 후 다시 하락), 3년 뒤인 2011년 12월이 되어서야 강남3구의 투기과열지구를 해제한 사례가 있다. 즉, 서울과 주요 지역은 누구나 바라보는 최고 입지이기 때문에 규제 완화 역시 가장 나중에 이루어질 것이다.

반대로 말하면 서울과 주요 지역의 규제 완화가 '바닥'에 가깝다는 의미다. 그때부터 바닥을 다지고 상승할 준비를 할 것이고, 이밖에도 금리 인하, 투자금 감소(매전갭 감소) 등 몇 가지 시그널이 더해지면 시장은 다시 올라갈 것이다. 그 순서는 지난 상승장에서 보여주었듯 서울 및 주요 지역 〉수도권의 나머지 지역 〉지방 대도시 〉지방 소도시 순으로 유동성의 온기가 퍼질 것이다. 이는 오랜 하락장을 겪고 바닥을 다진 후 올라가는 부동산 시장의 일반적인 모습이다.

따라서 이런 움직임은 참고 사항일 뿐이다. 설사 서울을 비롯한 주요 지역이 바닥을 다졌다 하더라도 서울과 주요 지역에 들어가기 위해서는 여전히 막대한 투자금이 필요하다. 하지만 지방은 다르다. 지방의 일부 지역은 2022년 하반기를 기준으로 이미 다주택자 규제가 완화되었으며, 금리의 움직임이 바뀐다면 갭금액이 감소하여 유동성이 빠르게 돌 것이다. 강원, 전북, 광주, 부산 등 그동안 많이 오르지 못해 절대가격이 저렴하거나, 향후 2~4년간 공급량이 눈에 띄게 줄어들 곳들을 주의 깊게 살펴야 한다.

위와 같은 지방 도시들이 먼저 움직인 후에 그동안 수도권에서도 조정폭이 깊었거나, 공급이 부족한 곳이 움직일 수 있다. 인천, 화성, 수원, 김포와 같은 지역들에 집중하자. 이런 지역들이 먼저 움직인다면 서울과 경기도의 주요 지역이 자극을 받아 다시 움직일 가능성이 크다.

이렇게 시장에 다시 온기가 돌면 그동안 오르지 못했거나, 공급량이 부족한 소도시로도 유동성이 흘러들어갈 수 있다. 물론 서울이나 수도권의 주요 지역을 미리 선점한다면 좋겠지만 이 지역들은 소액으로는 접근이 불가능하다. 따라서 2023~2024년 가장 먼저 움직일 만한 지방의 지역들을 선점하고, 그 뒤에 수도권으로 움직이는 전략을 구상해야 한다.

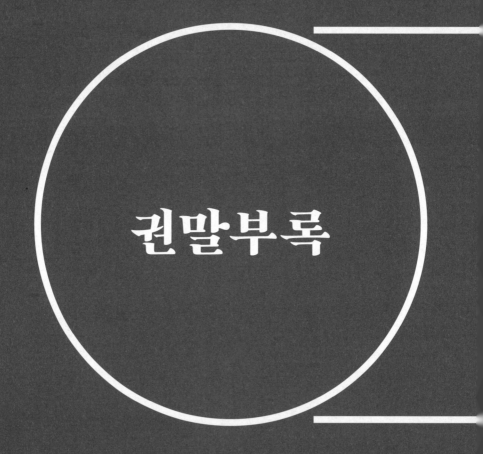

권말부록

일러두기

• 본문에 사용된 지도는 모두 네이버지도를 이용하였습니다.

• 단지 리스트는 호갱노노의 정보를 기준으로 작성하였습니다. 따라서 지도에 표시된 아파트명과
  단지 리스트의 아파트명이 다를 수 있습니다.

단/중/장기 투자 기간별
유망 지역 접근 단지
밀착 분석!

1 단기적 접근(0~2년)

2 중기적 접근(2~4년)

3 장기적 접근(4년~)

1 | 단기적 접근[0~2년]

단기적 접근이란, 현재를 기준으로 2년 뒤에 매도할 계획으로 투자 지역을 선정하는 접근 방식이다. 2년을 기준으로 잡은 것은 양도세를 낼 때 단기 중과세를 피해 일반과세를 적용받는 시점이기 때문이다. 일반적으로 부동산 투자가 장기 투자로 분류되는 이유는 절세를 위해 최소 2년 이상은 소유해야 하기 때문이다. 따라서 입지와 상품성이 떨어지는 아파트에는 투자하지 않는 것이 좋다. 다만, 이 역시 절대적인 규칙은 아니다. 부동산 투자는 대응이 가장 중요하다. 대내외적인 여건이 변한다면 보유 기간이 2년이 되지 않았다 해도 매도를 결정할 수 있는 용기가 필요하다.

[강원도 춘천시]

강원도에 위치한 수부도시 춘천은 도내에서 원주와 함께 1, 2위를 다투는 거점 도시 중 한 곳이다. 과거 춘천은 관광에 특화된 도시였지만 최근 투자자들을 통해 소비, 교육, 행정을 고루 갖춘 만능 도시라는 점이 부각되었다. 수도권과 인접한 위치와 교통편 덕분에 '지방'이라는 장벽이 많이 무너지고 있다. 레고랜드를 통해 자족도시가 되고자 하는 춘천은 도시가 추구하는 방향성, 늘어나는 인구와 세대수, 일자리를 생각한다면 중장

지방 아파트 황금 입지

기적인 접근도 괜찮아 보인다. 하지만, 도시 규모 자체가 크지 않은 만큼 단기적 접근이 적합하다는 의견이 지배적이다.

1. 퇴계동, 석사동

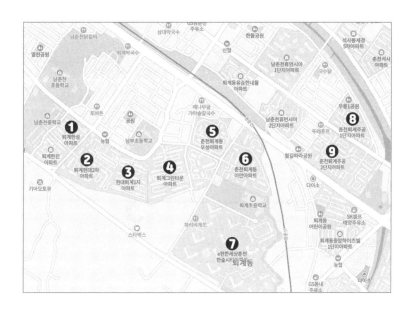

퇴계동, 석사동 단지 리스트 1

순서	아파트	연식	세대수
1	한성한진	1995년식	600세대
2	퇴계현대2차	1994년식	1,049세대
3	퇴계현대1차	1994년식	600세대
4	그린타운	1995년식	620세대
5	퇴계우성	1999년식	381세대

6	퇴계이안	2007년식	703세대
7	e편한세상춘천한숲시티	2019년식	2,835세대
8	퇴계주공1단지	2000년식	572세대
9	퇴계주공2단지	1999년식	1,303세대

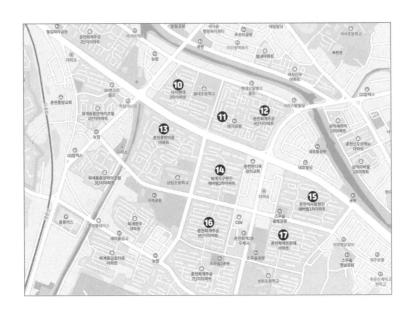

퇴계동, 석사동 단지 리스트 2

순서	아파트	연식	세대수
10	현대3차	1998년식	560세대
11	퇴계주공3단지	1999년식	456세대
12	퇴계주공4단지	1998년식	1,010세대
13	휴먼타운	2002년식	1,110세대

지방 아파트 황금 입지

14	현진에버빌2차	2005년식	606세대
15	현진에버빌1차	2004년식	720세대
16	퇴계6단지주공	2002년식	838세대
17	뜨란채10단지	2006년식	714세대

춘천에서는 온의동의 온의롯데캐슬스카이클래스(주거복합)가 실거래 최고가 7억 2,500만 원을 찍었을 만큼 높은 가격대를 자랑한다. 이런 대장 단지를 따라 온의동이 춘천의 떠오르는 부촌이자 제1의 대장 입지로 주목받고 있다. 하지만 소액으로는 접근하기 힘들므로 이 책에 소개한 퇴계동과 석사동에 주목하자. 퇴계동과 석사동은 1990년대부터 춘천의 중심지 중 한 곳이었다. 2020~2021년 부동산 상승장에서도 퇴계동과 석사동을 중심으로 많은 투자가 이루어졌는데, 투자자들이 좋아할 만한 투자 요소를 많이 갖추었기 때문이다. 단지들이 모여 있어 집적효과를 내며, 단지들 사이사이에 상가, 학원가, 병의원, 프랜차이즈 편의시설 등 온갖 정주 인프라가 잘 형성되어 있다. 이러한 특징들은 실수요와 투자 수요를 모두 잡을 수 있는 매우 강력한 강점이다.

만약 500~1,000만 원 정도의 소액으로 투자하고자 한다면 1~4번 단지들에 주목하자. 급매를 잡는다면 투자금을 전혀 들이지 않고도 매수가 가능하다. 모두 초등학교와 중학교를 지척에 끼고 있고, 이렇다 할 큰 상권을 품은 것은 아니지만 단지 내에 상가가 잘 조성되어 있어 최소한의 생활을 하기에는 무리가 없다.

2,000~5,000만 원 정도의 금액으로 투자하고자 한다면 14~17번 단지들에 주목하자. 5,000만 원이라는 투자금이 춘천 정도 규모의 도시에

는 조금 과하게 느껴질 수도 있지만, 훌륭한 구도심 인프라를 바탕으로 큰 변동 없는 투자를 지향하는 사람이라면 이 4개 단지가 적합하다. 특히 현진에버빌1, 2차는 퇴계동과 석사동에서 아이를 기르는 부모들이 가장 선호하는 실수요 단지이며, 이 단지들 사이에 위치한 항아리 상권은 춘천 최고의 퀄리티를 자랑한다.

2. 후평동

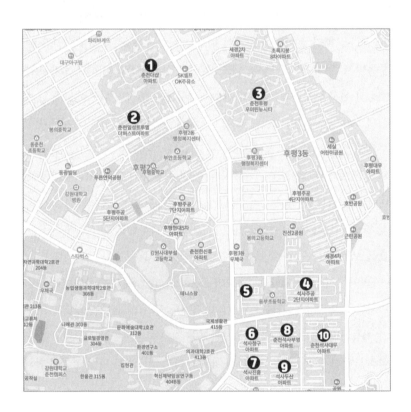

지방 아파트 황금 입지

후평동 단지 리스트

순서	아파트	연식	세대수
1	춘천포스크더샵	2008년식	1,792세대
2	춘천일성트루엘더퍼스트	2018년식	1,123세대
3	춘천후평우미린뉴시티	2019년식	1,745세대
4	석사2	1994년식	1,309세대
5	동아	1995년식	390세대
6	청구	1997년식	438세대
7	진흥	1997년식	563세대
8	석사3지구부영	1998년식	515세대
9	석사두산	1997년식	498세대
10	석사대우	1998년식	643세대

춘천에서 주목해야 할 두 번째 지역은 후평동이다. 퇴계동과 석사동이 춘천 구도심 1급지라면, 후평동은 뒤이어 따라가는 두 번째 입지라고할 수 있다. 석사동부터 강원대학교 춘천캠퍼스를 따라 이어지는 경사로를 걷다 보면 후평동이 나온다. 신축, 준신축, 구축, 재건축을 기다리는 주공 아파트들이 혼재해 있다. 후평동의 현재 대장 단지는 춘천후평우미린뉴시티다. 입지가 매우 좋다고 할 수는 없지만 가장 신축이라는 장점을내세워 수요를 빨아들이고 있다. 인근에 있는 후평주공4~6단지에 재건축 이슈가 있으나 이미 그 호재가 시세에 반영되어 소액으로 접근이 힘들고, 0~2년 사이 단기적으로 접근하기에는 적합하지 않다.

만약 500~1,000만 원 정도의 소액으로 투자하고자 한다면 4~9번 단지들에 주목하자. 행정상으로 석사동과 후평동이 섞여 있는 곳이다. 이곳은 경사가 있지만 크게 거슬릴 만한 정도는 아니며, 저렴한 가격으로 1990년대 후반 연식 아파트에 투자할 수 있다는 장점이 있다. 석사2와 석사3지구부영은 복도식으로, 주변 계단식 단지들에 비해 평균 1,000만 원 정도가 저렴하다.

만약 최대 5,000만 원까지 투자할 수 있다면 1~3번 단지들을 노려볼 수 있다. 이 중 춘천후평우미린뉴시티는 현실적으로 투자가 어려울 정도로 매전갭이 크다. 그러나 앞의 두 단지의 경우 중소형 평형 매물은 5,000만 원으로 투자가 가능한 수준이니 준신축에 투자하고 싶다면 고려해보기 바란다.

[전라북도 전주시]

전라북도 제1의 도시 전주는 인구 65만 명의 중규모 도시다. 인구로만 따져도 천안, 청주, 창원을 제외하면 같은 체급이 없을 정도로 규모가 크고, 전라도 내에서도 광역시인 광주를 제외하면 가장 큰 도시다. 그만큼 실거주와 관련된 수요가 강하고, 이를 노리는 투자자들이 들어왔을 때의 유동성 역시 상당히 강력하다.

전주는 2020~2021년 상승장에서 상승폭이 가장 적은 지역이었다. 신축 단지들로만 이루어진 신규 택지, 정주 인프라가 자리 잡은 준신축 주거 지구, 양질의 구도심 편의시설이 마련된 주거벨트 라인까지 다 갖추었다. 게다가 향후 공급량마저 매우 부족해 급매 중심으로 잘 접근한다면 거대한 도시 규모에 소액 세팅이 가능한 이상적인 투자처가 될 수 있다.

지방 아파트 황금 입지

1. 송천동

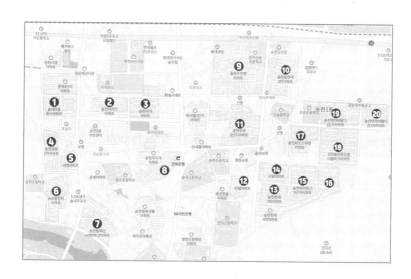

송천동 단지 리스트

순서	아파트	연식	세대수
1	솔내마을동아	1999년식	505세대
2	송천케이제이라미안	2006년식	360세대
3	GS자이	2006년식	428세대
4	송천동쌍용2단지	1998년식	318세대
5	대명궁궐	1992년식	525세대
6	송천동한양	1993년식	782세대
7	벽산e-리버파크	2013년식	464세대
8	송천광신프로그레스	2019년식	396세대
9	송천주공	1999년식	1,992세대

10	송천현대3차	1998년식	915세대
11	송천동송천2주공	2004년식	710세대
12	송천동우림	1996년식	377세대
13	송천동현대2차	1997년식	585세대
14	송천신일	1994년식	753세대
15	송천아이파크5단지	2009년식	478세대
16	송천아이파크6단지	2009년식	304세대
17	송천KCC스위첸	2016년식	480세대
18	송천동진흥더블파크	2008년식	900세대
19	송천한라비발디1단지	2013년식	585세대
20	한라비발디2단지	2013년식	381세대

송천동은 전주 덕진구의 가장 위쪽에 위치해 있으며, 동부대로를 사이에 두고 전주의 대장지역인 에코시티를 마주 보고 있다. 송천동은 에코시티가 조성되기 이전부터 양질의 학원가를 바탕으로 전주가 교육도시, 소비도시라는 위상을 유지할 수 있게 한 곳이다. 현재 부촌의 지위와 신규 학원가가 에코시티로 많이 넘어갔지만 송천동은 여전히 소액으로 전주에서 실거주하기 좋은 지역으로 유명하다. 송천동 오른쪽의 천마지구가 개발되면 장기적으로는 송천동에도 호재겠지만, 단기적으로는 수요를 빼앗기게 되므로 2년 뒤 매도를 노리는 단기 투자가 목표라면 천마지구가 개발되기 전까지가 접근 타이밍이라고 볼 수 있다.

송천동은 1,000~2,000만 원 정도의 투자금으로 진입하기 좋은 지역으로, 특히 9~14번 단지들에 주목하자. 세팅만 잘한다면 투자금을 전혀

지방 아파트 황금 입지

들이지 않고도 투자가 가능하다. 단지와 단지 사이에 약간의 경사가 있다는 단점이 있지만 이를 뛰어넘을 정도로 정주 인프라가 훌륭하다. 만약 투자금을 조금 더 늘려 인근의 신축, 준신축 단지들에 투자하고 싶은 마음이 들더라도 참자. 그 정도 금액이라면 북쪽의 에코시티나 혁신도시로 넘어가는 것이 더 좋은 선택지다.

2. 서신동, 효자동, 삼천동

서신동, 효자동, 삼천동 단지 리스트 1

순서	아파트	연식	세대수
1	동아한일	1999년식	1,408세대
2	감나무골대우대창	1999년식	390세대
3	광진선수촌	1998년식	390세대

4	서신동중흥	1998년식	630세대
5	서신동2차광진장미	2001년식	428세대
6	서신동광진	1995년식	826세대
7	쌍용서신	1996년식	531세대
8	서신동신일	1995년식	930세대
9	성원	1995년식	630세대
10	제일비사벌	1995년식	510세대
11	서신동남양대명	1995년식	510세대
12	현대	1996년식	420세대
13	서신동아1차	1996년식	419세대

서신동, 효자동, 삼천동 단지 리스트 2

순서	아파트	연식	세대수
14	삼성효자타운	1997년식	467세대
15	상산타운	1994년식	1,155세대
16	효자동제일효자타운	1993년식	360세대
17	효자동쌍용모악파크	1994년식	345세대
18	효자한강	1997년식	498세대
19	삼천동삼천하이츠	1997년식	540세대
20	삼천동신일강변	1997년식	900세대
21	삼천동호반리젠시빌	2002년식	709세대
22	삼천동우성2차	1998년식	580세대
23	삼천흥건2차	2000년식	508세대

지방 아파트 황금 입지

24	삼천흥건1차	1999년식	538세대
25	삼천남양	1998년식	637세대
26	삼천주공5단지	2000년식	414세대
27	삼천주공4단지	2000년식	390세대

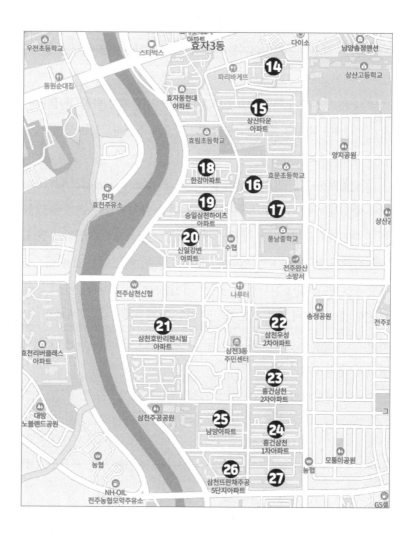

전주 중앙의 삼천을 따라 완산구의 서신동부터 효자동, 삼천동으로 이어지는 주거벨트 라인은 1990년대부터 형성된 실거주 선호 지역이다. 형성된 지 20년이 넘은 만큼 재래시장을 비롯한 상권 인프라가 잘 조성되어 있으며, 특히 양질의 학원가 덕분에 전세 수요가 많아 소액으로 접근하는 투자자들이 선호하는 곳이다. 왼쪽의 삼천을 건너면 신축, 준신축 단지들이 있는데, 소액으로 투자하기에는 어려움이 있다. 그에 비해 서신동, 효자동, 삼천동으로 이어지는 구축 단지들은 여전히 매력적인 가격대를 형성하고 있다.

이곳은 철저히 소액(0~2,000만 원)으로만 접근해야 하는 곳이며, 투자금을 줄일수록 유리하다. 더 높은 투자금으로 접근하고 싶다면 에코시티나 혁신도시로 넘어가자.

서신동에서는 30평대 매물들은 소액으로 접근하기가 쉽지 않아 20평대 중소형 매물 위주로 접근해야 한다. 다만, 투자자들이 한 차례 진입한 상태이므로 투자하려는 때의 전세 수요를 적극적으로 확인해야 한다. 만약 전세물량이 많이 쌓여 있다면 여러분의 투자 매물 역시 전세 빼기가 쉽지 않을 수 있다. 효자동과 삼천동은 서신동보다는 투자자들이 다소 적게 진입했으나 역시 전세 수요 확인이 필수다. 세 지역 모두 공시지가 1억 원 이하 매물을 심심치 않게 찾을 수 있기 때문에 다주택자라면 이 역시 장점이 될 수 있다.

지방 아파트 황금 입지

3. 인후동

인후동 단지 리스트 1

순서	아파트	연식	세대수
1	위브어울림	2007년식	1,549세대
2	인후동한신휴플러스	2006년식	1,236세대
3	인후휴먼시아	2008년식	423세대
4	전주1차부영	1999년식	934세대
5	더샵인후센트럴	2020년식	478세대
6	우아동진버들대우2차	1999년식	450세대

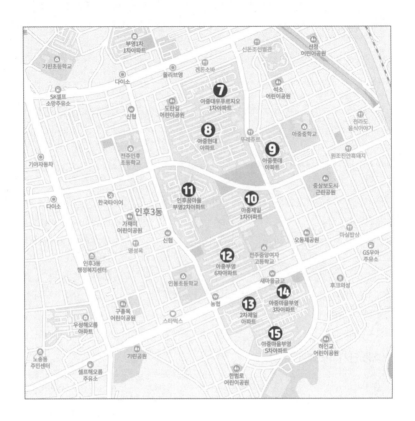

인후동 단지 리스트 2

순서	아파트	연식	세대수
7	인후동아중대우1차(푸르지오)	1998년식	891세대
8	아중현대	1998년식	1,153세대
9	우아동아중롯데	1998년식	549세대
10	인후동아중1차제일	1997년식	473세대
11	전주2차부영	1999년식	1,360세대
12	아중마을부영6차	2003년식	812세대

지방 아파트 황금 입지

13	아중마을제일2차	2000년식	360세대
14	전주3차부영	1999년식	960세대
15	전주5차부영	1999년식	618세대

진주에서도 가장 동쪽에 위치한 인후동은 9~10개 단지가 서로 집적 효과를 내는 곳이다. 중앙의 아파트 단지들을 제외하면 인근의 주거 형태는 모두 단독, 연립이기 때문에 균질성이 떨어져 아파트 단지들이 주목을 받고 있다.

인후동의 특징은 학원가다. 상가 건물에 학원들이 모여 있는 모양새가 아니라 단지를 둘러싼 길을 따라 단지 내 상가 수준으로 학원들이 자리를 잡았다. 따라서 학원의 수 자체는 상당하지만 상대적으로 질이 떨어진다는 평가를 받고 있다. 그러나 인후동의 단지들은 그만큼 절대가격 자체가 저렴해 가성비 측면에서는 매우 훌륭하다.

이곳에는 많은 투자금이 들어가는 단지가 없으므로 7~15번 단지를 모두 임장한 뒤 매물을 선택하는 것이 좋다. 단지들이 오밀조밀 모여 있어 차이가 크지 않고, 전세 수요도 공유하기 때문에 굳이 한 단지에 집착하여 투자할 필요가 없다. 부동산은 아파트가 오르는 것이 아니라 지역이 오른다는 것을 기억하자.

2 | 중기적 접근(2~4년)

중기적 접근이란, 부동산 취득 후 취소 2년에서 최대 4년 사이를 매도 시점으로 잡아 투자 지역을 선정하는 접근 방식이다. 취득 후 2년이 지났기 때문에 양도세가 일반과세로 적용된다는 장점이 있고, 계약갱신청구권으로 임차인이 최대 4년까지 거주할 수 있다는 리스크까지 반영할 수 있다.

최근 미국을 필두로 한 전 세계적인 고금리 기조에 우리나라도 동참할 수밖에 없고, 급격한 금리 인상으로 인해 부동산을 비롯한 국내 자산 시장 역시 조정 또는 하락 국면을 맞았다. 현재의 금리 기조가 전환점을 맞는 시점은 2023년부터 2024년 초까지로 예상되고 있다. 따라서 최소 2~4년 뒤에 매도를 계획하여 접근하는 중기적 접근 방식이 지방 소액 투자에 가장 적합할 수 있다.

[부산광역시]

인구 332만 명의 부산은 대한민국 최고의 항구도시, 제2의 도시, 부울경 메가시티의 중심축, 상징성을 가진 관광도시 등 다양한 수식어를 가지고 있다. 부산 바로 위에 위치한 울산광역시 역시 인구 111만 명의 대

도시지만 모든 소비가 부산으로 몰릴 만큼 부산은 부동산적 가치에 있어서도 타의 추종을 불허한다. 그렇기에 한 번 상승장을 맞이하거나 유동성이 들어오면 그 상승폭의 길이와 깊이가 중소도시와 급이 다르다.

우리가 일반적으로 떠올리는 부산의 모습은 해운대, 주상복합 엘시티, 마린시티, 센텀시티 혹은 부울경 최대 재건축 대어 삼익비치, 동래럭키 정도일 것이다. 하지만 이런 곳들은 서울의 웬만한 아파트 가격을 훨씬 뛰어넘기 때문에 소액 투자로 접근하는 것은 불가능하다. 그러나 부산은 지형 특성상 어느 한 지역에 생활권이 모여 있지 않다. 동부산, 남부산, 서부산, 부산 구도심 등 여러 곳에 분포되어 있어 생활권에 따라 충분히 투자 기회를 제공한다. 참 매력적인 지역이다.

1. 정관신도시

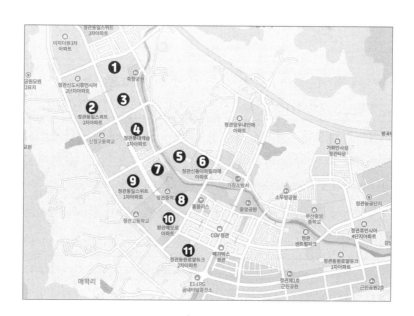

정관신도시 단지 리스트

순서	아파트	연식	세대수
1	정관현진에버빌	2009년식	690세대
2	정관동일스위트2차	2013년식	1,638세대
3	정관롯데캐슬2차	2013년식	911세대
4	정관신도시롯데캐슬1차	2008년식	761세대
5	정관협성르네상스타운	2013년식	464세대
6	정관신동아파밀리에	2008년식	655세대
7	정관신도시계룡리슈빌	2008년식	455세대
8	이진캐스빌	2014년식	539세대
9	정관동일스위트1차	2012년식	1,758세대
10	정관신도시한진해모로	2008년식	763세대
11	정관2차동원로얄듀크	2013년식	1,249세대

　소액 투자를 노린다면 정관신도시에 주목하자. 2000년대 후반부터 본격적으로 개발되기 시작하여 상가, 학원가, 병의원, 영화관, 마트 등 정주 인프라가 모두 자리를 잡았고, 아직까지 구축 연차에 들지 않아 선호도가 높다. 하지만 교통이 불편하다는 단점이 있는데, 그렇기 때문에 부산임에도 소액으로 접근이 가능한 것이다.

　정관신도시는 최소 5,000만 원 정도의 투자금이 필요하다. 소액이라고 하기에는 부담스러울 수 있지만 부산에서, 그것도 신규 택지에 5,000만 원으로 접근이 가능하다는 것은 분명 장점이다. 2, 4, 9번 단지의 중소형 평형을 노려보자. 물론 더 적은 금액으로 투자할 수 있는 단지도 있으

지방 아파트 황금 입지

나, 정주 인프라 측면에서 3개 단지를 우선적으로 볼 것을 추천한다. 만약 조금 더 보태 1억 원 정도의 투자금으로 중형 평형에 투자하고 싶다면 정관신도시가 아닌 부산 내 다른 지역을 보는 것이 낫다.

2. 화명동

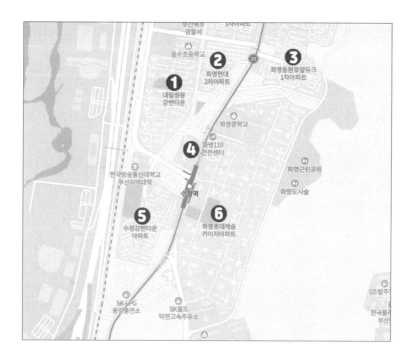

화명동 단지 리스트 1

순서	아파트	연식	세대수
1	대림쌍용강변타운	2004년식	1,895세대
2	화명2차현대	2001년식	743세대

3	동원로얄듀크1차	2004년식	1,627세대
4	화명2차동원로얄듀크비스타	2015년식	422세대
5	화명수정강변타운	2001년식	1,780세대
6	화명롯데캐슬카이저	2012년식	5,239세대

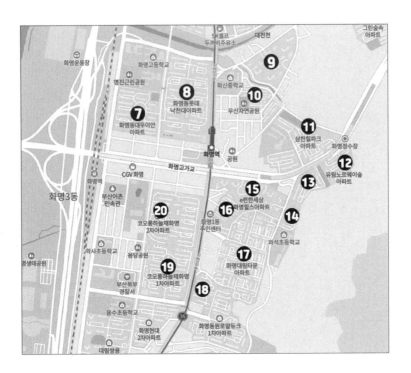

화명동 단지 리스트 2

순서	아파트	연식	세대수
7	화명대우이안	2002년식	989세대
8	화명동롯데낙천대	2002년식	1,950세대

지방 아파트 황금 입지

9	화명푸르지오헤리센트	2021년식	886세대
10	우신	1987년식	480세대
11	삼한힐파크	2003년식	807세대
12	화명유림	2000년식	506세대
13	대우푸르지오	2000년식	316세대
14	화명그린힐	2003년식	277세대
15	e편한세상화명힐스	2015년식	800세대
16	화명그린파크	1988년식	360세대
17	화명대림타운	1998년식	3,382세대
18	롯데캐슬멤버스	2007년식	299세대
19	코오롱하늘채1차	2002년식	1,280세대
20	코오롱하늘채2차	2002년식	1,344세대

　화명동은 서부산 생활권의 중심 지역 중 한 곳이다. 화명신도시라고도 부른다. 1990년대부터 2010년대까지 다양한 연식의 크고 작은 단지들이 모여 신규 택지의 집적효과를 최대한으로 뽑아내고 있다. 특히 부산도시철도의 핵심 노선 중 하나인 2호선이 바로 위 양산시에서부터 시작하여 산단이 많은 사상구~부산 최대 상업지역인 서면~학군의 중심지 남천동~부산의 신진 부촌 해운대까지 이어진다. 즉, 화명동은 부산 최대의 베드타운인 동시에 북쪽으로는 양산시, 서쪽으로는 김해시와 창원시로 접근이 용이한 교통의 요지다. 화명동의 또 다른 장점은 수정역과 화명역 인근의 정주 인프라와 신도시 왼쪽 낙동강을 따라 조성된 화명생태공원이다.

화명동은 다양한 금액대로 접근할 수 있는 매력적인 곳이다. 먼저 수정역 인근에서는 5번 화명수정강변타운의 중소형 평형을 주의 깊게 살펴보자. 현재 급매를 기준으로 5,000~6,000만 원대에 세팅이 가능하다. 화명역 인근에는 좀 더 많은 매물이 있는데, 평지에 있는 단지들은 어렵고 경사도가 있는 단지 중에서 찾아보자. 11번 삼한힐파크의 중형 평형과 12번 화명유림, 14번 화명그린힐은 급매를 잡는다면 투자금을 전혀 들이지 않고도 세팅이 가능하다. 또한 17번 화명대림타운은 아래쪽 평지에 가까운 동과 위쪽 경사에 위치한 동이 가격 차이가 제법 큰데, 경사도가 있는 매물의 경우 소액으로도 세팅이 가능하다. 만약 공시지가 1억 원 이하 매물을 찾는다면 화명동 북쪽의 금곡동을 같이 임장해볼 것을 추천한다.

[경상남도 창원특례시]

창원은 비수도권 유일의 특례시이자 경상남도 최대의 도시, 대한민국 최대의 공업도시 중 한 곳이다. 2010년 창원시, 마산시, 진해시가 통합되어 '통합 창원시'로 개편되었으며, 기존의 마산시와 진해시는 하위 행정구로 편입되었다. 현재는 5개의 행정구, 즉 창원 성산구, 창원 의창구, 마산 회원구, 마산 합포구, 진해구로 운영되고 있다.

지방 투자자들이 가장 많이 하는 걱정은 '이 아파트를 나중에 팔 수 있을까?' 하는 환금성이다. 하지만 창원에서는 그런 걱정을 할 필요가 없다. 인구수는 100만 명이 넘고, 오른쪽에 위치한 부산광역시와 집값을 비교해도 뒤지지 않을 정도로 부동산적 가치가 유지되는 지역이다. 특히 창원의 대장지역이라고 할 수 있는 성산구와 의창구는 산으로 둘러싸여 있어 입지의 독점성을 가지고 있다. 산으로 둘러싸인 경우 주변으로의 이탈이 쉽지 않고, 신축을 지을 땅이 없기 때문이다.

1. 양덕동

양덕동 단지 리스트

순서	아파트	연식	세대수
1	창원메트로시티석전	2019년식	1,763세대
2	한일타운3차	2003년식	664세대
3	양덕우성	1998년식	893세대
4	마산한일타운	1994년식	685세대
5	한일타운2차	1996년식	904세대
6	한일타운4차	2004년식	694세대

7	양덕코오롱하늘채	2016년식	535세대
8	메트로시티1단지	2009년식	2,127세대
9	메트로시티2단지(주상복합)	2015년식	1,915세대
10	대림하이빌	2002년식	572세대
11	창원롯데캐슬센텀골드	2023년식	956세대

양덕동은 창원 마산회원구의 가장 아래쪽에 위치한 지역이다. 1990~2000년대식의 구축과 2010년대식의 신축, 준신축이 자리 잡고 있으며, 2023년과 2025년에 재개발로 인한 신축 단지들이 들어설 예정이다. 장기간에 걸쳐 조성된 만큼 단지 사이사이에 생활편의시설이 촘촘히 들어서 있고, 양덕사거리를 중심으로 인근 타 지역에서는 보기 어려운 정주 인프라가 자리 잡고 있다. 딱히 단점이랄 게 없을 정도로 제1의 입지 환경을 가지고 있기 때문에 안정적인 투자가 가능하다.

양덕동을 처음 임장해본 사람이나 양덕동과 그 인근에 거주하는 사람이라면 당연히 8, 9번 메트로시티1~2단지에 투자하고 싶을 것이다. 그러나 메트로시티1~2단지는 소액 투자가 어렵다. 그러니 간접적 시세 상승을 맛볼 수 있는 인근 단지부터 접근하도록 하자. 2~6번 단지들은 1,000~2,000만 원으로도 투자가 가능하고, 일부 중소형 평형 매물의 경우 투자금을 전혀 들이지 않고도 세팅이 가능해 가성비가 좋다고 할 수 있다.

만약 5,000~6,000만 원의 투자금이 있다면 7번 양덕코오롱하늘채도 눈여겨보자. 현재 5,000~6,000만 원의 갭 수준으로 가격대가 조정되었으며, 2016년식으로 인근에서는 최신축이기 때문에 신축 수요까지 가져갈 수 있다. 하지만 신축 수요는 아래쪽 메트로시티2단지, 2023년에 입주할 창원롯데캐슬센텀골드, 2025년에 입주할 창원롯데캐슬어반포레에 뺏길 우려가 있다. 그럼에도 지방에서의 신축은 수도권에 비해 더욱 강력한 하방 지지선이기 때문에 투자를 고려해볼 만하다.

2. 반림동

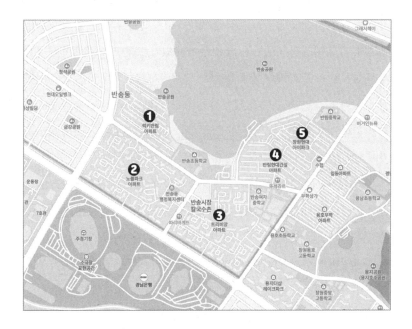

반림동 단지 리스트

순서	아파트	연식	세대수
1	반림럭키	1989년식	1,620세대
2	노블파크	2007년식	2,699세대

3	트리비앙	2006년식	2,610세대
4	반림현대2차	1989년식	1,395세대
5	현대산업(아이파크)	1989년식	1,200세대

창원의 중심 지역은 용지호수공원이 있는 용호동과 용호동과 맞닿아 있는 반림동이다. 반림동은 비록 구축 단지들로 이루어져 있지만 실거주자들이 가장 사랑하는 부촌 지역 중 한 곳이다. 그만큼 정주 인프라가 훌륭하며, 특히 양질의 학원가가 잘 갖추어져 있다. 또한 위아래에 반송공원과 대상공원이 있고, 오른쪽에 용지호수공원과 낮은 산이 있는 등 자연환경까지 다 갖추었다. 게다가 창원시청과 경상남도청을 비롯한 공공기관, 창원 최대 상업지역인 상남동과 중앙동이 지척에 있어 어디 하나 빠지는 것이 없다.

반림동은 최상급지에 속하는 입지인 만큼 매우 적은 투자금으로는 접근이 힘들다. 최대 5,000만 원 내외 투자금이 있다면 반림동은 상당히 좋은 선택지가 될 것이다. 1, 4, 5번 단지는 모두 1989년식으로 재건축과 같은 재정비 이슈가 있어 시세 상승이 이미 꽤 이루어졌다. 따라서 방 2개의 소형 평수 매물만 5,000만 원 내외 투자금으로 접근이 가능하다.

실거주 수요가 탄탄한 단지에 투자하고 싶다면 2, 3번 중소형 평형 매물을 알아볼 것을 추천한다. 평균적으로 노블파크보다 트리비앙의 시세가 약간 높은 편이지만 두 단지 모두 굉장한 세대수를 자랑하기 때문에 언제나 급매 기회가 있다. 안전한 투자를 원한다면 창원에서는 이 두 단지가 제격이니 투자 성향에 따라 잘 선택해 임장해보기 바란다.

지방 아파트 황금 입지

3. 상남동, 남양동, 대방동

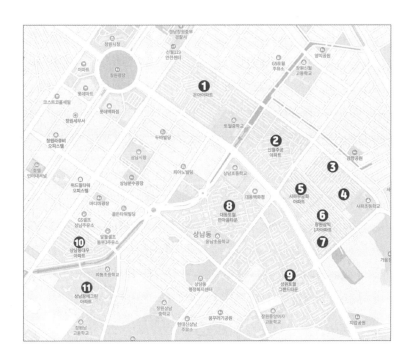

상남동, 남양동, 대방동 단지 리스트 1

순서	아파트	연식	세대수
1	은아	1988년식	1,550세대
2	신월주공	1987년식	1,500세대
3	동서	1989년식	190세대
4	대동2차	1989년식	470세대
5	동양무궁화	1988년식	770세대
6	삼익	1988년식	570세대

7	삼익2차	1989년식	400세대
8	대동	1994년식	2,810세대
9	성원	1994년식	6,252세대
10	상남대우	1986년식	680세대
11	상남꿈에그린	2014년식	812세대

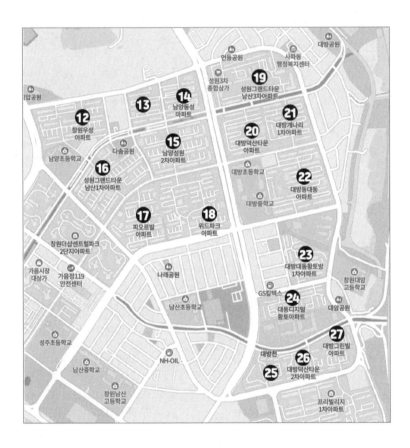

지방 아파트 황금 입지

상남동, 남양동, 대방동 단지 리스트 2

순서	아파트	연식	세대수
12	우성	1989년식	750세대
13	남양롯데	1990년식	450세대
14	남양동성	1990년식	540세대
15	남양성원2차	1992년식	1,404세대
16	남양성원1차	1991년식	1,350세대
17	피오르빌	1995년식	1,560세대
18	위드파크	1998년식	960세대
19	성원남산3차	1992년식	2,414세대
20	대방덕산타운	1992년식	920세대
21	개나리1차	1992년식	1,005세대
22	대방대동	1992년식	1,835세대
23	대방대동황토방	2001년식	708세대
24	대동디지털황토	2001년식	704세대
25	대방동성	1996년식	556세대
26	대방2차덕산타운	1996년식	586세대
27	대방그린빌	1996년식	834세대

창원 성산구에 위치한 상남동, 남양동, 대방동은 용호동과 반림동 다음으로 긍정적인 평가를 받고 있는 지역이다. 상남동은 가운데 상남오거리를 중심으로 왼편에 창원 최대의 유흥 상권이 있고, 상남동의 동남쪽에 위치한 남양동과 대방동은 단지들 사이사이에 자리 잡은 정주 인프라가

매우 훌륭하다. 세 지역 모두 공통적으로 양질의 학원가를 크게 품고 있다. 특히 상남동의 대동과 성원 두 단지 사이에 창원의 향토 백화점인 대동백화점을 비롯하여 수많은 상가가 형성되어 있는 점이 임장 포인트다. 상남동 맞은편에 위치한 신월동과 사파동의 구축 단지들은 재건축 이슈가 있어 투자 수익이 더 높을 수 있으나 소액 투자로는 접근하기가 어렵다.

만약 1,000~2,000만 원의 투자금이 있다면 상남동에서는 8, 9번 단지의 방 2개 소형 평형 매물을 살펴보자. 대동과 성원은 리모델링을 추진 중인데, 창원은 시 자체적으로 리모델링에 긍정적이고 소유주들의 리모델링 추진 의사가 상당히 높아 성사될 가능성이 크다. 게다가 두 단지는 실거주 수요가 탄탄한 상급지에 있어 설사 리모델링이 불발되거나 지연되더라도 예상치 못한 역전세나 가격 거품 붕괴 등으로부터 비교적 자유롭다. 4,000~5,000만 원까지 투자금을 늘릴 수 있다면 대동과 성원의 방 3개 중소형 평형 매물을 적극적으로 고려해보자.

남양동과 대방동은 상남동에 비해 입지가 좋지 않지만 이곳의 단지들도 리모델링 이슈를 품고 있다. 남양동의 15번 남양성원2차의 경우 전용 84.92m² 중형 평형 매물은 1,000~2,000만 원의 투자금으로도 접근할 수 있고, 투자금을 3,000~5,000만 원까지 늘린다면 16~18번 단지까지 살펴볼 수 있다. 대방동은 1,000~3,000만 원이면 대부분의 단지에 투자할 수 있다. 즉, 남양동과 대방동의 경우 단지들이 1990년대식으로 수준이 유사하며, 단지들이 모여 집적효과를 내므로 얼마나 급매를 잘 찾아내느냐가 관건이다.

[울산광역시]

인구 111만 명의 울산은 창원과 함께 미래 부울경 메가시티의 한 축을 담당할 대한민국의 대표 생산도시 중 한 곳이다. 국내외 굴지의 대기업들이 즐비해 있어 1인당 지역내총생산이 대한민국 1위다.

물론 단점도 있다. 광역시 중에서 인구가 가장 적다는 점, 인구 감소세가 빠르다는 점, 부산으로의 소비 유출이 잦다는 점이 바로 그것이다. 하지만 울산은 최상위 학군지 중 한 곳인 남구의 옥동, 북구에서 새롭게 떠오르는 택지지구인 송정동, 신축과 준신축이 대거 포진해 있는 동구의 서부동과 전하동, 공공기관들이 자리 잡아 안정적인 중구의 우정혁신도시 등 강력한 주거 수요가 꾸준히 존재하는 도시다. 게다가 2023년을 제외하면 공급물량이 계속해서 줄어들기 때문에 단기적으로도, 중장기적으로도 전망이 좋다.

하지만 앞서 언급한 단점들을 절대로 무시할 수는 없으므로 울산에서 투자 지역을 선정한다면 짧게는 2년, 길게는 5년까지 투자자와 실수요자가 모두 들어올 수 있는 곳을 골라내는 것이 포인트다.

1. 화봉동

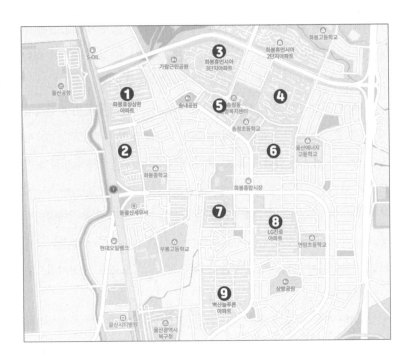

화봉동 단지 리스트

순서	아파트	연식	세대수
1	효성삼환	1996년식	776세대
2	한우리	1994년식	468세대
3	화봉휴먼시아	2009년식	733세대
4	쌍용예가	2014년식	487세대
5	화봉대우	1995년식	240세대
6	동아청구	1994년식	608세대

지방 아파트 황금 입지

7	성원	1996년식	464세대
8	엘지진로	1995년식	628세대
9	벽산늘푸른	1994년식	828세대

화봉동은 울산 북구의 대장지역인 송정지구(송정동)의 바로 아래쪽에 위치해 있다. 신준축 단지인 화봉휴먼시아1~3단지와 쌍용예가가 시세를 선도하고 있으며, 이외 단지들은 모두 1990년대 초중반 연식의 구축으로 이루어져 있다. 바로 위 송정지구에 비해 입지가 약하지만 그렇기 때문에 소액으로 접근이 가능하다. 송정지구 인프라를 도보로 이용할 수 있고, 울산공항, 울산시티병원, 코스트코, 롯데마트, 모다아울렛 등 정주 인프라가 충분하다.

송정지구를 먼저 임장한 후에 화봉동을 둘러본다면 노후된 느낌과 공항 인근이라는 점 때문에 투자 결정을 내리기가 쉽지 않다. 따라서 화봉동은 지역이 오를 때 같이 오르는 전략으로 접근해야 한다. 화봉휴먼시아 1~3단지 중에서는 현재 3단지 접근이 가능하지만 소액은 아니다. 반면, 쌍용예가는 5,000~6,000만 원으로 34평(국평)을 노려볼 수 있다. 만약 이보다 더 적은 갭으로 투자하고 싶다면 쌍용예가 아래쪽 단지들에 주목하자. 1,000~3,000만 원으로도 투자가 가능하다. 그러나 이곳은 단지 갭만 보고 접근해서는 안 된다. 꼼꼼히 살펴보고 가성비 있는 매물을 찾아야 한다. 또 단지들의 용적률이 작아 대지지분이 높은데, 그로 인해 재건축이나 리모델링이 쉬울 것이라고 예상해서도 안 된다. 바로 왼쪽에 있는 울산공항으로 인해 재건축 시 여러 제한이 걸릴 수 있기 때문이다.

2. 야음동

야음동 단지 리스트

순서	아파트	연식	세대수
1	신정현대홈타운1단지	1999년식	1,085세대
2	신정현대홈타운2단지	1999년식	1,420세대
3	신정현대홈타운3단지	2001년식	929세대
4	신정현대홈타운4단지	2001년식	1,602세대

야음동은 울산 최고 입지인 옥동과 신정동의 바로 오른쪽에 위치해 있다. 과거에는 1990년대식 구축 단지들이 주로 자리 잡고 있었지만, 꾸준한 재건축, 재개발을 통해 현재는 신축과 준신축도 다수 들어섰다. 그중 2023년에 입주하는 더샵번영센트로와 2022년에 입주를 시작한 번영로 하늘채센트럴파크 등이 큰 기대를 모으고 있다. 현재는 울산대현더샵1~2

단지가 대장 아파트라고 할 수 있는데, 인근의 신선여자고등학교와 대현고등학교 등 학군 측면에서도 강세를 보이고 있다. 울산미포국가산단이 인근에 있어 직주근접마저 우수하다.

야음동은 사실 소액 투자로 접근하기에는 무리가 있다. 최신축이 될 더샵번영센트로와 번영로하늘채센트럴파크, 울산대현더샵1~2단지, 이 밖의 준신축, 구축 단지들 모두 적어도 1억 원 이상의 투자금이 필요하다. 그나마 소액으로 접근이 가능한 곳은 신정현대홈타운1~4단지다. 모두 대단지이고, 여천천을 끼고 있으며, 야음동의 전반적인 입지 가치 상승의 수혜를 볼 가능성이 크다. 물론 야음동의 신축 입주가 마무리되면 신정현대홈타운1~4단지 외 준신축들까지 전세가가 높아지면서 투자 가성비가 올라갈 수 있으니 2023~2024년에 주의 깊게 살펴보다가 좋은 매물을 세팅해두는 전략도 가능하다.

3. 무거동

무거동 단지 리스트 1

순서	아파트	연식	세대수
1	문수산푸르지오	2014년식	392세대
2	문수산동원로얄듀크	2017년식	625세대
3	문수산더샵	2014년식	1,005세대
4	문수마을동문굿모닝힐	2010년식	472세대
5	신복현대	1996년식	651세대
6	무거현대	1995년식	677세대
7	굴화강변월드메르디앙	2008년식	696세대
8	굴화주공강변그린빌3단지	2002년식	494세대
9	굴화주공강변그린빌4단지	2002년식	332세대
10	굴화주공1단지	1997년식	1,046세대
11	굴화주공2-1	1997년식	836세대
12	무거위브자이	2013년식	922세대

지방 아파트 황금 입지

무거동 단지 리스트 2

순서	아파트	연식	세대수
13	울산옥현주공1단지	2000년식	733세대
14	울산옥현주공2단지	2000년식	834세대
15	옥현으뜸마을주공3단지	2001년식	1,412세대

무거동은 울산 남구의 가장 서쪽에 위치해 있으며, 중앙의 큰 로터리를 중심으로 생활권이 위아래로 나뉜다. 아래쪽으로는 울산대학교가 있어 대학교 상권과 생활권이 형성되어 있고, 위쪽은 태화강에 인접했다는 특징이 있다.

무거동은 전체적으로 소액 투자를 하기에 뛰어난 지역이므로 임장을 해볼 가치가 있다. 가장 먼저 추천하는 곳은 울산대학교 인근에 위치한 울산옥현주공1~2단지와 옥현으뜸마을주공3단지다. 3개 단지 모두 가운데에 상가와 학원이 모여 있어 정주 인프라가 충분하다. 그중 옥현으뜸마을주공3단지의 선호도가 가장 높은데, 초등학교와 중학교를 모두 끼고 있으며, 옥동저수지와 가장 가깝기 때문이다. 울산대학교 바로 위쪽의 구축 단지들도 소액으로 접근이 가능하다. 다만, 연식이 오래됐고 세대수가 적으며 단지들의 균질성이 떨어지므로 물건을 잘 골라내야 한다.

태화강에 인접한 무거동 위쪽 단지 중에서는 굴화주공1~4단지를 주목할 필요가 있다. 3,000~5,000만 원으로 투자가 가능하며, 무거동의 대장인 무거위브자이 인근에 위치해 있어 가성비를 찾는 실거주 수요를 받아내기에 좋다.

3 | 장기적 접근(4년~)

장기적 접근이란, 부동산 취득 후 꼭 4년 뒤에 매도하지 않고 일부를 보유하는 것까지 고려하여 접근하는 방식이다. 최소 4년을 들고 가기 때문에 단기 양도세 중과에 대한 리스크, 계약갱신청구권으로 인한 임차인의 갱신 연장 리스크 모두 대비할 수 있다.

지방 소액 투자의 위험을 줄이려면 중장기적으로 인구와 세대수는 물론이고, 일자리까지 증가할 지역을 선택해야 한다. 그런 곳을 투자 지역으로 선정한다면 단기적인 유동성 이슈와 대내외 변동 상황에도 크게 흔들리지 않고 부동산 투자 수익을 맛볼 수 있다.

[충청북도 청주시]

대한민국은 저출산으로 인해 인구가 감소하는 모습으로 전환되었고, 특히 지방의 인구 감소가 심각한 수준이다. 지방이라 함은 서울, 경기, 인천을 제외한 전 지역을 말하는데, 지방 중에서도 인구가 감소하는 지역이 있고 반대로 늘어나는 지역이 있다. 대표적으로 충청권이 그러하다. 지리적으로는 수도권과 가까워 범수도권으로서 인구 낙수효과를 보고 있다고도 할 수 있지만, 그보다는 훨씬 본질적인 접근이 필요하다.

지방 아파트 황금 입지

청주는 수도권과 가깝다는 것 외에도 경부고속도로를 끼고 있다는 장점이 있다. 경부고속도로는 대한민국 최대의 화물 물동량을 책임지고 있으며, 이 도로를 따라 강남~판교(성남)~영통(수원)~동탄(화성)~고덕(평택)~천안~청주로 우리나라의 미래 산업이 몰려 있다. 청주의 지역내총생산은 2018년 기준 34조 원으로, 광역시인 광주(37조 원), 대전(39조 원)과 맞먹을 정도로 엄청난 경제 규모를 자랑한다. 이는 SK하이닉스, LG화학, 삼성SDI 등 국내 최대 대기업 사업장이 위치한 것은 물론, 이들과 연계하는 중견, 중소 사업장들까지 엄청난 부가가치를 생산해내기 때문이다. 청주는 현재도 엄청난 수와 규모의 산업단지들을 운영하고 있는데, 산업단지를 추가로 더 조성하고 있다. 송도의 바이오 단지와 비견될 수준의 오송 바이오메디컬 지구는 물론, 반도체 공장 증설을 앞두고 있는 SK하이닉스가 소재한 흥덕구까지 인근의 세종, 대전과 함께 철도 인프라로 이어질 예정이라 대한민국 미래 산업도시의 한 축으로 그 지위를 공고히 할 전망이다.

청주의 현재 인구는 85만 명이지만 장차 100만 명까지 충분히 늘어날 가능성이 있다. 즉, 단기적으로도, 중장기적으로도 상당히 매력적인 도시라 할 수 있다.

1. 복대동

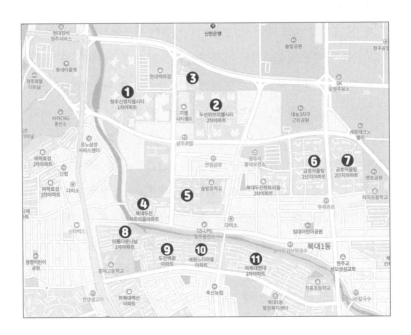

복대동 단지 리스트

순서	아파트	연식	세대수
1	신영지웰시티1차(주상복합)	2010년식	2,164세대
2	두산위브지웰시티2차(주상복합)	2015년식	1,956세대
3	청주지웰시티푸르지오(주상복합)	2019년식	466세대
4	복대1차두진하트리움	2015년식	356세대
5	신영지웰홈스	2009년식	452세대
6	금호어울림1단지	2009년식	648세대
7	금호어울림2단지	2009년식	586세대

8	영조아름다운나날1차	2003년식	952세대
9	두진하트리움	1999년식	527세대
10	세원느티마을	1999년식	526세대
11	현대2차	1999년식	1,464세대

청주 흥덕구에 위치한 복대동은 중앙의 작은 하천을 중심으로 위쪽을 대농지구, 아래쪽을 하복대라고 부른다. 복대동은 청주의 제1 입지이며, 오송과 함께 청주의 미래를 책임질 지역이다. 대농지구 위쪽의 산업단지에는 삼성전자와 SK하이닉스가 있고, 2025년 완공을 목표로 15조 원의 예산을 투입하여 반도체 생산 공장 M15X를 건설할 예정이어서 일자리 및 경제 규모는 꾸준히 늘어날 것으로 전망된다.

대농지구에는 2000~2010년대 중반 연식의 단지들이, 하복대에는 1990년대 후반 연식의 단지들이 주를 이루고 있다. 대농지구에서는 1, 2번 단지가 대장 역할을 하고 있으므로 여유가 있다면 장기 보유하는 것이 좋다. 다만, 1~2억 원 수준의 투자금이 필요하다. 4~7번 단지는 급매 위주로 투자한다면 5,000만 원 내외 세팅이 가능하다. 시세 흐름은 1, 2번 단지부터 시작되겠지만 약간의 시차를 두고 4~7번 단지까지 갭을 메우는 것이 일반적이기 때문에 소액 투자로 적절할 수 있다.

하복대에서는 8~11번 단지가 소액 투자에 적절하다. 500~1,000만 원 내외로 투자가 가능할 뿐만 아니라 투자금을 전혀 들이지 않고도 세팅이 가능하다. 연식도 1999~2003년식으로 무난하며, 무엇보다 바로 위 대농지구의 정주 인프라를 공유하기 때문에 대농지구의 시세와 같이 움직인다는 장점이 있다. 이 지역은 실수요가 풍부해 투자자들도 선호하는 곳인데, 이는 장점이자 단점이 될 수 있다. 시장 상황이 어려워지고 투자자들마저 공포에 빠진다면 급매가 쏟아져 과한 낙폭이 일어날 수도 있기 때문이다. 반면 그만큼 유동성이 커 상승폭이 굉장히 크고, 급매를 잡기 수월하다. 또한 3,000~5,000만 원의 투자금이 있으면 바로 왼쪽 비하동의 서청주파크자이(2019년식, 1,495세대) 중소형 평형에 접근할 수 있으니 함께 임장해보기 바란다.

2. 가경동, 개신동

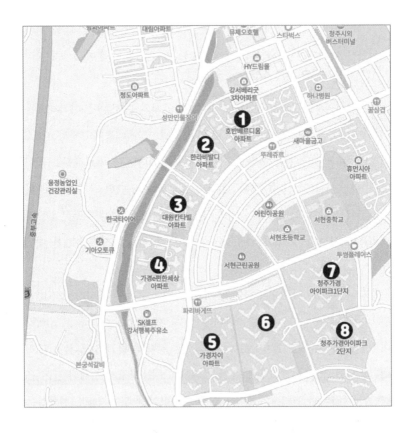

지방 아파트 황금 입지

가경동, 개신동 단지 리스트 1

순서	아파트	연식	세대수
1	가경호반베르디움	2008년식	459세대
2	가경한라비발디	2008년식	416세대
3	가로수마을대원칸타빌	2008년식	310세대
4	가로수마을가경e편한세상	2008년식	385세대
5	가경자이	2020년식	992세대
6	청주가경아이파크3단지	2021년식	983세대
7	청주가경아이파크1단지	2019년식	905세대
8	청주가경아이파크2단지	2020년식	664세대

가경동, 개신동 단지 리스트 2

순서	아파트	연식	세대수
9	세원3차	1997년식	952세대
10	가경대원	1997년식	940세대
11	삼일원앙	1997년식	520세대
12	가경덕일한마음	1997년식	448세대
13	진로	1999년식	320세대
14	가경태암수정	1997년식	450세대
15	효성	1997년식	320세대
16	가경동부	1998년식	455세대
17	청주가경뜨란채8단지	2005년식	321세대
18	가경뜨란채7단지	2005년식	370세대
19	가경주공2단지	2002년식	704세대
20	청주개신주공3단지	2003년식	634세대
21	청주개신주공1단지	2001년식	1,398세대
22	청주개신뜨란채2단지	2000년식	980세대
23	청주개신푸르지오	2004년식	920세대

　가경동은 앞서 살펴본 흥덕구 복대동 아래쪽에 있고, 개신동은 가경동의 오른쪽에 인접해 있다. 가경동은 대농지구가 들어오기 이전까지 청주의 중심 지역이었다. 청주시외버스터미널, 롯데마트, NC백화점이 소재해 있다는 것이 그 증거다. 청주 사람들은 지금도 가경동을 청주의 인프라 최상급지로 인식하고 있다. 터미널을 중심으로 한 상업 인프라는 물론, 부동산 투자 측면에서 가경동의 꽃은 학원 인프라라고 할 수 있다. 서현

중학교, 서경중학교, 충북사대부설고등학교, 청주외국어고등학교 등 대농지구 다음가는 학군을 형성하고 있다. 지방 투자를 할 때 학군만큼 확실한 수요는 없기 때문에 소액으로 가경동에 접근할 수 있다면 상당히 좋은 선택지가 될 수 있다.

투자금을 최대한으로 늘린다면 가경동에서도 왼쪽에 위치한 가로수마을에 접근할 수 있다. 1, 2번 단지는 2008년식 준신축이므로 연식이 우수하고, 학군 수요를 정통으로 받아내는 중형 평형(84m²)이 있어 투자하기에 적합하다. 5,000만 원 내외로 세팅하고 싶다면 이들 단지는 나쁘지 않은 선택지다.

만약 최소한의 투자금으로 접근하고 싶다면 가경동의 오른쪽 단지들과 이들과 연접한 개신동의 4개 단지를 임장해보자. 9~23번 단지 모두 0~3,000만 원으로 투자할 수 있으며, 이 중 최고의 입지는 17~23번에 해당하는 단지들이다. 17~19번 단지는 서경초등학교, 서경중학교, 서원고등학교를 품고 있으며, 바로 아래 가경동의 학원가를 이용할 수 있다. 개신동의 20~23번 단지들도 마찬가지다. 이 4개 단지는 단지들 가운데에 있는 항아리 상권을 이용하기에 최적의 입지를 가지고 있으며, 왼쪽 가경동의 정주 인프라를 도보로 이용할 수 있다.

아직도 망설이는
당신에게

유튜브 채널 운영과 부동산 투자를 하다 보면 정말 많은 질문을 받는다.

"A지역이 좋을까요? B지역이 좋을까요?"
"이 아파트를 살까요? 아니면 저 아파트를 살까요?"
"지금 투자를 하는 게 맞나요? 쉬는 게 맞나요?"
"어떤 부동산을 사야 할지 모르겠습니다."
"부동산 공부를 어떻게 시작해야 할지 모르겠습니다."

이런 질문들은 모두 다른 내용을 물어보는 것 같지만, 사실 본질은 하나다. 나는 항상 이렇게 답변한다.

"여러분은 현재 자갈밭에 서 있고, 여러분의 앞에는 깊이를 알 수 없는 큰 강이 하나 있습니다. 이 강은 어디에서 시작되어 어디에서 끝나는지 모를 정도로 매우 깁니다. 하지만 여러분은 강을 건너 반대편으로 넘어가야만 합니다. 그렇다면 어떻게 건널 건가요? 다리를 놓고자 해도 재료라곤 자갈뿐이고, 그냥 건너자니 깊이를 몰라 물에 쓸려 내려가 죽을 수도 있습니다. 방법은 하나뿐입니다. 자갈을 던져 바닥을 메우는 수밖에요."

어떤 지역이 더 좋은지, 어떤 게 더 좋은 아파트인지, 적절한 투자 시기는 언제인지, 심지어 부동산 공부를 어떻게 해야 하는지 모르는 게 당연하다. 그렇다면 수많은 부동산 전문가는 어떻게 지금의 인사이트와 부를 얻게 되었을까? 그들도 잘 모를 것이다. 다만, 그들에게서 한 가지 공통점을 발견할 수 있다. 바로 시장의 비관에 휘둘리지 않고 끊임없이 시간과 노력을 쏟아부었다는 점(자갈을 던져 바닥을 메우는 것)이다. 사람들이 내게 앞서 언급한 질문들을 던지는 이유는 아직 부동산에 시간과 노력을 충분히 투자하지 않았기 때문이다. 부동산 투자에 왕도는 없다. 나 같은 경우 전국에 있는 모든 아파트를 파악하겠다는 독기가 있었고, 매일 손품, 발품을 팔아 궁금증을 하나씩 해소해나갔다.

하루도 빠짐없이 네이버부동산을 펼쳐놓고 매물의 추이와 실제 현장 분위기를 공부했으며, 주기적으로 임장을 나가 부동산 중개사와 대화를 나누었다. 또한 그 지역에 있는 모든 아파트 단지를 시간대별로 둘러보았으며, 내 소득의 일부를 꾸준히 재테크 서적, 강의 등에 투자했다.

매일 같이 언론에서 대한민국 부동산의 끝을 외쳐도 시장에 대한 긍정적 자세를 유지하며 절대적인 시간과 노력을 쌓아야 한다. 그러면 비로소 깊은 강 반대편으로 언제쯤 건너갈 수 있을지 가늠할 수 있다. 강에 자갈을 한두 개 던져보는 것만으로는 강을 건널 수 있는 시기를 알 수 없다. 나는 투자를 시작한 지 4~5년 정도밖에 되지 않았고, 수많은 전문가처럼 100억 원, 1,000억 원의 자산을 만들지도 못했다. 하지만 강 바닥을 자갈로 메우기 위해 내가 지금까지 쌓아온 노력들 그리고 나만의 기준으로 만들어온 투자 실력은 엄청난 가치가 있다.

지방 투자, 그중에서도 지방 아파트 소액 투자는 분명 리스크가 있다. 가격이 높은 우량 자산에 비해 투기적 유동성이 크기 때문에 자칫하면 매우 큰 손해를 입을 수도 있다. 하지만 반대로 우리나라에만 있는 '전세'라는 시스템 덕분에 대한민국 부동산 투자의 상징이기도 하다. 1,000만 원의 투자금으로 2년 뒤에 1억 원에 가까운 수익을 얻을 수도 있는 분야이기 때문이다. 단순 수익률만 따져도 1,000%다. 하지만 이런 수익은 단순히 '불로소득'처럼 얻어지는 것이 아니다. 끝없는 임장과 데이터 분석, 과감한 결정 등이 동반되어야 한다.

하지만 계속해서 지방 소액 투자만 할 수는 없을 것이다. 결국 부동산이란 우량한 자산으로 얼마나 빠르게 옮겨갈 수 있는가가 핵심이기 때문이다. 그래서 지방 소액 투자로 얻은 투자 자본을 광역시와 수도권의 우량 아파트 등에 재투자해야 한다. 나아가 서울 강남의 아파트, 건물 등 '땅' 그 자체의 가치가 높은 자산으로 에셋파킹Asset Parking하는 것을 최종 목표로 삼아야 한다.

노동자와 자본가의 차이는 '자者'와 '가家'다. 노동자는 자신만 해당되며 자신만 바꿀 수 있지만, 자본가는 집안 전체를 바꿀 수 있으며 대대로 부를 이어갈 수 있다. 여러분의 최종 목적지는 자본가여야 한다. 투자자는 노동자에서 한 발 나아간 형태라고 볼 수 있지만, 여전히 투자 '자牋'다. 결국 자신의 시간과 노력을 들여야 수익을 얻을 수 있다는 것이다. 지방 소액 투자로 시작하여 자본가가 되어야 함을 잊지 말자.

지방 소액 투자를 비롯한 부동산 투자를 하다 보면 수없이 좌절할 수도 있다. 지방 임장은 결코 쉽지 않으며, 힘들게 모은 1,000~2,000만 원의 자산을 과감하게 투자하는 것도 쉬운 일이 아니다. 매수 이후 가격이 오르지 않으면 정말 고통스럽다. 심지어 매수한 가격보다 떨어지거나 역전세가 날 수도 있으며, 여름에는 장마철 누수로, 겨울에는 보일러 문제 등으로 임차인들과 갈등을 겪을 수도 있다.

다른 투자 전문가들의 컨설팅을 받는다고 해서 투자 수익이 저절로 생기는 것은 아니다. 시장의 비관 속에서 임차인들과의 갈등을 뚫고 힘들게 모은 종잣돈을 '올바르게' 투자했을 때 비로소 투자 수익이라는 과실을 맛볼 수 있다.

나는 지금도 열일곱 살 때의 일이 생생하게 기억난다. 어머니와 전셋집을 구하러 다녔을 때 한 부동산 중개사가 무시하는 눈빛으로 "아주머니, 그 나이에 그 돈밖에 못 모으고 뭐했어요?"라고 말했다. 아직도 그 말이 가슴에 비수로 남아 있다. 그때 나와 내 가족이 사람답게 살기 위해서는 돈이 필요하다는 사실을 깨달았다. 여러분 역시 나처럼 본인과 가족을 위해 저물 수 없는 자산 시장인 부동산에서 그 답을 찾았으면 좋겠다. 그 답을 찾는 여정에 내 책이 조금이나마 도움이 되길 간절히 바란다.